Kay Wills Wyma
Selbst ist das Kind

Über die Autorin

Kay Wills Wyma hat fünf Kinder im Alter zwischen vier und vierzehn Jahren. Sie hat an der Baylor Universität studiert und später ihren Master in „Internationales Management" an der „Thunderbird School of Global Management" absolviert. Bevor sie sich entschied, zu Hause zu bleiben, arbeitete sie im Stab des Weißen Hauses, bei Staubach und der „Bank of America". Sie und ihr Ehemann Jon leben mit ihrer Familie in der Nähe von Dallas im US-Bundesstaat Texas.

Kay Wills Wyma

Selbst ist das Kind

Aus dem Englischen von Antje Balters

Dieses Buch ist meinem Mann und meinen Kindern gewidmet, die sich all meine verrückten Ideen nicht nur gefallen lassen und dabei mitmachen, die es ertragen, wenn ich ihre Fragen singend beantworte, und die meine für sie oft peinlichen, aber gut gemeinten Taten sogar in Anwesenheit von Freunden aushalten, sondern die ihre Ehefrau bzw. Mutter sogar noch unterstützen mit dem, was diesseits des Himmels wohl bedingungsloser Liebe am nächsten kommt. Dafür werde ich ewig dankbar sein.

Kay Wills Wyma

Inhalt

Vorwort von Michael Gurian 9

Einleitung: Die Erleuchtung 13

Aufgabe 1: Operation Chaos-Kontrolle
Einfaches für den Anfang: Betten und Müll 35

Aufgabe 2: Küchenpatrouille
Die Freuden des Kochens entdecken – inklusive Menüplanung, Einkauf und Geschirrspülen 58

Aufgabe 3: Ums Haus herum
Pflanzen, Jäten und Bekanntschaft machen mit der Natur .. 83

Aufgabe 4: Arbeiten, um zu leben
Die Suche nach einem bezahlten Job 103

Aufgabe 5: Dreckiges sauber machen
Eine Einführung in WC-Reiniger, Scheuermilch und die gefürchtete Klobürste 128

Aufgabe 6: Wasser marsch!
Schmutzige Wäsche waschen 143

Aufgabe 7: Dem Reparateur ist nichts zu schwör – oder?
Do-it-yourself-Instandhaltung und -Reparaturen 160

Aufgabe 8: Gastgeber sein
Gastfreundschaft und Partyplanung 184

Aufgabe 9: Teamplayer
Die Vorteile von Zusammenarbeit 202

Aufgabe 10: „Das Klopapier ist alle und Shampoo auch …!"
Jugendliche fit machen für die kleinen Besorgungen des Lebens 215

Aufgabe 11: Es geht um andere
Mit einem Lächeln anderen helfen 238

Aufgabe 12: Ladies und Gentlemen
Gutes Benehmen hat was 256

Fazit: Kehraus
Für Gott die Anspruchshaltung über Bord werfen 271

Anmerkung der Verfasserin 279

Danksagungen 283

Vorwort

Kinder stehen in der Gefahr, ihr Leben lang Kinder zu bleiben, denn wir leben im ersten Zeitalter der Menschheitsgeschichte, in dem mehrere aufeinanderfolgende Generationen von Jungen und Mädchen dazu ermutigt werden, so lange wie möglich Kinder zu bleiben. Ermutigt werden sie dazu von einem Gesellschaftssystem, das eher die Zerbrechlichkeit und Schwäche von Kindern hervorhebt, als die Kräfte „herauszukitzeln" und zu fördern, die von Anfang an in jedem Kind stecken. Im Laufe der letzten Jahrzehnte hat sich das Ganze von einer Verzichts- hin zu einer Anspruchsgeneration gewandelt.

Genau diese Entwicklung stellte Kay Wills Wyma auch in ihrer eigenen Familie fest und aus ihr erwuchs der Beginn eines großartigen Abenteuers. Kay Wills Wyma sagt: „Mir wurde klar, dass keines meiner Kinder wusste, wie man Wäsche wäscht, keines konnte ein Bad putzen – und damit meine ich wirklich sauber machen –, keines von ihnen konnte kochen, eine Mahlzeit servieren und danach wieder abräumen und die Küche in Ordnung bringen. Ich war mir nicht einmal sicher, ob mein Achtjähriger in der Lage war, eine Waffel zu zerteilen."

Kay Wills Wyma wurde klar, dass sie ihre Kinder nicht zu mündigen Erwachsenen erzog, die ihr Leben irgendwann selbstständig meistern würden, sondern sie ließ zu, dass sie Kinder blieben. Wie so viele Mütter hockte sie auf ihren Kindern, lobte zu viel und gab ihre Autorität den Kindern gegenüber auf. Sie sorgte so dafür, dass ihre Kinder es zwar vielleicht kurzfristig einfacher hatten, sie langfristig gesehen, als Erwachsene, aber wahrscheinlich Probleme bekommen würden.

Kay Wills Wymas Buch „Selbst ist das Kind" fordert uns auf, genau wie Amy Chuas „Die Mutter des Erfolgs" und Pamela

Druckermans „Warum französische Kinder keine Nervensägen sind" unsere Rolle als Eltern und unsere Erziehungsgrundsätze zu überdenken. Chua zeigt uns dabei eine rigide Art, die vielleicht manchen Eltern zu streng vorkommt. Aber Chua spricht mit Nachdruck die Aufgabe an, Kinder so zu erziehen, dass sie wissen, was in ihnen steckt. Duckerman schlägt eine andere Richtung ein. Sie öffnet dem Leser die Augen für einen Erziehungsstil, der vielleicht ziemlich autoritär scheint, aber all die Kräfte und Möglichkeiten in den Mittelpunkt stellt, die jedes Kind von Anfang an hat und die es zu bestätigen und zu fördern gilt. Kay Wills Wyma stellt zwischen den Ansätzen dieser Mütter eine Verbindung her, indem sie sagt: „Lassen Sie uns unsere Kinder von der Überzeugung her erziehen, dass sie von Natur aus stark und nicht schwach sind." Dieser Ansatz ist, genau wie Kay Wills Wymas leidenschaftliches und gleichzeitig aber auch praktisches Buch, ein Riesengeschenk für Eltern.

Da ich selbst Vater bin, erliege auch ich immer wieder der Versuchung, meinen Kindern Dinge „abzunehmen", also Dinge für sie zu tun, die sie durchaus selbst bewältigen könnten. Ich musste mir immer wieder selbst in Erinnerung rufen, dass jedes uns anvertraute Kind, egal, ob Junge oder Mädchen, uns dazu auffordert, *sein Potenzial an Stärke und liebevollem Verhalten* „herauszukitzeln". Das ist eine Herausforderung, die mit der Definition des Sinns ihres Lebens und somit auch ihrer Lebensaufgabe zu tun hat, und deshalb können weder wir noch sonst jemand sie unseren Kindern abnehmen. Wir tun ihnen keinen Gefallen, wenn wir ständig Dinge für sie tun und immer nur die Gebenden sind. Kinder müssen etwas tun für die Familie und für die Welt. Jede Aufgabe in Haushalt und Familie, die ein Junge übernimmt, ist eine gute Tat. Sie ist ein Geschenk in Bezug auf die Frage nach dem Sinn und Zweck seines Lebens. Durch jedes Problem, das ein Mädchen selbst löst, wird es stärker und bekommt mehr Kraft. Jeder Augenblick, in dem ein Kind überlegt: *Warum meine Eltern wohl von mir verlangen, dass ich das hier tue,* ist ein Augenblick, in dem es lernen kann, wie man liebt und sich lieben lässt.

Genießen Sie dieses Buch und den Weg, auf den es Sie mitnimmt. Ich hoffe, es ermutigt Sie für eine noch zielorientiertere Erziehung, als sie ohnehin bei Ihnen bereits vor der Lektüre vorhanden war. Die Autorin ist eine wundervolle Geschichtenerzählerin und eine starke, kluge Mutter.

Michael Gurian

Einleitung

Die Erleuchtung

Pflichtbewusst, wie ich als Mutter bin, fuhr ich wieder einmal meine Kinder zur Schule. Wir befanden uns gerade auf der Preston Road, als mir mein vierzehnjähriger Sohn, der neben mir auf dem Beifahrersitz saß, eindrucksvoll seine Definition des „Amerikanischen Traums" präsentierte. Die Preston Road liegt in einer sehr schicken Gegend von Dallas, und deshalb war es auch nicht besonders ungewöhnlich, dass links von uns ein Lexus fuhr, rechts ein Porsche und direkt vor uns ein silberner Maserati.

„Mama", sagte er, als er seine lässig-gelangweilte Körperhaltung aufgab und sich aufrichtete. „Was glaubst du, in welchen von den Wagen ich am besten aussehen würde? Ich glaube, in dem Porsche, oder? Ja. Das ist der Wagen, den ich kriege, wenn ich sechzehn bin."

Gegen akuten Brechreiz ankämpfend, sah ich ihn kurz an und fragte: „Wovon träumst du eigentlich nachts? Und wer soll dir denn deiner Meinung nach so ein Auto finanzieren?" Mir war klar, dass er auf diese Frage keine Antwort parat hatte, denn derzeit beschäftigte er sich hauptsächlich mit einem Bildschirm und einer Fernbedienung.

Wer erzieht dieses Kind eigentlich?, dachte ich. Denkt er wirklich an nichts anderes als an materielle Dinge und Geld? Was war mit den Werten, die ich vermittelt hatte? Und mit meinen unzähligen Stunden ehrenamtlicher Mitarbeit, meinen etlichen Vorträgen darüber, zufrieden zu sein mit dem, was man hat, und all den brillanten Monologen, die ich geführt habe über die Tatsache, dass „Dinge" einen niemals zufrieden und glücklich machen können – ist denn wirklich gar nichts von alledem zu seinem Hirn vorgedrungen?

Nachdem ich ihn an der Schule abgesetzt hatte, rief ich auf dem Rückweg meine Schwägerin, eine meiner besten Freundinnen, an. Nicht nur dass ich ein Ventil für meinen Frust brauchte, auch musste mir jemand bestätigen, dass ich nicht verrückt war und dass es Licht am Ende dieses egomanischen Pubertätstunnels gibt. Ersteres konnte sie mir geben, Letzteres allerdings nicht, weil sie selbst einen „Pubertisten" zu Hause sitzen hatte. Nachdem wir uns ein paar Schoten erzählt hatten, die einander sehr ähnelten, hatte ich eine Erleuchtung, die allerdings überaus ernüchternd war:

„Ich glaube, ich erziehe kleine Schmarotzer", sagte ich, „den Typ Mensch, der bedient werden will, der taub ist für den Nutzen von Einfallsreichtum und harter Arbeit, der Typ Mensch, um den sich nicht nur gekümmert werden muss, sondern der es einfach erwartet."

Und warum auch nicht? Offenbar habe ich es ihnen selbst beigebracht, solche Erwartungen haben zu dürfen. Mir wurde in diesem Moment wie auch in den darauffolgenden Tagen klar, dass keines meiner Kinder wusste, wie man Wäsche wäscht. Keines von ihnen konnte ein Bad putzen – und ich meine wirklich sauber machen –, keines von ihnen konnte kochen, den Tisch decken, eine Mahlzeit servieren und danach Esstisch und Küche wieder in Ordnung bringen. Ich war mir nicht einmal sicher, ob mein Achtjähriger in der Lage war, eine Waffel zu zerteilen.

Ach, du liebe Zeit!

Fairerweise muss ich allerdings auch sagen, dass meine Kinder viele erstaunliche Dinge vollbringen. Sie sind echt tolle Kinder! Was aber ihr Leben zu Hause anging, waren sie wirklich kleine Schmarotzer. Weil ich ständig einsprang, ihnen zuvorkam und alles abnahm und sie kaum Pflichten hatten (wenn überhaupt), hatten sie gar keine Chance, Verantwortung zu übernehmen und selbst zu erleben, was in ihnen steckt und was sie eigentlich schon alles können.

Seit mir das klar geworden ist, stelle ich in Gesprächen mit anderen Eltern immer wieder fest, dass wir in Bezug auf dieses

Phänomen absolut kein Einzelfall waren. Kinder zur Selbstständigkeit zu erziehen, ist in der heutigen Erziehungskultur so gar nicht angesagt. Statt unsere als fähig zu betrachten, springen wir ständig für sie ein. Wir übernehmen Aufgaben, mit denen sie meist durchaus selbst fertigwerden könnten. Damit beginnen wir bereits, wenn sie noch ganz klein sind. Als Entschuldigung bzw. Ausrede dafür benutzen wir gern Sicherheit („Wenn ich nicht neben ihr stehe, fällt sie hin.") oder dass wir sie „unterstützen" wollen („Wie soll er denn die Noten bekommen, um sein Traumfach studieren zu können, wenn ich ihm nicht helfe?"). Wir ebnen ihnen den Weg, indem wir fast zwanghaft jedes noch so kleine Hindernis in Form von Enttäuschung oder Schwierigkeiten aus dem Weg räumen, bevor es sie in ihrer Entwicklung behindern kann. Und sind sie erst einmal in der Pubertät angekommen, haben sie sich so sehr an diese Rundumversorgung gewöhnt, dass sie gar nicht mehr auf die Idee kommen, dass es sie überhaupt daran hindern könnte, sich selbst zu entdecken.

Wie gering meine Erwartungen an meine Kinder waren, wurde mir bewusst, als mein Sohn – der vermeintlich 16-jährige Porschefahrer – in der achten Klasse als Englisch-Hausaufgabe einen kurzen Vortrag ausarbeiten sollte. Er hatte eine Rede oder einen Essay – etwas Zitierbares und Interessantes – herauszusuchen und sich so viel von dem Text zu merken, dass er vor der Klasse darüber einen fünfminütigen Vortrag halten konnte. Die Aufgabe war also wirklich einfach.

Trotzdem schob das Kind – sich an seiner Mutter ein Beispiel nehmend – die Aufgabe so lange vor sich her, bis irgendwann der Lehrer unserem Sohn den Text aussuchte, über den er einen Vortrag halten musste. Ich versuchte, zugegebenermaßen nicht besonders erfolgreich, mein Lachen zu unterdrücken, als mein Teenager, der stets das Lebensmotto „Wie komme ich mit dem geringsten Aufwand durch?" vertritt, Teddy Roosevelts Ansprache an den Hamilton Club in Chicago von 1899 lernen und vortragen musste – eine Ansprache mit der Überschrift „Das strapaziöse Leben".

Das ist wirklich kein Witz. Hier ein kurzer Ausschnitt aus der besagten Rede von Teddy Roosevelt:

> Indem ich zu Ihnen spreche, Männer aus der größten Stadt des Westens, Männer des Bundesstaates, der diesem Land Lincoln und Grant geschenkt hat, Männer, die hervorragend und klar all das verkörpern, was am amerikanischen Wesen am amerikanischsten ist, *ich möchte nicht die Lehre der unehrenhaften Mühelosigkeit predigen, sondern die des anstrengenden Lebens, des Lebens der Plackerei und Mühe, der Arbeit und des Wettstreits, möchte die höchste Form des Erfolges predigen, den nicht der Mann hat, welcher sich nur einen mühelosen Frieden wünscht, sondern der Mann, der nicht vor Gefahr, vor Härte, vor bitterer Mühsal zurückschreckt, und aus all dem den großartigen letztgültigen Triumph bezieht.*
> Ein Leben in Bequemlichkeit – also ein Leben in einem mühelosen Frieden, der einem Mangel entweder an Biss oder aber an der Kraft, nach großen Dingen zu streben, entspringt – ist ebenso wenig einer Person wie eines Staates würdig. Ich verlange nur, dass das, was jeder Amerikaner mit Selbstachtung von sich selbst und von seinen Söhnen verlangt, auch vom amerikanischen Staat als Ganzem verlangt wird.[1]

Theodore Roosevelt würde bildlich aus dem Grabe springen, mit einem großen Stock in der Hand, und laut schreien, wenn er wüsste, was wir dem Land antun, an dessen Gestaltung er und noch viele andere zielstrebige und entschlossene Leiter so intensiv und mit Herzblut gearbeitet haben. Und es ist mir peinlich, aber meine Kinder würden sich wahrscheinlich für „einen mühelosen Frieden" entscheiden. Höchstwahrscheinlich würden sie vor „Härte" und „bitterer Mühsal" zurückschrecken.

---

1 Theodore Roosevelt, „The Strenuous Life" (Rede im Hamilton Club, Chicago, am 10. April 1899, Theodore Roosevelt Association: Speeches, www.theodoreroosevelt.org/research/speech%20strenuous.htm.

Was vermitteln wir unseren Kindern?

Vorfälle wie dieser und unzählige andere ganz ähnliche lenkten meine Aufmerksamkeit auf ein Übel, mit dem inzwischen offenbar auch meine Familie infiziert war: Das Anspruchsdenken der Jugend hat epidemische Ausmaße erreicht, und zwar sowohl in der Familie als auch in der Gesellschaft. Und ich war entsetzt, als mir bewusst wurde, dass ich genau wie viele andere Eltern in der heutigen Zeit die Hauptüberträger dieses Bazillus sind. Eltern, die es eigentlich gut meinen und die besten Absichten haben.

Wir hocken auf unseren Kindern, eilen ihnen permanent zur Hilfe, versuchen zu verhindern, dass sie versagen, verhelfen ihnen zu Erfolgen, manipulieren, überbehüten und leisten somit letztlich Beihilfe zur Unselbstständigkeit. Wir geben ihnen Zeit für Sport, für die Schule und auch für das Zusammensein mit Freunden. Wir wollen unseren Kindern das Leben möglichst leicht machen oder dafür sorgen, dass sie garantiert Erfolg haben, indem wir ihnen alles Mögliche abnehmen, statt es sie selbst machen zu lassen. Wir überschütten sie mit Beifall und sagen ihnen ständig, wie toll sie sind – geben ihnen aber kaum einmal Gelegenheit zu beweisen, dass sie dieses Lob auch tatsächlich verdient haben. All diese Anstrengungen von unserer Seite vermitteln die unausgesprochene und vielleicht auch unbeabsichtigte, aber deutliche Botschaft: „Ich mache das für dich, weil du es nicht kannst" oder „Versuch's gar nicht erst, weil ich es sowieso besser und schneller hinbekomme als du".

Solche Botschaften vermitteln genau das *Gegenteil* von dem, was meine Kinder von mir hören wollen. Ich möchte, dass sie die Wahrheit zu hören bekommen – die beinhaltet, dass sie mit harter Arbeit, Durchhaltevermögen und Disziplin alles schaffen *können*, was sich ihr Kopf und ihre Muskeln vornehmen.

Diese Erkenntnis überzeugte mich von der Notwendigkeit, meinen Erziehungsansatz zu überdenken. Statt zu vermitteln „Ich hab dich lieb, also versuche ich, dir das Leben möglichst schön und angenehm zu machen", kam ich zu dem Schluss, dass die Botschaft eher in folgende Richtung gehen muss: „Ich hab dich lieb. Ich glaube an dich. Ich weiß, was du kannst. Deshalb sorge ich dafür, dass du dich ausprobieren und es beweisen kannst, und das geht am besten durch praktische Arbeit."

Ich weiß nicht, woher das Anspruchsdenken heutiger Kinder und Jugendlicher eigentlich rührt. Ich kann mich nicht erinnern, dass meine Eltern jemals meine Hausaufgaben für mich gemacht oder auch nur kontrolliert hätten. Sie halfen mir wirklich nur dann, wenn ich selbst nicht weiterwusste und um Hilfe bat. Ich kann mich auch nicht erinnern, dass ich jemals gegen eine schlechte Note protestiert hätte, egal, ob berechtigt oder nicht. Ich erinnere mich auch nicht, dass meine Eltern alles Mögliche in Bewegung gesetzt hätten, um mich ins richtige Sport-Team, an die richtige Schule oder zum richtigen Lehrer zu bekommen. Meistens ließen sie es einfach auf sich zukommen, und sie erwarteten von uns Kindern, dass wir damit zurechtkamen und unser Bestes gaben. Und letztlich kann ich mich auch nicht erinnern, dass man mir ein unaufgeräumtes Zimmer hätte durchgehen lassen.

Samstagmorgens hatten wir praktisch zu arbeiten: Die Garage fegen, Rasen mähen, Autos waschen, Fenster putzen und Ähnliches, und es wurde immer kontrolliert, ob wir unsere Arbeit auch gut gemacht hatten, weil, so hob mein Vater stets (übertrieben stark) hervor: „Wenn eine Aufgabe es wert ist, getan zu werden, dann ist sie es auch wert, ordentlich getan zu werden."

In der heutigen Gesellschaft ist es offenbar Aufgabe der Eltern, ihren Kindern ständig, zu „Hilfe" zu eilen. Wir manipulieren die Umstände, damit unsere Kinder möglichst mühelos und mit wenigen Hindernissen die Besten sind und es ganz nach oben schaffen. Wir machen vielleicht sogar ihre Hausaufgaben für sie, nur um ganz sicher zu sein, dass auch alles richtig ist. Zumindest aber kontrollieren wir alles ganz genau.

Wir vermitteln dadurch, dass Leistung das Allerwichtigste ist. Und dann tun wir alles, was in unserer Macht steht, um ihren Erfolg zu gewährleisten, indem wir sie *Bäms!* in die Mitte stellen. Das Ergebnis sind Kinder, die als „Generation Ich" bezeichnet werden, weil sie sich benehmen, als würde sich die Welt ausschließlich um sie drehen. Manche Experten verwenden sogar den Begriff *narzisstisch*.

Ist das Verhalten solcher Kinder und Jugendlicher wirklich so auffällig, dass dafür eine klinische Diagnose angemessen ist? Schon möglich, aber es gibt eindeutige Hinweise dafür, dass wir es im Grunde mit überbehüteten und überversorgten Kindern und Jugendlichen zu tun haben, die nach der Ausbildung oft Schwierigkeiten haben, ihren Platz im Leben zu finden.

Vor ein paar Jahren stand in der *Newsweek* ein Artikel, in dem die kurze Geschichte von Felicite diese gesellschaftliche Gruppe beispielhaft beschrieb:

> Seit sie mit dem College fertig ist, hat Felicite mehr als einmal jährlich den Job gewechselt. Die 26 Jahre alte Pariserin, die nicht mit vollem Namen genannt werden möchte für den Fall, dass ihr derzeitiger Arbeitgeber den Beitrag liest, wechselt eher den Job, weil der alte nicht mehr spannend genug oder ein spannenderer in Aussicht ist, als aus finanziellen Gründen. Wenn sie in ihrem jeweiligen Job einmal nicht genug Geld verdient, um sich eine eigene Wohnung leisten zu können, zieht sie einfach wieder zurück zu ihren Eltern in einen Vorort. Ihr neuester Plan: Sie möchte ihre derzeitige Stelle in der Werbung kündigen, um bei einem humanitären Hilfsprojekt in Übersee mitzuarbeiten.
> „Ich bin noch jung", sagt sie. „Ich möchte einfach etwas arbeiten, was Spaß macht."
> Felicite steht für einen Trend. In der westlichen Welt leben immer mehr junge Menschen zwischen zwanzig und dreißig noch bei ihren Eltern, damit sie ihren eigenen Interessen nachgehen können, statt sich Gedanken über einen sicheren Job zu machen, der beim Abzahlen von Hypotheken hilft.[2]

---

2 Emily Flynn Vencat, „Narcissists in Neverland", Newsweek, as posted on The Daily Beast, 15. Oktober 2007, www.thedailybeast.com/newsweek/2007/10/15/narcissists-in-neverland.html.

Etwa zur gleichen Zeit berichtete die *Los Angeles Times* über eine Untersuchung an der San Diego State University, die auf einen zunehmenden Trend zum Egoismus hinweist.

> All die Bemühungen, das Selbstwertgefühl von Kindern und Jugendlichen zu stärken, gehen möglicherweise nach hinten los, weil sie eine Generation von Collegestudenten hervorgebracht haben, die noch narzisstischer ist als ihre Vorgänger, die Generation X ...
>
> Die Studie kommt zu dem Ergebnis, dass die Zunahme narzisstischer Einstellungen und Verhaltensweisen wahrscheinlich zum Teil auch durch die Selbstwertförderungs-Programme hervorgerufen wurde, die vor etwa 20 Jahren in vielen Kindergärten und Vorschulen durchgeführt wurden. Damals sangen die Kinder in den Kindergärten Lieder mit Texten wie „Ich bin etwas Besonderes, ich bin etwas Besonderes, schau mich an".[3]

Noch aktueller ist ein Artikel der *Huffington Post,* in dem Emily Bennington, eine Expertin für Karriereplanung, schreibt, welche typischen Verhaltensweisen sie und ihre Kollegen zurzeit bei College-Absolventen beobachten. Dazu gehört unter anderem, dass die jungen Erwachsenen bei Vorstellungsgesprächen für ihren ersten festen Job gern ihre Eltern dabeihaben wollen. „Man macht es sich zu leicht", stellt sie fest, „wenn man den Studenten die Schuld daran gibt, dass es zu solchen absurden Situationen kommt, nach dem Motto: Sie haben ein zu großes Anspruchsdenken. Das größere Problem sind eigentlich wir Eltern. Wir wollen unsere Kinder unbedingt beschützen und sie vor jedem möglichen Schmerz oder Schaden bewahren, dass wir gar nicht merken, wie sehr wir ihnen genau dadurch schaden."[4]

---

[3] Larry Gordon und Louis Sahagun, „Gen Y's Ego Trip Takes a Bad Turn", Los Angeles Times, February 27, 2007, http://articles.latimes.com/2007/feb/27/local/me-esteem27.

[4] Emily Bennington, „Let Your Kids Fail" Huffington Post.com, August 7, 2011, www.huffingtonpost.com/mobileweb/1969/12/31/helicopter-parents_n_873368.html.

Obwohl die Eltern, die ich kenne, ganz zweifellos die Absicht haben, ihre Kinder aufs Leben vorzubereiten, zeigen Geschichten wie diese und unzählige andere Beispiele, dass wir unsere eigenen Ziele sabotieren, wenn wir selbst eingreifen, um dafür zu sorgen, dass unsere Kinder Erfolg und Glück haben. Unsere „Hilfsstrategie" klingt so lange gut, bis wir in einer Gesellschaft verwöhnter, schlecht aufs Leben vorbereiteter junger Erwachsener ankommen, denen es zutiefst an einer soliden Arbeitsethik fehlt.

Kurswechsel

Wieso also nehmen Eltern ihren Kindern so vieles ab, statt sie wie früher zu lehren, sie anzuleiten und ihnen ein Vorbild zu sein?

Erinnern Sie sich noch an Ihre Fahrstunden? Ich habe in Wichita Falls, Texas, das Autofahren gelernt, bei einer örtlichen Fahrschule. Dort war es so, dass die Fahrschüler erst endlos sterbenslangweilige Theoriestunden über sich ergehen lassen mussten, ehe sie überhaupt ans Steuer durften. Wenn es dann so weit war, befestigte der Fahrlehrer das „Fahrschule"-Schild auf dem Dach des Wagens, nahm anschließend auf dem Beifahrersitz Platz, der mit einem zusätzlichen Bremspedal ausgerüstet war, und los ging's. Oft waren wir Fahrschüler so angespannt, dass unsere Fingerknöchel am Lenkrad ganz weiß wurden. Nur sehr selten betätigte der Fahrlehrer die Zusatzbremse, während er jeden einzelnen Fahrschüler in aller Ruhe zur Autobahn lotste, dann auf einen Parkplatz, wo paralleles Einparken geübt wurde, und schließlich durch das Zentrum unserer Kleinstadt. Während der ganzen Zeit ertrug er den unsäglichen Teenagerhumor, Schreie, Jauchzen, Augenverdrehen, Gekicher und vor sich hin gemurmelte, freche Bemerkungen. Der alte Knabe brachte uns bei, wie man selbstständig ein Auto lenkt. Warum er das so machte? Weil er wusste, dass er eines Tages mit uns auf denselben Straßen unterwegs sein würde.

Dank seiner Unterrichtsmethode lernte ich alles und konnte alles einigermaßen gut, als ich schließlich meinen Führerschein in der Hand hatte. Ob ich wohl auch das Fahren gelernt hätte, wenn der Fahrlehrer in den Fahrstunden alles für mich gemacht hätte? Wahrscheinlich schon, aber es wäre sehr viel schwerer geworden. Ich gewann erheblich an Sicherheit und sammelte wertvolle Erfahrungen, weil ich es allein machen durfte mit einem fähigen Lehrer an meiner Seite. Nichtsdestotrotz machte ich gelegentlich Fehler und nahm den einen oder anderen Bordstein mit.

Als Mutter hingegen bin ich stets aufs Neue überrascht über meinen unerklärlichen Wunsch, für meine Kinder den Fahrersitz zu übernehmen, über den Wunsch, eigentlich lieber alles selbst zu machen, auch das, was sie eigentlich schon selbst können. Ich kann mich kaum bremsen einzuspringen, auch wenn ich genau weiß, dass mein Einmischen langfristig gesehen kein bisschen hilfreich, sondern eher sogar schädlich ist. Vielleicht liegt das an meinem Bedürfnis, alles unter Kontrolle zu haben, Dinge möglichst schnell und effizient zu erledigen und dadurch die bestehende Ordnung aufrechtzuerhalten. Egal, ob es um eine Bestellung bei McDonald's geht, ums Bettenmachen oder ums Zähneputzen. Ich bin selbst überrascht, was ich alles auf mich nehme, um meinen Kindern das Leben möglichst leicht zu machen.

Wenn ich mich dabei ertappe, wie ich vor mich hin murmele: „Ich habe dir schon x-mal gesagt, dass du das aufräumen sollst", gleichzeitig aber nicht nur weiter Schlafanzüge, Handtücher und Schuhe vom Boden aufsammele, sondern auch noch gleich den Schrank mit aufräume, wo ich schon mal dabei bin, dann festige ich damit die Erwartungshaltung meiner Kinder, dass schon immer jemand da sein wird, der ihre Aufgaben für sie erledigt. Außerdem mache ich es ihnen zusätzlich unnötig schwer, ihr eigenes Ordnungssystem in ihren Schränken zu entwickeln. Ich verhindere also quasi selbst, dass sie das tun, was ich mir wünsche, nämlich Ordnung zu halten. Wenn ich das Aufräumen für sie übernehme, mache ich nicht nur ihre Arbeit, sondern ich lade sie auch noch ein zum Jammern, wie beispielsweise „Wo sind meine Knieschoner?". Dasselbe gilt fürs Kochen, Fegen, Wischen oder Heckeschneiden. Ich bin mir nicht sicher, ob meinen Kindern klar ist, oder ob sie auch nur schon einmal einen Gedanken daran verschwendet haben, dass das alles Dinge sind, die sie irgendwann einmal selbst können müssen.

Keiner möchte doch unselbstständige, bedürftige Kinder haben. Wir möchten, dass unsere Kinder dazu gerüstet sind, die Welt zu erobern und sich nicht nur bedienen lassen wollen.

Ich beschloss also, die „Schmarotzerexistenz" meiner Brut abrupt zu beenden.

Mutter mit einer Mission

Bevor ich weitermache, möchte ich mich zunächst einmal vorstellen. Ich heiße Kay Wyma. Ich bin eine Mutter, die Beihilfe zur Unselbstständigkeit leistet, die unter „Aufschieberitis" leidet, ein Kontrollfreak ist und vieles mehr – allerdings befinde ich mich auf dem Wege der Besserung in all diesen Bereichen.

In erster Linie bin ich jedoch die Frau von Jon und Mutter von fünf Kindern, die mich angefleht haben, bitte, bitte, bitte nicht ihre Identität preiszugeben oder sie doch wenigstens zu Tarnungszwecken ein wenig zu verfremden. Denn es könnte ja, wie wohl jeder weiß, katastrophale Folgen für das Ansehen eines Teenagers unter seinesgleichen mit sich bringen, wenn ihm eine zu enge Beziehung zu seinen Eltern nachgesagt wird. Doch die Probleme, um die es im Folgenden gehen soll, haben ja nicht nur unsere Kinder. Hier also eine Aufstellung der Kindercharaktere, die bei mir zu Hause sind:

- **Boxster**, vierzehn, hofft, dass er eines Tages den Porsche fährt, der die Anregung zu seinem Spitznamen gab. Er ist ein typischer Teenager: Seine Geschwister machen ihn wahnsinnig, und er bevorzugt Essen, das außerhalb unseres Hauses zubereitet wird. Doch was den Charakter angeht, so kann er es mit dem der meisten Erwachsenen aufnehmen. Er ist absolut unerschrocken und loyal, und er setzt erstaunlich viel ein, wenn er dazu angehalten wird. Doch angehalten werden muss er auch, wenn wir wollen, dass er aus seiner Teenagerlethargie ausbricht.

- **Snoopy**, zwölf, ist unsere „Faktencheckerin", ein sachlich-nüchternes Mädchen, das aufpasst und mitbekommt, was abgeht und uns ganz schnell auf unsere Widersprüche aufmerksam macht. Besonders gern macht sie das, wenn es um eine Mama geht, die vielleicht die Geschwindigkeitsbegrenzung mal überschreitet. Seit dem Tag ihrer Geburt ist sie ein Segen für die Menschen, mit denen sie in Kontakt kommt – außer gelegentlich und normalerweise morgens für ihre Geschwister.
- **Clara**, zehn, ist ein ruhiges, verantwortungsbewusstes Kind, das immer „on top" von allem ist. Ihren Spitznamen hat sie von Clara, der Gründerin des Roten Kreuzes, da sie ehrenamtliche Arbeit geradezu verkörpert. Wie alle Mädchen im Teeniealter hat sie natürlich auch ihre nicht ganz so netten Momente. Sie ist das Kind, an das ich mich wende, selbst wenn ich noch gar nicht weiß, dass ich etwas brauche.
- **Fury**, acht, wehrt sich hartnäckig gegen jegliche Form von Veränderung, so ähnlich wie ein Hengst in einem Gatter, der entschlossen ist, sich nicht satteln zu lassen. Wenn sich dieses Kind allerdings auf eine anstehende Aufgabe einmal eingelassen und den Entschluss gefasst hat, seine Beharrlichkeit zum Guten einzusetzen, dann Achtung. Er kann schwer arbeiten, und erledigt seinen Job zufriedenstellend und gut – sofern wir es geschafft haben, ihn über die Protestphase hinaus zu bewegen.
- **Jack**, drei, ist noch so jung, dass es ihm völlig egal ist, ob er einen Spitznamen hat. Ein passender Spitzname für ihn könnte jedenfalls Poppins sein, weil er so wie Mary Poppins „praktisch in jeder Hinsicht perfekt ist". Wir verwöhnen ihn also ein bisschen – und hoffen, dass ihm das nicht schadet. Abgesehen davon, dass er perfekt ist, hat er allerdings eine klitzekleine, oft ein wenig lästige Angewohnheit: Extremsammeln und -horten von allem, was nicht niet- und nagelfest ist.

Willkommen in meiner Welt!

Es ist eine Welt, in der sich mein Name mehrfach am Tag ändert. Einen großen Teil des Tages bin ich Butler James, der Chauffeur, und höre Sätze wie: „Ich habe eine dringende Verabredung auf dem Fußballplatz. Ein bisschen schneller bitte, James."

Bei anderen Gelegenheiten bin ich Flo („Yo, Flo, ich hab doch Schokopfannkuchen bestellt und keine Waffeln!"); Alice (die vertrauenswürdige Haushaltsexpertin – na gut, das Dienstmädchen – der Bradys aus *Eine himmlische Familie*); Robo Cop (keine Beschreibung nötig) und vieles mehr.

Ich bin eine Frau ohne Doktortitel, ohne Therapeutenausbildung und ohne eigenen Firmenbriefkopf. Und ich bin eine Mutter. Eine Mutter, deren Haus das Epizentrum der Anspruchshaltung geworden ist. Vier Wände, in denen sich die Kinder daran gewöhnt haben, sich bedienen zu lassen, statt selbst anzupacken. Ein Ort, wo sie quengeln, mich inständig bitten und flehen, statt selbst aktiv zu werden.

Ich habe ja schon erklärt, dass mir das Problem mit der Anspruchshaltung erst in dem Gespräch mit meiner Schwägerin nach dem „Ich glaube, ich würde am besten in dem Porsche aussehen"-Gespräch bewusst geworden ist. Verstärkt wurde diese Erkenntnis noch einmal, als ich später in die Kinderzimmer ging und dort vier zerwühlte, ungemachte Betten vorfand, umgeben von Müll und Zeugs. Anschließend wies ich eines meiner vier Goldstücke an, in sein Zimmer zu gehen und sein Bett zu machen. Es war Fury.

„Warum soll ich denn mein Bett machen?", fragte er. „Das ist doch *dein* Job."

Meine Reaktion kam prompt.

„Was? Das ist mein Job? Wie kommst du darauf, dass das *mein* Job ist? *Ich bin deine Mutter.* Du hast mir gar nicht zu sagen, was ich zu tun habe. Und im Übrigen tue ich sehr viel mehr, als dein Bett zu machen! Sehr viel mehr. Ach ja, und es kann übrigens sein, dass ich dir nicht bei deinen Mathehausaufgaben helfen kann oder dass ich die Grammatikregeln nicht mehr kann oder … na ja, das nur am Rande. Nur zu deiner Information, ich habe früher ziemlich komplizierte mathematische Aufgaben zu bearbeiten gehabt. Ja, damals, im Büro. *Sehr* viele!"

Na gut, natürlich habe ich nichts von alldem gesagt, aber ich hätte es gern getan. Tatsache ist, dass ich keine passende Antwort hatte. Er hatte mich kalt erwischt. Ich war absolut schockiert und konnte einfach nicht glauben, dass mein Kind tatsächlich so dachte.

Hier lief etwas ganz entschieden falsch. Und es musste etwas passieren.

Das „Experiment"

An einem schönen Februartag kam ich zu dem Schluss, dass meine Kinder ein paar Dinge lernen mussten, und zwar Dinge, die man unbedingt können muss, wenn man ein selbstständiges Leben führen will. Zu diesem Zweck erstellte ich eine Liste von Dingen, die sie draufhaben sollten, ehe sie das Haus eines Tages verlassen würden. Und dann begannen wir mit dem Experiment: Dabei handelte es sich um ein zwölfmonatiges Projekt, im Laufe dessen unsere Kinder lernen sollten, in unserem Haushalt Verantwortung zu übernehmen.

Zwölf Dinge, die ein Kind können sollte, bevor es dem Wyma-Hühnerstall entfleucht:

- Wie man ein Bett macht und sein Zimmer in Ordnung hält
- Wie man kocht und eine Küche sauber macht
- Wie man einen Garten pflegt
- Wie man ein Badezimmer putzt
- Wie man sich einen Job sucht
- Wie man seine Wäsche erledigt
- Wie man Reparaturen durchführt
- Wie man eine Party gibt
- Wie man im Team arbeitet
- Wie man Besorgungen macht
- Wie man anderen hilft und Gutes tut
- Wie man sich gut benimmt

Jeden Monat gab ich eine Einführung in die jeweilige Monatsaufgabe. Sie sollte den Kindern dabei helfen, ihre Möglichkeiten und Fähigkeiten wirklich ganz auszuschöpfen. Ich gab ihnen Aufgaben, wie Betten zu machen, Wäsche zu waschen, Mahlzeiten für die Familie zu kochen und andere, um sie für den ganz normalen Alltag fit zu machen.

Wegen meiner eigenen Probleme mit der „Aufschieberitis" war es für mich selbst herausfordernd, diese Strategie zu verfolgen und beizubehalten. Lassen Sie sich nicht täuschen, wenn Sie den Eindruck haben, dass alles gut durchorganisiert war. Schon allein der Gedanke an das Experiment bewirkte anfänglich, dass ich mich am liebsten ins Bett verkrochen und mir die Decke über den Kopf gezogen hätte. (Verzeihen Sie mir, wie kam ich bloß auf die Idee, auch nur einen Augenblick lang ungestört in meinem Bett liegen zu können. Schließlich habe ich seit vierzehn Jahren kein einziges Mal geduscht, ohne dabei unterbrochen zu werden.)

Ich kann aber nicht einfach die schwerwiegenden Folgen ignorieren, die es hätte, wenn ich weiterhin zuließe, meine Kinder mit dieser Anspruchshaltung leben zu lassen. Sie gehören zu der Generation, die uns in ein paar wenigen Jahren regieren wird. Und nicht nur das, sondern sie – nein, eigentlich wir alle – sind zur Arbeit geschaffen. Seit Anbeginn der Menschheit ist Arbeit ein integraler Bestandteil des menschlichen Lebens. Sie war ursprünglich ein Privileg, bevor wir daraus Mühsal und Plackerei machten (vgl. 1. Mose 2–3).

Ich startete also ein wenig beklommen, hoffte aber, dass wir alle – besonders ich – das Experiment zu Ende bringen würden und unseren Teil dazu beitragen können, die „ich bin hier, um bedient zu werden"-Einstellung zu ersetzen durch ein „Seht mal, was ich durch Arbeit alles erreichen kann". Während dieses Prozesses habe ich gelernt, dass der Erfolg dabei sie nicht nur motiviert, aktiv mitzuarbeiten. Auch motivierte er mich, ihnen nicht alles abzunehmen, sondern meine Finger von ihren Aufgaben zu lassen und es zu akzeptieren, dass sie durch Tun lernten.

Im Folgenden will ich etwas detaillierter beschreiben, wie ich Verantwortung von meinen Schultern auf ihre umverteilt habe. Auch habe ich versucht, die guten wie die schlechten und auch die richtig unschönen Augenblicke meiner Versuche zu dokumentieren, meine Kinder zu Verantwortungsbewusstsein und Selbstständigkeit, zu Leistungsfähigkeit und Selbstvertrauen anzuleiten. Den Status „Absolut fit fürs Leben" haben wir zwar noch nicht erlangt, aber zumindest sind wir in der richtigen Richtung unterwegs.

***

Neulich hatte ich einen Anruf zu erledigen. Weil ich mir nicht notiert hatte, wann genau ich dort anrufen sollte, schob ich es immer wieder auf, zumal ständig etwas dazwischenkam. Schließlich war es 17:45 Uhr, als ich die Nummer wählte. Das ist keine gute Zeit zum Telefonieren, egal, in welchem Alter die Kinder sind, und eigentlich war mir das auch klar. Und tatsächlich, unser Dreijähriger begann wie auf Kommando zu quengeln, und das Quengeln eskalierte in ein forderndes Geschrei. Weil ich am Herd festsaß, wo ich beim Telefonieren eine störrische Bananenteigfüllung rührte, die einfach nicht fest werden wollte, forderte ich das nächstältere Geschwisterkind (es war Clara) mit Hilfe von Gestik und Mimik und lautlos geformten Worten auf: „Bitte kümmere dich um Jack. Ich muss dieses Telefonat noch zu Ende bringen."

Mit gerunzelter Stirn ging ihr kurz der Gedanke durch den Kopf, mir meine Bitte abzuschlagen, aber dann kam doch noch gerade rechtzeitig ihr wahres Wesen durch.

Ein paar Minuten später, immer noch telefonierend und den Teig rührend, hörte ich oben Geschrei. Und dann ein sehr lautes: „Oh, nein!"

Nun hatte ich zwei Möglichkeiten: Entweder ich beendete das Telefonat und hörte auf zu rühren oder ich verfolgte meinen Kurs weiter und brachte meinen Teig zu Ende. Ich entschied mich selbstbewusst für Letzteres.

Mittlerweile tropfte mir praktisch der Schweiß vom Ellbogen meines Rührarms. Schon seit etwa einer Dreiviertelstunde stand ich am Herd. Und plötzlich bemerkte ich, wie Clara neben mir stand und etwas auf einen Zettel kritzelte. Als sie damit fertig war, hielt sie den Zettel zu mir hoch. Ihre grammatikalischen und Rechtschreibkenntnisse hatte sie offenbar oben an der Unfallstelle zurückgelassen, denn da stand: „Jack hat pipi oben auf Fusboden."

Auch nett.

Weil ich inzwischen von der fixen Idee besessen war, erst den Teig und das Telefonat zu Ende bringen zu müssen, überrascht es Sie wahrscheinlich auch nicht weiter, dass ich nicht sofort alles stehen und liegen ließ, um die Sauerei oben zu beheben. Ich schaute auf das körperlich gesunde Kind neben mir und erinnerte mich daran, dass es bereits vor Monaten den Umgang mit Desinfektionsmittel als Teil von Aufgabe 4 gelernt hatte.

„Kannst du es biiitte sauber machen", signalisierte ich ihr wieder in lautloser Sprache, auch wenn mir durchaus bewusst war, dass Pipi außerhalb einer Toilettenschüssel sogar für eher Fortgeschrittene eine heftige Aufgabe ist.

Flüsternd bettelte sie: „Mamaaaa, neiiiin! Bitte nicht!!!"

Boxster stand ganz in der Nähe. Er glotzte und lachte über die ganze Szene, wohl auch, weil es hier um Körperfunktionen und Körperflüssigkeiten ging. Ich wandte mich also als Nächstes an ihn.

„Kannst du es bitte wegmachen? Komm schon ... du schaffst das. Es wird sich auch auszahlen für dich."

„Nee, auf gar keinen Fall! Das würde ich nicht mal für 'n Fuffi machen."

„Na gut, dann also nicht", murmelte ich. „Dann mache ich es eben später selbst weg."

Beide Kinder machten sich aus dem Staub, ich telefonierte weiter und gestand alles, was bis zu diesem Zeitpunkt zur Person am anderen Ende der Leitung durchgesickert war. Aber noch bevor ich damit fertig war, kam Clara noch einmal wieder und kritzelte erneut eine Notiz auf einen Zettel. Als sie ihn zu mir hochhielt, sah ich, dass unter der fast panisch anmutenden ersten Notiz die Worte „Ich hab Jacks Pipi weckemacht" standen – mit einem Smiley dahinter. (Wahrscheinlich waren ihre Rechtschreibkenntnisse aufgrund ihrer Verblüffung über diese Erfahrung immer noch oben am Ort des Geschehens verblieben.)

Was blieb mir anderes, als zu lächeln, und zwar aus vielerlei Gründen. Zum Beispiel, weil sie bereit gewesen war, ihr Unbehagen zu überwinden und etwas wirklich Ekeliges sauber zu machen, dann noch dem Kleinen die schmutzigen Sachen aus- und neue anzuziehen und zu guter Letzt auch noch die schmutzigen Sachen in die Waschmaschine zu stecken – mir wurde das Herz warm. Sie hatte eine Aufgabe übernommen, von der sie eigentlich selbst geglaubt hatte, ihr nicht gewachsen zu sein. Und sie hatte sogar noch mehr getan als das, worum sie gebeten worden war.

Solche Momente, in denen sowohl meine Kinder als auch ich die Chance bekommen zu sehen, was wir alles können, sind für mich eine Bestätigung, dass das Experiment nicht nur eine verrückte Idee war. Hürden wie diese zu überwinden, bereitet meine (wie auch alle anderen) Kinder auf künftige Situationen vor, die sehr viel herausfordernder sein können.

Wir sitzen alle im selben Boot

Wenn ich eines gelernt habe, dann dass der Lebensweg sehr viel ruhiger und reibungsloser verläuft, wenn man *zusammen* und nicht allein unterwegs ist. Wege, die man ganz allein geht, führen oft in die Katastrophe und dadurch in die Verzweiflung.

Ich habe außerdem gelernt, dass es gut ist, aus Quellen zu schöpfen, die älter und weiser sind als man selbst. Als wir mit dem Experiment begannen, erklärten sich ein paar Erziehungsveteranen bereit, mich in der Zeit, in der ich unser Abenteuer in meinem Blog dokumentierte, zu begleiten. Es handelte sich dabei um erfahrene

Menschen mit unterschiedlichem Hintergrund und entsprechend verschiedenen Erfahrungen, die aber alle eines gemeinsam hatten: Sie hatten alle die Pubertät ihrer Kinder überlebt und waren gern bereit, Tipps und Strategien weiterzugeben, die ihnen auf ihrem Weg geholfen hatten. Ich nenne sie auch mein „Bügelbrett", weil sie dazu beigetragen haben, unsere Knitterfalten zu glätten – natürlich nicht die im Gesicht, die durch den Stress des Elternseins entstanden sind (obwohl mir da sicher ein bisschen Hilfe auch ganz guttun würde), sondern die holprigen Stellen in unserem Familienleben, die überhaupt erst dazu geführt haben, dass ich mich innerlich so zerknittert und zerzaust fühlte.

Mein „Bügelbrett"

Anne Bentley ist Mutter von vier Söhnen im Alter zwischen neun und siebenundzwanzig Jahren, Großmutter eines Enkelkindes und Gastmutter eines sechzehnjährigen Austauschschülers aus Vietnam. Sie ist seit 31 Jahren mit Chuck verheiratet, ihrem allerersten Freund aus der High School. Sie ist eine hoffnungslos süchtige Leserin, Lernerin und Weisheitssuchende.

Sue Bohlin unterrichtet gerne Frauen und lacht gern, und wenn sie beides miteinander verbinden kann, umso besser. Sie ist glücklich verheiratet mit Dr. Ray Bohlin, dem Vorsitzenden von Probe Ministries. Die beiden haben zwei erwachsene Söhne.

Jody Capehart ist glücklich verheiratet mit Paul, der seit vierzig Jahren Hornist im Symphonieorchester von Dallas ist. Sie haben drei erwachsene Kinder und fünf Enkel. Jodys Leidenschaft ist ihre Familie.

Julie Fairchild ist Mutter von vier überwiegend bereits erwachsenen Kindern und einem Mann, der im Herzen Kind geblieben ist. In ihrer Freizeit leitet sie mit einer Freundin

eine Agentur für Öffentlichkeitsarbeit, die neue Ideen entwickelt und Netzwerke aufbaut.
Kathleen Fischer ist Mutter von drei Kindern und examinierte Krankenschwester mit einem Herz für Teenager. Sie hält Vorträge und schreibt über das schwierige Thema, wie Eltern ihre Kinder mit Erfolg durch das aufwühlende Teenageralter lotsen können.
Jane Jarrell ist Mutter, Ehefrau und versierte Referentin und Autorin zum Thema Gastfreundschaft und Erziehung. Sie setzt Geist, Charme und persönliche Geschichten ein, um Frauen praktische Ideen und kreative Lösungen aufzuzeigen.
Dottie Jones ist zuallererst Ehefrau, dann Mutter, und wenn es dann die Zeit noch erlaubt auch Autorin und Referentin. Sie ist Mitbegründerin der Organisationen „Life Ministries" und „Ministries für Moms". Dottie gibt ihr Wissen und ihre Erkenntnisse gern in Form von Unterricht oder als Mentorin weiter.
Ruth Meek, Mutter von vier Kindern, gefragte Mentorin, Referentin und bald auch Autorin.
Lucina Thompson ist Freundin, Ehefrau und Mutter von zwei Kindern, und sie liebt das Wort Gottes.
Lucina leitet einen Frauenbibelkreis in der Watermark Community Church. Sie ist besonders leidenschaftlich, wenn es um ihre Kinder und um eine afrikanische Partnergemeinde ihrer Gemeinde geht, die in einer sehr armen Gegend von Afrika liegt.
Sue Wills ist Mutter von vier Kindern, von denen eines ich bin, Großmutter von 15 Enkeln und eine großartige Gastgeberein. Sie hat die Gabe, sofort Nähe zu Menschen herstellen zu können und es kommen viele Frauen zu ihr, die Rat und Hilfe brauchen.

> *Peggy Zadina*, Mutter von zwei erwachsenen Töchtern und Großmutter einer wunderbaren Enkelin, ist seit fast vierzig Jahren mit demselben Mann verheiratet. Sie ist Innenarchitektin, liebt Golf und Bridge und unterstützt gern andere, wenn es um familiäre Beziehungen geht.

Zusätzlich zu meinem Bügelbrett boten Gastblogger während unseres Experimentes großartige Erkenntnisse und hilfreiche Tipps an, und ich sprach in meinem Blog eine Einladung an alle aus, die mutig genug waren, ein Stück des Weges mitzugehen und Ideen sowie Neuigkeiten und Erkenntnisse weiterzugeben. Freunde in der ganzen Welt erzählten mir, dass sie mit ihren Kindern die gleichen Probleme haben wie wir, egal, ob sie in Indien, Australien, England oder sogar in Westafrika leben.

Der einzige Weg, die generelle Anspruchshaltung Jugendlicher zu überwinden, ist dies Schritt für Schritt zu machen. Was für ein Glück und eine Chance ist es, dass wir Kindern dabei helfen können, alles, was in ihnen schlummert, abzurufen, damit sie überhaupt merken, wie groß ihr Potenzial ist. Es ist unglaublich spannend zu überlegen, welchen Reichtum an Möglichkeiten es für eine Generation gibt, die Fertigkeiten zu erlernen, die man fürs Leben braucht und sie verantwortlich einzusetzen, wenn sie von Eltern und Erwachsenen, die an sie glaubt, dabei unterstützt wird. Überlegen Sie doch nur einmal, welche Auswirkungen es haben könnte, wenn diese technologieversierte Generation auf Themen der Weltwirtschaft losgelassen würde, auf scheinbar unheilbare Krankheiten und auf uralte politische Konflikte.

Lassen Sie uns also gemeinsam entdecken, was passieren kann, wenn wir unseren Kindern sagen: „Ich glaube an dich, und ich werde es dir beweisen, indem ich dich an dem beteilige, was den Alltag und das Leben ausmacht."

Ich erkläre hiermit das Befähigungsexperiment für eröffnet.

AUFGABE 1

Operation Chaos-Kontrolle

Einfaches für den Anfang: Betten und Müll

> *Das Haus zu putzen, solange unsere Kinder
> noch nicht groß sind, ist wie Schneeschippen,
> bevor es aufgehört hat zu schneien.*
> Phyllis Diller

Noch nie habe ich den Vorwurf zu hören bekommen, ich sei eine Perfektionistin oder ein Ordnungsfreak. Im Gegenteil! Alles Organisatorische fordert mich ziemlich heraus. Eher neige ich zu folgender philosophischer Grundsatzfrage: Welchen Sinn hat es, Sachen wegzuräumen, wenn man sie schon bald wieder braucht?

Hm ... ich glaube, diese Frage habe ich auch schon von meinen Kindern gehört.

Als ich noch berufstätig war, schaute mehr als nur ein Chef fragend auf meinen Schreibtisch, mit einem Blick, der besagte: „Wie soll denn bei solchen Papierbergen jemals etwas Produktives herauskommen?" Doch da waren die Probleme mit meiner Organisations-Behinderung bereits zutiefst mit dem ohnehin schon irgendwie knotigen Gewebe meines Wesens verwoben. Selbst meine Mitbewohnerin aus dem Studentenwohnheim würde Ihnen das bestätigen.

Die Ärmste hatte keine Ahnung, worauf sie sich einließ, als sie einwilligte, sich ein Zimmer im Wohnheim mit mir zu teilen. Da wir in der neuen Umgebung möglichst schnell Freunde finden wollten, hatten wir beide einfach blind eingewilligt, in unserem ersten Jahr an der Baylor University zusammen zu wohnen. Wir lernten uns telefonisch kennen, und wie es für Mädchen ja so typisch ist, einigten wir uns leichtsinnigerweise auf gleiche Tagesdecken für unsere Betten und allerlei Schnickschnack fürs Zimmer und umarmten uns dann an dem Tag, als wir einzogen.

Es dauerte nicht lange, bis Susan klar wurde, dass ich zwar vielleicht eine ganz passable Mitbewohnerin war – lustig, spontan und entspannt –, aber auch ein wenig chaotisch. Man könnte es auch unordentlich nennen. Ich machte zwar mein Bett – jedenfalls meistens –, so wie es mir meine Mama und unsere Haushälterin Bea beigebracht hatten, aber alle Kleidungsstücke und noch vieles mehr legte ich einfach auf dem Bett ab. Um meinen provisorischen Kleiderschrank dann abends wieder in ein Bett zu verwandeln, schob ich die Klamottenberge einfach beiseite und kuschelte mich unter dem gemütlichen Berg von Kleidern ein, um dann am nächsten Morgen einfach anzuziehen, was obenauf lag.

Susan hingegen war sehr organisiert, nur wenn ihre Haltung mit meiner extrem pragmatischen „passt-schon"-Einstellung zusammentraf, wechselte sie auf die dunkle Seite des kreativen Chaos.

Wohlgemerkt, Susan und ich waren nicht schmuddelig ... nur einfach ziemlich unbekümmert und locker in Bezug aufs Aufräumen. Aber innerlich sehnten wir uns – wie wahrscheinlich die meisten Menschen – nach Ordnung, und manchmal durften wir sogar ein wenig daran schnuppern.

Wenn nämlich meine Mutter in der Stadt war, kam sie fast immer bei uns vorbei und räumte unser Zimmer auf, während wir in der Vorlesung waren. Dann hängte sie all meine Hosen und Kleider ordentlich in den Kleiderschrank, bügelte Shirts und Shorts, faltete sie ordentlich und legte sie in die dafür vorgesehenen Schubladen. Die Schuhe stellte sie paarweise auf das platzsparende Gestell in der Schranktür. Sie tat Wunder wie eine gute Fee mit ihrem Zauberstab. Etwa einen Tag lang genossen Susan und ich dann den klamottenfreien Fußboden und die Betten und gaben einander das wirklich ernst gemeinte Versprechen, dass es jetzt immer so ordentlich bleiben würde.

Seit damals habe ich mich mit vielen, wenn auch sicher nicht mit allen meinen Problemen im Zusammenhang mit Organisation und Ordnung auseinandergesetzt. Durchaus kann ich mich daher in meine unordentlichen Kinder hineinversetzen. Ich weiß, was sie denken, wenn sie die Betten ungemacht lassen. Ich verstehe die Einstellung „Warum soll ich es wegräumen? Ich brauche es doch morgen sowieso wieder". Unordnung macht mir genauso wie ihnen nicht viel aus, aber Sauberkeit ist mir wichtig.

Mein Mitgefühl ändert jedoch nichts an der Tatsache, dass es bei sieben Personen in unserem Haushalt ein absolutes Muss gibt, das Chaos unter Kontrolle zu behalten. Deshalb wusele ich seit Jahren hinter meiner Familie her, sammle auf und räume weg. Ich kann ganz schnell und mit einer einzigen fließenden Bewegung Shorts vom Fußboden aufsammeln, die dort liegen gelassen wurden, wo sie der Besitzer ausgezogen hat; rasch ein Handtuch in den Wäschekorb werfen, das auf dem Teppich, dort wo es am Vorabend liegen gelassen worden ist, einen feuchten Fleck hinterlassen hat; die Betten machen in der Hoffnung, dass aufgeräumte Zimmer für eine lernfördernde Umgebung sorgen, und auch noch die Toilettenspülung betätigen, wenn sogar das einem meiner Kinder zu viel gewesen war.

Tatsache aber ist, dass es meine Verantwortung als Mutter ist, ihnen alle diese Tätigkeiten beizubringen, statt sie ihnen abzunehmen. Ich muss den Kindern helfen, ihren Hang zur Unordnung in Angriff zu nehmen, bevor er sich zu einer dauerhaften und bleibenden Eigenschaft verfestigt.

In der Gewissheit, dass solche notwendigen Lektionen fürs Leben gelernt werden, beschließe ich, meine Laissez-faire-Einstellung ein bisschen zurückzunehmen und mir den besten Weg zu überlegen, Ordnung einzuführen und die Kinder zum Engagement auf diesem Gebiet zu motivieren. Kurz: dafür zu sorgen, dass ein solches Engagement zur *Gewohnheit* wird.

> **Gewohnheit**
> *Substantiv, feminin*
> 1. Ein erworbenes Verhaltensmuster, das beinahe unfreiwillig durch häufiges Wiederholen erlangt wird: *Die Gewohnheit, jeden Morgen sofort nach dem Aufstehen das Bett zu machen.*
> 2. Gewohnte Verhaltensweisen: *Hinter sich aufzuräumen, ist in manchen Familien eine Gewohnheit.*
> 3. Eine besondere Handlungsweise oder Sitte oder Gepflogenheit: *Die Gewohnheit, Pflichten im Haushalt zu übernehmen, egal, ob man sie langweilig findet oder der Meinung ist, dass jemand anders dafür zuständig ist.*[5]

Familiengewohnheiten

Warum schleichen sich schlechte Gewohnheiten eigentlich so leicht ein, während es Schwerstarbeit ist, gute Gewohnheiten zu entwickeln? Es gibt Untersuchungen, denen zufolge man einundzwanzig Tage braucht, um eine gute Gewohnheit so einzuüben, dass sie bleibt.[6] In unserer Familie dauert es erfahrungsgemäß eher ein paar Monate – vielleicht sogar noch länger. Daher soll nur kurz erwähnt sein, dass unser Befähigungs-Projekt vermutlich eine Weile dauern wird und noch etwas Zeit ins Land zieht, ehe alles sitzt.

Nur ein Ziel oder eine Aufgabe pro Monat umzusetzen ist daher am realistischsten. Ich habe beschlossen, mit den Zimmern der Kinder anzufangen und als kleine Zugabe das Badezimmerchaos zu ergänzen. Die gründliche Badreinigung und die dazu nötigen Hilfsmittel wie Fliesenspray und Toilettenreiniger heben wir uns für einen anderen Monat auf. Ziel für diesen Monat ist es,

---

[5] Die Definitionen sind aus Dictionary.com. Die Erklärungen und Beispiele sind von der Autorin.
[6] Diese Theorie wurde von Maxwell Maltz vorgestellt, *Psycho-Cybernetics: A New Way to Get More Living Out of Life* (Englewood Cliffs, NJ:Prentice Hall, 1960, xiii-xiv.

Ordnungs- und Sauberkeitsgewohnheiten zu entwickeln. Im Wesentlichen möchte ich, dass in den Zimmern der Kinder nichts auf dem Fußboden liegt und die Betten gemacht sind – und zwar *jeden Tag*.

Verrückt an der ganzen Sache ist, dass ich mehr Angst habe, die ganze Aktion wirklich durchzuziehen als die Kinder. Offenbar mag ich Veränderungen genauso wenig wie sie. Ob dieses alberne Experiment wohl überhaupt funktioniert? Ist es nicht vielleicht nur Zeit- und Kraftverschwendung? Was, wenn mich mittendrin der Mut verlässt – kann ich dann meinen Kindern jemals noch ein Vorbild sein? Doch trotz der Zweifel bin ich angetrieben von purem Frust und fest entschlossen weiterzumachen.

Ich glaube, ich habe jetzt deutlich genug dargelegt, dass ich keine Erziehungsexpertin bin. Und weil ich so unsicher bin, wie ich anfangen soll, komme ich zu dem Schluss, dass es vielleicht ganz hilfreich sein könnte, die Schritte zu kennen, die nötig sind, um eine neue Gewohnheit zu entwickeln. Inspiriert durch wikihow[7] habe ich für mich folgende Schritte formuliert:

Schritt 1: Wissen, was man will
Ich möchte, dass meine mit allzu viel Nachsicht verwöhnten Kinder ihre Betten machen und Ordnung halten.

Schritt 2: Eine Liste mit all den positiven Auswirkungen erstellen, die die neue Gewohnheit mit sich bringen wird
- Ich bringe ihnen dadurch Verantwortung bei.
- Ich gebe ihnen die Chance, bessere Bürger zu werden.
- Ich stärke ihr Selbstwertgefühl.
- Ich brauche es nicht mehr selbst zu machen, muss es aber auch nicht mehr ständig mit ansehen.

Aus meiner Sicht ist der letzte Punkt die überzeugendste und für mich persönlich verlockendste Auswirkung. Die ungemachten

---

[7] Übernommen aus „How to Form a Good Habit", wikiHow, www.wikihow.com/Form-a-good-habit.

Betten sind nicht nur Zeugnis für eine „Bedien-mich"-Haltung, sondern auch eine unglaublich lästige und allgegenwärtige Erinnerung daran, wie halbherzig meine Versuche waren, dafür zu sorgen, dass jeder in der Familie seine Pflichten hat und diese auch tut.

Schritt 3: Sich verbindlich auf die Gewohnheit einlassen
Ich bin gut unterwegs – in der Hoffnung, dass Entschlossenheit über meine „Aufschieberitis" siegt.

Schritt 4: Sich Ziele setzen und sich selbst belohnen
Weil der Plan vorsieht, bei den Kindern eine Gewohnheit zu entwickeln, stecke ich die Ziele und überlege mir auch, wie ich die Kinder beim Erreichen dieser belohnen kann.

Meine Freundin Lauren hat mir da ihre Strategie verraten, und ich werde es genauso machen. Lauren hat drei Kinder, und sie bietet ihren Teenager-Töchtern einen Anreiz zum Mithelfen, indem sie am Anfang jeden Monats einen Topf mit einunddreißig Dollar (für jeden Tag einen) in die Zimmer der Mädchen stellt. Sie kontrolliert jeden Tag, ob die Betten gemacht sind und alles aufgeräumt ist. Wenn die Zimmer bei der „Inspektion" durchfallen, nimmt sie einen Dollar aus dem entsprechenden Topf. Am Ende des Monats dürfen die Mädchen das Geld behalten, das sich dann noch in dem Topf befindet.

Bei fünf Kindern ist das natürlich eine Menge Geld, aber dafür bekommen unsere Kinder auch kein Taschengeld. Wir haben zwar versucht, es einzuführen, aber ich habe immer wieder vergessen, es ihnen zu geben, und dann gab es ständig endlose Diskussionen, wie viel ich ihnen „schuldete". Deshalb haben wir die Sache mit dem Taschengeld wieder aufgegeben. Weil ich ihnen aber oft Leckereien wie Eis oder leckere Getränke kaufe, würde bei der Methode mit dem Geldtopf die Verantwortung für solchen Luxus auf ihren Geldbeutel übergehen. Vielleicht lassen sich ja auch diejenigen, die nicht so eifrig ihre Zimmer aufräumen, von den Geschwistern anregen, die sich dann vom eigenen Geld solche Leckereien kaufen können.

Schritt 5: Langsam anfangen
Lieber erst einmal nur mit ihrem Zimmer beginnen, statt die Kinder gleich mit allen Veränderungen auf einmal konfrontieren. Die Wäsche wird also erst einmal auf *meiner* To-do-Liste stehen bleiben.

Schritt 6: Streben Sie eher Konstanz als Leistung an
Ich weiß nicht so genau, wie das bei uns konkret aussehen könnte, aber wahrscheinlich ist es sinnvoll und lohnt sich, wenn wir uns darüber Gedanken machen. Ich glaube, bei uns ist Konstanz auch jetzt schon wichtiger als Perfektion. Ich verlange nicht übermäßig viel. Ihre Betten *sollten* jeden Tag gemacht werden. Eine echte Herausforderung wird die Unordnung sein, besonders auch weil die Kinder nicht alle ein eigenes Zimmer haben, sondern sich auch Zimmer teilen. Ich möchte, dass in ihren Zimmern und Bädern nichts auf dem Boden herumliegt, werde aber eine akzeptable Menge von Kram auf Schreibtischen und Ablageflächen akzeptieren. Stapel- und Haufenbildung ist nicht erlaubt. Ist einer der beiden Zimmerbewohner unordentlich und vermüllt das Zimmer, kann das für den Mitbewohner durchaus zum Problem werden. Ich höre praktisch schon jetzt, wie sie sich gegenseitig die Schuld für die Unordnung im Zimmer in die Schuhe schieben.

Nun ist es aber auch so, dass Konstanz nicht unbedingt meine stärkste Seite ist. Doch bei dieser Sache möchte ich wirklich am Ball bleiben, auch wenn Tag 21 überschritten ist und uns die neuen Gewohnheiten immer noch schwerfallen.

Schritt 7: Holen Sie sich eine Freundin zu Hilfe
Was auch immer Sie tun, tun Sie es auf keinen Fall allein! Ich habe mein Bügelbrett zuverlässiger Expertinnen sowie ein ganzes Heer mitfühlender Freundinnen, auf die ich mich verlassen kann.

Schritt 8: Halten Sie weiterhin an Ihrem Ziel fest, auch wenn es erreicht ist
Absolut! Wir versuchen ja hier, Fertigkeiten und Fähigkeiten fürs Leben zu entwickeln, und deshalb hoffe ich natürlich, dass die neuen Gewohnheiten bleiben und wir dauerhafte Veränderung erleben werden, aber Perfektion ist für mich nicht nötig. Mein Ziel ist es zu erreichen, dass die Kinder nicht mehr glauben, sie hätten einen Anspruch darauf, bedient und versorgt zu werden, sondern dass sie sich selbstständig um ihren eigenen Bereich kümmern.

Das Vorgespräch

Da jetzt definiert war, was eine *Gewohnheit* ist, war es Zeit, eine Großoffensive gegen die Apathie zu starten. Dottie Jones, eine der klugen, viel herumgekommenen Mütter, bei denen ich mir für das Experiment Orientierung geholt hatte, gab mir einen großartigen Rat: Beginne eine große Veränderung in der Familie immer mit einer Familienkonferenz. Auf diesen Rat konnte ich mich mühelos einlassen, denn genau so hat es mein Vater auch immer gemacht, wenn es um Dinge ging, die die ganze Familie betrafen.

Im Unterschied zu den damaligen Familienzusammenkünften, was eher gefürchtete altmodische Vorträge von Papa zum Thema Verhaltensänderung waren, wurden bei unseren die Kinder wirklich beteiligt, indem sie Probleme und mögliche Lösungen ansprechen konnten. Mir ist es doch auch lieber, bei Entscheidungen, die persönliche Konsequenzen für mich haben, einbezogen zu werden, als einfach nur Erwartungen zu erfüllen oder Anordnungen zu befolgen.

Wir diskutierten also gemeinsam den Plan für das Experiment und kamen dabei zu folgendem Ergebnis: Jedes Kind bekommt einen Topf mit Geld. Wenn bei der Zimmerkontrolle bei einem Kind Unordnung herrscht oder das Bett nicht gemacht ist (oder beides), verschwindet ein Dollar aus dem Topf. Das ist doch einfach, klar und verständlich, oder? Hier ein paar der Reaktionen meiner Kinder:

„Und was machen dann Clara (meine Freundin) und du, wenn wir die ganze Arbeit für euch machen?" *Ich weiß deine Sorge zu schätzen, mein Kind, aber Clara (die mir zwei Mal in der Woche hilft) und ich kommen schon zurecht.*

„Bekommen die größeren Kinder mehr als dreißig Dollar in ihren Topf?" Hm ... nein. *Ein Bett ist ein Bett, egal, wie groß man ist, oder?*

„Was ist, wenn man das Aufräumen und Bettenmachen vergessen hat und das erst in dem Augenblick bemerkt, wenn man ins Auto steigt, um zur Schule zu fahren?" *Tja, schade, schade, schade ... aber da kann man dann leider nichts machen.*

Ich rechnete mit mindestens einem „böse Mama"-Kommentar von einem meiner Kinder. Aber mal ehrlich, wir (auch die Kinder) wissen doch alle, dass es echt schwach ist, so zu tun, als wäre irgendeine der beschriebenen Aufgaben eine Riesenherausforderung. Nichtsdestotrotz muss ich an dieser Stelle wirklich am Ball bleiben und dafür sorgen, dass ich die Sache tatsächlich durchziehe. Sonst regiert hier weiter das Chaos.

Ein kleiner Schritt in Richtung Verantwortung

Nach der besagten Familienzusammenkunft gingen wir in ein großes Kaufhaus, wo jedes Kind sich ein Gefäß für sein Geld aussuchen durfte. Wieder zu Hause, schrieben dann die Kinder ihren Namen auf ihr jeweiliges Gefäß, und ich füllte jedes mit jeweils fünfzehn Ein-Dollarscheinen und fünfzehn Ein-Dollarmünzen – einfach nur um der Abwechslung willen und weil diese goldenen Dollarmünzen so cool aussehen – und stellte die Gefäße dann auf die Kommoden der Kinder in ihrem Zimmer. Ich erklärte ihnen außerdem, dass man erst am Ende des Monats Geld aus dem Topf nehmen dürfe, später könnten wir dann vielleicht auch zu einem wöchentlichen Rhythmus wechseln. Hinausgezögerte Belohnung ist etwas Gutes.

Ich selbst bekam auch einen Topf. Auch ich konnte 30 Dollar am Ende des Monats gut gebrauchen, um mich selbst ein bisschen zu verwöhnen. Ja, die Kinder sollten mein Bett kontrollieren, und um mir den täglichen Dollar zu verdienen, musste ich zusätzlich immer noch ein bisschen Sport treiben. Verantwortung und Pflichten sind wirklich etwas Tolles!

***

Gestern hörte ich, wie in den Nachrichten in einem Interview jemand sagte: „Wo hört denn die Verantwortung der Regierung auf, und wo beginnt die persönliche Verantwortung des Einzelnen?"

Ich murmelte in Jons Richtung: „Sie beginnt auf jeden Fall in der Familie."

Je mehr ich darüber nachdenke, desto überzeugter bin ich davon: Das Versäumnis, persönliche Verantwortung zu übernehmen in unserer Kultur, ist ein Problem mit epidemischen Ausmaßen. Wenn unsere Kinder einmal älter sind, erwächst aus diesem Problem, begleitet vom Anspruchsdenken der Jugend, eine unterstützungsbedürftige Gesellschaft, die unfähig ist zu kritischem Denken, unfähig, Entscheidungen zu treffen, unfähig, Probleme zu lösen, kreativ zu sein, abzuleiten und herzuleiten und Lösungen zu finden. Überversorgung führt dazu, dass persönliche Initiative verkümmert. Da ist es doch kein Wunder, wenn unsere Kinder lieber aussteigen, als sich auf Chancen zu stürzen, sobald diese mit persönlicher Verantwortung verbunden sind.

Machen wir uns nichts vor, es gibt nur sehr wenige Menschen, die mit einem angeborenen Drang, etwas zu leisten, auf die Welt kommen. Die überwältigende Mehrheit entwickelt diesen Drang nur dann, wenn ihre Existenz oder ihr Wohlbefinden davon abhängen – oder wenn sie zu der Überzeugung gelangen, dass eine unserer angeborenen Lebensbestimmungen darin besteht, etwas von Wert und Dauer zu schaffen. Wir tun unseren Kindern wirklich keinen Gefallen, wenn wir ihnen ständig zu Hilfe eilen. Klar, wenn wir Dinge für sie tun, dann übernehmen wir die Aufgabe, die gerade anliegt, leisten selbst etwas und erleichtern ihnen das

Leben, aber dadurch nehmen wir ihnen auch die Chancen, sich charakterlich weiterzuentwickeln. Solche Chancen entstehen aber nur dann, wenn man auf Widerstand stößt. Langfristig schwächt unsere gut gemeinte Hilfestellung unsere Kinder also sowohl körperlich als auch geistig und seelisch.

Was hat der Astronaut Neil Armstrong gesagt, als er aus dem Raumschiff auf den Mond stieg? Er sagte: „Ein kleiner Schritt für einen Menschen, ein Riesenschritt für die Menschheit." Nun, in unserem Haus ist ein Monat, in dem die Betten gemacht werden und aufgeräumt wird, ein kleiner Schritt, von dem ich hoffe, dass er sich für unsere Kinder auf ihrem Weg, produktive Bürger zu werden, als ein Riesensprung erweist.

Ich weiß, das klingt ein bisschen pathetisch, aber jemand, der so lange Beihilfe zur Unselbstständigkeit geleistet hat, sich jetzt aber auf dem Weg der Genesung befindet, braucht eine große Idee, an der er sich festhalten kann. Etwas, das ihm dabei hilft, sich auf die erhofften Auswirkungen des Experimentes zu konzentrieren und ihn ans Durchhalten erinnert.

Gemischte Resultate

Nach etwa einer Woche, in der wir mit Aufgabe Nr. 1 des Experimentes unterwegs waren, sahen die Zimmer gut aus! Beständigkeit ist in unser Haus eingezogen. Man kann die Fußboden sehen und die Betten sind gemacht – wobei sich meine Definition von „gemacht" vielleicht drastisch von Ihrer unterscheiden mag. Kein Bett ist so glatt gemacht und straff gezogen, dass eine Münze darauf wieder hochspringen würde, aber wenn die Tagesdecke auf dem Bett liegt, ist das für mich in Ordnung. Ich höre sogar Sätze wie: „Du hattest Recht, Mama. Ich glaube, unsere Freunde fühlen sich wirklich wohler bei uns, wenn es aufgeräumt ist."

Wow!

Ich hätte nicht gedacht, dass auch nur eines der Kinder zugehört hatte, als ich vor etlichen Monaten einmal darüber doziert hatte, wie unhöflich es doch sei, Freunde in einen Saustall einzuladen.

Damals waren meine Worte nur mit Augenrollen und Stöhnen quittiert worden, und man hatte geäußert, dass doch alle Zimmer von Kindern und Jugendlichen so aussähen. Ich hatte mich zu dem Zeitpunkt für den Weg des geringsten Widerstandes entschieden, hatte gedacht, dass mein Kind dann auch mit den Konsequenzen eines chaotischen Zimmers leben müsse – wohl wissend, dass ich – genau wie früher meine Mutter – irgendwann selbst aufräumen und sauber machen würde.

Nachdem ich eine Weile in dem „Du hattest recht, Mama!" geschwelgt habe, gestand ich mir ein, dass das, was ich für einen Albtraum hielt – nämlich den Kindern niedere Arbeiten aufzutragen und diese dann auch noch zu kontrollieren –, gar nicht so schlimm war. Und das Beste war, sie bekamen einen Eindruck davon, wie gut sich Ordnung anfühlt. Und eine solch unmittelbar spürbare Belohnung war noch ermutigender als ein Dollar in dem Topf auf der Kommode.

Trotzdem kann es bei uns zuweilen herausfordernd sein, die Zimmer ordentlich zu halten, weil die Kinder sich ihre Zimmer miteinander teilen. Also räumen die Kinder nicht nur ihr eigenes Chaos auf, sondern sie manövrieren sich dabei auch durch die kabbeligen Wasser ihrer Geschwisterbeziehungen. Ich habe das Gejammer „Das war ihre Unterwäsche, nicht meine!" mehr als nur einmal gehört.

Und die Antwort der „bösen Mama" lautete: „Klärt das unter euch." Dass so etwas den Dritten Weltkrieg auslösen kann, war mir bewusst. Oder aber sie finden dadurch heraus, wie man

1. der Familie hilft – und wir wissen ja alle, dass es die schwerste Anordnung überhaupt ist, der Familie zu helfen;
2. eine kreative Lösung findet, die Stärken der jeweils anderen zu nutzen (eine meiner Töchter organisiert, ordnet und putzt wirklich gerne, während die andere gerne dekoriert) oder
3. die Arbeit einfach erledigt, selbst wenn es etwas ist, was man nicht so gerne tut, weil – richtig! – weil das Leben nun mal nicht immer fair ist.

Wie ich von Anfang an vermutet hatte, ist dieser Prozess der Veränderung für Mädchen einfacher als für Jungen. Mädchen kapieren eher, dass Aufräumen bedeutet, *alles* wegzuräumen. Meine Jungs dagegen halten sich an die Aufgabe wie an die Buchstaben des Gesetzes, ohne auch nur das geringste Interesse oder einen Gedanken an den Sinn und Zweck dahinter zu verschwenden.

- Schlafanzughose auf dem Badezimmerregal: „Was ist denn daran auszusetzen? Sie lag doch nicht auf dem Boden."
- Nasses Handtuch auf dem Boden: „Da habe ich es hingeräumt." (Meint er das wirklich ernst? Glaubt er wirklich, dass man etwas auf den Fußboden „wegräumen" kann?)
- Pyjama-Shorts über dem Badewannenrand: „Die ist noch nicht schmutzig. Ich zieh sie heute Abend noch mal an." (Moment mal, das war gar keins von den Kindern – das war Jon – der Ehemann. Das haben wir anders zu klären.)

Vielleicht finden manche Leute es pingelig, welchen Wirbel ich ums Bettenmachen veranstalte. Ich verstehe das und auch die Ansicht, wir hätten all das eben schon viel früher einüben sollen, als sie noch klein waren. Aber das haben wir ja getan. – Nur, wann haben wir damit wieder aufgehört? Habe ich es einfach vergessen? Habe ich nach dem dritten Kind kapituliert oder nach dem vierten? Ich erinnere mich nicht mehr. Aber irgendwo unterwegs entfleuchte die Ordnung zum Fenster hinaus ... und irgendein Kind hat dann hinter ihr das Fenster zugemacht. Aber ich kann jetzt nicht mehr zurückschauen, sondern muss nach vorne blicken. Die Vergangenheit ist vorbei; die Zukunft birgt ihre Hoffnung. Natürlich ist mir klar, das Teenageralter ist die denkbar schlechteste Zeit, um Erwartungen zu steigern, aber stellen Sie sich doch nur einmal vor, was alles möglich ist, wenn wir diese Phase erfolgreich bewältigen und der Spuk mit dem Experiment wieder vorbei ist! Und trotz gelegentlicher Rückschläge machen wir Fortschritte.

Der Teil des Experimentes, den ich am wenigsten mag, ist meine neue Rolle als Vollstreckerin. Pflichtbewusst mache ich meine Kontrollrunden durch die Zimmer der Kinder. Ich strecke meinen Kopf ins Jungenzimmer hinein und entdecke ein wildes Durcheinander. Hier liegt eindeutig ein Verstoß vor.

„Also heute bist du einen Dollar losgeworden", sage ich zu meinem Teenager, als ich wieder unten im Erdgeschoss ankomme.

„Was soll denn das heißen?"

„Dein Bett ist nicht gemacht."

„Ist es wohl."

„Nein, ist es nicht." (Ich fühle mich in den Strudel seiner jugendlichen Sturheit hineingesogen.)

„Es ist gemacht."

„Ich weiß ja nicht, was deine Definition von ‚gemacht' ist, dein Bett ist es jedenfalls nicht, und zwar egal nach welcher Definition."

„Also" – jetzt geht er in diesen überheblich-unbeteiligten Tonfall über – „ich weiß gar nicht, was du hast."

Verärgert schieße ich zurück: „Ich weiß gar nicht, was *du* eigentlich hast. Das Bett ist *nicht* gemacht, und überall liegen deine Klamotten auf dem Boden."

„Nein, liegen sie nicht."

Ich kämpfe gegen den Drang an, ganz laut zu schreien. Jeder, der Teenager zu Hause hat, weiß, dass wir jetzt auch zusammen hätten nach oben gehen und uns das ungemachte Bett gemeinsam ansehen können, und er hätte immer noch behauptet, das Bett sei gemacht.

Während er hartnäckig die vermeintliche Sauberkeit seines Zimmers verteidigt, beschließt unser Kleinkind, dass es gern seine Milch aus einer roten statt aus einer bereits gefüllten, ansonsten hervorragend funktionierenden blauen Tasse trinken möchte. Er besteht auf einer roten Tasse und steigert seine Lautstärke und Entschlossenheit bis zu dem Punkt, an dem er sich auf dem Boden windet und die Worte *„Rooooote Tasseeee"* heult.

Da dies ja nicht das erste Kleinkind ist, mit dem ich es zu tun habe, reagiere ich ganz gelassen. „Die Tasse, in der deine Milch ist, ist absolut in Ordnung."

„Neeeiiin. Ich will aber eine roooote." Schluchz, schluchz, schluchz.

Na toll, jetzt also Stereo-Action: das Kleinkind im einen Ohr und den Teenager im anderen.

Ich ignoriere sie beide, verdrehe die Augen und warte darauf, dass es vorbeigeht. Als sie beide merken, dass ich nicht nachgeben werde, ebbt ihre Sturheit langsam ab. Das Kleinkind greift nach der blauen Tasse und der Teenager gesteht die Wahrheit ein – nicht dass er unrecht hat, sondern nur, dass das Bett doch nicht gemacht ist.

Als ich später Jon von diesem Erlebnis erzähle und lachen muss, ist seine Reaktion darauf: „Ich hoffe nur, dass du den Dollar auch wirklich genommen hast."

Das hatte ich. Aber ich muss gestehen, dass ich beim Anblick des ungemachten Bettes heftig gegen den Drang ankämpfen musste, es selbst zu machen. *Er hat es einfach nur vergessen,* sagte ich mir. *Eigentlich ist er ein Guter. Ich bin sicher, dass er vorhatte, es zu machen, aber er hat zurzeit so viel anderes im Kopf* – das waren die Gedanken, die mir in diesem Moment durch den Kopf gingen. Aber die Realität sprach ihre eigene Sprache und war offensichtlich: Die Decke und die Kissen lagen noch genauso da, wie er sich morgens herausgepellt hatte. So unerklärlich das auch scheinen mag, suchte ich aber trotzdem immer noch eine Möglichkeit, wie das Bett die Kontrolle bestehen konnte, suchte einen Grund, noch einmal Gnade walten lassen zu können, nur dieses eine Mal noch. Als ich mich von seinem Bett abwandte, um das Bad zu kontrollieren, sah ich, dass seine Klamotten in einem Haufen auf dem Boden in der Ecke lagen. Da zwang ich mich, den Dollar aus dem Topf zu nehmen.

Die Gefahren von Beifall ohne Leistung und Verantwortung

Eigentlich geht es nicht in erster Linie um gemachte Betten, sondern darum, unsere Kinder auszurüsten und fit zu machen für ihr Leben als Erwachsene.

Mein Mann Jon und ich haben eine sehr unterschiedliche Kindheit erlebt. Er ist als Missionarskind in einer ärmlichen Gebirgsgegend in Bolivien aufgewachsen, während ich als Tochter eines Bankers in einer wohlhabenden Gegend einer Stadt im Westen von Texas groß geworden bin. Jon hatte als Kind und Jugendlicher sehr wenig freie Zeit für sich, und die wenigen wundervollen freien Augenblicke, die er hatte, verbrachte er draußen im Freien, normalerweise beim Fußballspielen. Ich dagegen hatte sehr viel Freizeit, allerdings ohne all die elektronische Ablenkung, die es heute gibt. Ich schaute ab und zu fern, hörte Musik, wenn ich am Pool lag, und spielte stundenlang Tennis. Sein erstes Auto war ein Toyota, den er sich mit 21 selbst kaufte, meines ein Dreier-BMW 320i (ja, ich gehöre zu *denen*), den ich geschenkt bekam.

Sie sehen also, worauf ich hinaus will. Jon war mit schwerer Arbeit vertraut – aus purer Notwendigkeit. Schon sehr früh wurde von ihm erwartet, ein Mann zu sein, schwer zu arbeiten und Verantwortung zu übernehmen.

Obwohl meine Familie wohlhabend war, wurde auch bei uns der Wert von Arbeit stark hervorgehoben. Wir hatten zwar eine Haushälterin, und Pflichten im Haushalt spielten deswegen keine beherrschende Rolle, aber meine Eltern erwarteten von uns Kindern, dass wir hart arbeiteten. Es wurde erwartet, dass wir nur Einsen auf dem Zeugnis hatten, dass wir immer 100 Prozent gaben bei jeder Aufgabe und dass wir unsere Zeit nicht vertrödelten. Ich musste sogar mein Bett selbst machen.

Durch den Maßstab, den unsere Eltern an uns legten, war Jon und mir klar, dass wir in der Lage waren, das zu tun, was von uns erwartet wurde.

Ich war daher das einzige Mädchen, das ich kannte, das Rasen mähte. Mein Vater betrachtete diese Aufgabe (wie viele andere auch) als nicht geschlechtsspezifisch. Ich konnte wie meine Brüder den Rasenmäher betanken, ihn anschmeißen und geometrische Muster in den Rasen mähen.

Bei jeder sich bietenden Chance verdeutlichte uns unser Vater noch weitere Grundsätze: Das bereits erwähnte „Wenn eine Aufgabe es wert ist, getan zu werden, dann ist sie es auch wert, gut getan zu werden" und „Du kannst alles tun, was du dir vorgenommen hast". Inzwischen höre ich mich selbst genau diese Sätze zu meinen Kindern sagen, aber mir ist jetzt klar, dass ich sie gar nicht dazu ausgerüstet habe, sich auf diese Wahrheiten zu verlassen.

Obwohl mein Weg, meine Kinder fit zu machen fürs Leben, also mit guten Vorsätzen gepflastert ist, führt mein konkretes Verhalten eher zur Verschlechterung der Lage als zur besagten Fitness fürs Leben.

Als Snoopy mich in der fünften Klasse einmal um Hilfe bei einem Englischaufsatz bat, da mischte ich mich immer mehr ein und gab fast zwanghaft zu allem meinen Senf dazu. Ich versuchte ihr zu zeigen, wie man eine besonders bildhafte Sprache einsetzt, aber das war unglaublich zeitaufwendig. Ich hatte nicht genug Geduld, um zu warten, bis sie mühsam auf ein einigermaßen passendes Wort kam. Und außerdem war ich die ganze Zeit auch noch abgelenkt durch ihre schreienden Geschwisterkinder. Statt aber hinter ihr zu stehen und sie das ganze selbst tippen zu lassen (so langsam das auch ging), statt ihr Mut zu machen, sich auf das Ringen um die richtigen Wörter einzulassen und sie selbst ihre Fehler korrigieren zu lassen, schob ich sie praktisch beiseite und übernahm selbst den Platz am Computer. Ich korrigierte jeden Grammatikfehler, ergänzte fehlende Details und gestaltete das Ganze noch etwas fantasievoller, um den Leser noch mehr mit in ihre Geschichte hineinzunehmen. Und so kam Snoopys Aufsatz als wunderschöner Schmetterling aus seinem Kokon hervor, ohne auch nur entfernt Ähnlichkeit mit der haarigen Raupe zu haben, die sie mir noch kurz zuvor gezeigt hatte.

Als sie mit ihrem Aufsatz wieder aus der Schule kam, auf dem nicht nur eine knallrote Eins prangte (mit Sternchen), sondern auch noch eine Anmerkung der Lehrerin, wie stolz sie auf meine Tochter sei, dass sie sich solche Mühe gegeben habe, da sah

Snoopy nur peinlich berührt, aber kein bisschen stolz aus. Es war nicht ihre Arbeit, die da gelobt wurde, und das wusste sie.

Als sie mich so mit ihren traurigen Augen ansah, konnte ich mich nur entschuldigen. In dem Augenblick hätte sie ein Musterbeispiel dafür sein können, warum Eltern ihre Kinder fit machen und ausrüsten sollen, statt ihnen die Aufgaben abzunehmen. Ich konnte kaum glauben, dass ich selbst in die Falle der Anspruchshaltung getappt war, und das, obwohl es meine Überzeugung und auch meine Politik war, meinen Kindern nicht bei den Hausaufgaben zu helfen. Ich möchte wirklich, dass sie für ihre eigene Leistung gut oder eben schlecht bewertet werden.

Wenn ich eingreife, Probleme löse und diese kleinen Haushaltspflichten oder Hausaufgaben übernehme, vermittle ich meinen Kindern damit, dass sie es selbst *nicht können*, dass sie unfähig sind. Und wenn sie schon die kleinen Dinge nicht schaffen, wie sollen sie sich dann jemals an die großen herantrauen? So viel also zu meinen „Du bist so toll"-Komplimenten, wenn mein Verhalten so gar nicht widerspiegelt, dass ich das auch wirklich glaube. Mein Verhalten bestätigt das, was ich gesagt habe dann, wenn ich den Kindern eine Aufgabe wirklich ganz und gar überlasse, einschließlich der damit verbundenen Verantwortung.

Als wir mit dem Experiment begannen, dachte ich, dass wir damit nur etwas gegen das Anspruchsdenken tun würden, aber mittlerweile ist mir klar, dass der Feind nicht nur das Anspruchsdenken ist. Es geht auch um das angeschlagene Selbstwertgefühl, zu dem es kommt, weil wir ihnen durch unser Verhalten so oft signalisieren, dass sie unfähig sind. Autsch! Die Anspruchshaltung ist also scheinbar ein Symptom ihrer Selbstgefälligkeit und Arroganz. Sie überdeckt im Grunde nur einen Abgrund von Unsicherheit. Sie fragen sich vielleicht, wie die Jugendlichen denn unsicher sein können, wo sie doch offenbar so überzeugt davon sind, der Nabel der Welt zu sein. Anscheinend beruht ein großer Teil des Selbstwertgefühls unserer Kinder auf einem brüchigen Fundament.

In einem kürzlich in der Zeitschrift *Atlantic* erschienenen

Interview mit Jean Twenge, einer Psychologieprofessorin der San Diego State University, antwortet sie auf die Frage nach der ständig zunehmenden Anzahl junger Menschen mit Depressionen trotz eines manchmal überzogen positiven Selbstbildes: „Solange sie noch jung sind, sind Narzissten glücklich, weil sie der Mittelpunkt des Universums sind." Und sie erläutert:

> Ihre Eltern verhalten sich wie ihre Bediensteten, kutschieren sie zu jeder Aktivität, die sie sich ausgesucht haben, und gehen auf jeden Wunsch ihrer Kinder ein. Eltern sagen ihren Kindern ständig, wie besonders und wie begabt sie sind. Das führt zu einem aufgeblasenen Bild. Sie fühlen sich, verglichen mit anderen, besonders. Statt einfach ein gutes Gefühl zu sich selbst zu haben, fühlen sie sich besser als die anderen.

Und weiter beschreibt Twenge, wie die Bemühungen der Eltern, das Ego ihrer Kinder aufzupolstern, nur zu noch mehr und noch größeren Problemen führen, wenn ihre Kinder dann erwachsen sind:

> Leute die glauben, etwas ganz Besonderes zu sein, sind am Ende oft völlig entfremdet von den Menschen, mit denen sie zu tun haben. Sie sind kaum teamfähig und kommen auch nicht gut damit zurecht, dass sie Grenzen haben. Am Arbeitsplatz erwarten sie ständig Anregungen von außen, weil ihre Welt immer durch Aktivitäten strukturiert war. Sie lassen sich nicht gerne von einem Chef sagen, dass ihre Leistung besser werden muss, und sie sind verunsichert, wenn sie nicht permanent gelobt werden. Sie sind in einer Kultur aufgewachsen, in der jeder schon allein für die Teilnahme einen Preis bekam, was lächerlich ist und absolut keinen Sinn ergibt, wenn so sogar bei Sportveranstaltungen oder bei der Leistung am Arbeitsplatz verfahren wird. Wer will denn ein NBA-Basketballspiel ohne Gewinner oder Verlierer sehen? Sollte jeder das gleiche Gehalt bekommen oder sollte man automatisch befördert werden, auch wenn es bessere

Leute für den Job gibt? Diese Menschen sind wie in einer Luftblase aufgewachsen, und jetzt müssen sie hinaus in die wirkliche Welt, und sie fühlen sich hilflos und verloren. Kinder, deren Probleme immer von anderen gelöst wurden, glauben, dass sie selbst nicht in der Lage sind, Probleme zu lösen. Und das stimmt sogar – sie können es wirklich nicht.[8]

Nur damit Sie es wissen, ich gehöre zu den Müttern, über die andere Frauen im Park tuscheln. Und ich gehöre nicht zu denen, die ihren Kindern bei den Spielgeräten nicht von der Seite weichen. Ich erkläre meinen Kindern, was gefährlich ist und wo es gefährlich ist und wo sie nicht hin dürfen, und dann lasse ich sie spielen. Wenn mein Kleinkind an einem Spielgerät hochgeklettert war, für das es noch zu klein war, und dann am Rande von einem hohen Abgrund stand, bin ich ihm fast nie zur Hilfe geeilt. Ich habe mir gedacht, dass es daraus lernt. Sie können mich ruhig für verrückt erklären, aber ich weiß, dass, wenn ich immer mit ausgebreiteten Armen dastehe und meine Kinder *jedes Mal* auffange, wenn sie daneben treten, sie irgendwann von mir erwarten, dass ich immer dastehe und sie *jedes Mal* auffange. Und bis zum heutigen Tag ist noch keines meiner Kinder schwer gestürzt.

Und nun stelle ich mir selbst die Frage: Wieso stehe ich mit ausgebreiteten Armen da, um meine Kinder aufzufangen, *wenn es um Arbeit geht*, ehe sie auch nur die Chance bekommen, Fehler zu machen oder zu versagen? Statt ihre Selbstständigkeit zu fördern und ihre Fähigkeit, eine Situation richtig einzuschätzen und zu erkennen, was zu tun ist, habe ich ihnen beigebracht, sich ganz und gar auf mich zu verlassen und sie dadurch abhängig gemacht. Wenn ich mich aber so verhalte wie auf dem Spielplatz, wenn ich sie dazu anleite, ihre Aufgaben in Haus und Schule selbst zu erledigen und sie dadurch Erfolg und Gelingen schon im Kleinen erleben,

---

[8] Lori Gottlieb, „How to Land Your Kid in Therapy", The Atlantic, July/August 2011, www.theatlantic.com/magazine/archive/2011/07/how-to-land-your-kid-in-therapy/8555.

erlernen sie dadurch die Botschaft, dass sie wirklich etwas schaffen, was sie sich vorgenommen haben. Möglicherweise verstehen sie sogar, dass sie auf dieser Welt wirklich etwas bewegen können.

Bevor wir aber die Welt in Angriff nehmen, müssen wir erst einmal unser Bett selbst machen können. Heute ist Bettwäsche-Waschtag. Natürlich habe ich gestern vergessen, ihnen das zu sagen („Aufschieberitis" und „daran Denken" liegen nahe beieinander). Also habe ich heute Morgen die Kinder beim Wecken unangenehm überrascht, indem ich sie gebeten habe, bitte ihre *Betten abzuziehen*, statt sie zu machen. Sie hatten keine Ahnung, was ich meinte, weil ich ihnen das bislang immer abgenommen hatte.

Noch völlig verschlafen fragten sie: „Was sollen wir?"

„Euer Bett abziehen."

„Warum?"

Ob sie wohl überhaupt merken, dass ab und zu jemand ihr Bett abzieht und die Bettwäsche wäscht? Glauben sie, dass die Bettwäsche wie von Zauberhand wieder aufgezogen worden ist? Jedenfalls musste ich den Mädchen dabei helfen, ihr Bett abzuziehen, während ich gleichzeitig versuchte, ihnen zu erklären, dass es eigentlich viel einfacher ist, ein Bett abzuziehen als es zu machen. Dann ging ich weiter ins Zimmer der Jungen.

„Heute wird Bettwäsche gewaschen", dröhnte ich. „Also macht euer Bett nicht, sondern zieht es einfach ab."

„Okay", sagte er.

Ich war total geschockt. Mein Teenager schnauzte mich kein bisschen an. Er sprang auf und zog das Bett ab. Keine Fragen. Kein Gemecker. Wer ist dieser Kerl, fragte ich mich.

Als ich völlig verdutzt das Zimmer verließ, wurde mir klar, dass die einzig mögliche Erklärung für sein Verhalten die war, dass er es kann. – Er muss es wohl im Sommercamp gelernt haben.

> **Wir sitzen alle im selben Boot**
> Als ich meinen dreizehnjährigen Sohn bat, sein Bett zu machen und sein Zimmer aufzuräumen, da antwortete er wie aus der Pistole geschossen: „Mama, du arbeitest doch nicht, das ist dann dein Job. Das machen Hausfrauen doch."
>
> Ich habe noch viel Arbeit vor mir!
> *Julie*

:::: **Ein Maßstab für Erfolg**

Heute Abend habe ich ein paar der Kinder gegenüber erwähnt, dass noch Sachen von ihnen auf dem Badezimmerfußboden lägen. Sie brachten mich jedoch ganz schnell zum Schweigen, indem sie mich daran erinnerten, dass ihre Zimmer doch erst am nächsten Morgen kontrolliert würden. Man beachte also tunlichst die Details! Eines der Kinder kam in mein Zimmer, um mich auf etwas hinzuweisen. Ja, Sie haben es erraten, dass es bei mir ja auch nicht gerade ordentlich sei. Ich wünschte, ich könnte sagen, das wäre nur ein Scherz. Diesen Monat also keine Pediküre.

Aber der kleine Verlust wird definitiv wettgemacht durch das, was wir in diesem Monat geschafft haben. Ich kann mich jetzt im Dunkeln in ihren Zimmern bewegen, ohne auf Spielzeug zu treten. Eine weitere Folge der aufgeräumten Zimmer ist, dass die Kinder merken, dass sie ihre Zimmer wirklich nutzen können. Fury hat neulich tatsächlich Spielsachen aus dem Schrank geholt und mit einem Freund zusammen auf dem aufgeräumten Fußboden damit gespielt. Boxster habe ich doch tatsächlich dabei ertappt, wie er an seinem eigenen, aufgeräumten Schreibtisch Hausaufgaben machte. Die Mädchen habe ich auf ihren gemachten Betten lesen gesehen. Wer hätte gedacht, dass ihr Zimmer ein Rückzugsort für sie werden könnte. Okay, das ist wohl eher ein Vorteil für mich. Es ist so schön, wenn sie mal woanders sind als zwischen meinen

Füßen. Warum habe ich nicht schon vor Jahren damit angefangen?

Zugegeben, bei Aufgabe eins war der Standard so niedrig angesetzt, dass es für uns alle fast unmöglich war, daran zu scheitern, aber das war der gesetzte Maßstab, und den haben wir erfüllt. Die meisten wenigstens. Ein paar von den Älteren, mich selbst eingeschlossen, brauchten gelegentlich eine Erinnerung, aber ihre Zimmer sind deutlich aufgeräumter. Und es gefällt ihnen. Es fühlt sich gut an, und zwar in mehr als nur einer Hinsicht.

:::: WAS SIE IN DIESEM MONAT GELERNT HABEN

- Wenn man aufräumt, hat man mehr Zeit und Platz, um sich auf Freunde, Hausaufgaben und Spaß zu konzentrieren ... und es fühlt sich einfach gut an.
- Eine kleine Mühe pro Tag zeigt sichtbare Ergebnisse. Und das führt dazu, dass man mehr tun möchte.
- Persönliche Verantwortung ist gar nicht so schlimm.

:::: WAS ICH IN DIESEM MONAT GELERNT HABE

- Ein Kind springt nur so hoch wie das Hindernis gelegt wird. Aber es springt. Das Hindernis braucht nur so lange aufgestellt zu werden, bis es das selbst tun kann.
- Ihr Widerstand dagegen, mehr zu arbeiten, ist nicht annähernd so stark wie ich erwartet hatte.
- Ich hatte keine Ahnung, in wie vielen Bereichen ich für meine Kinder einspringe und sie Dinge nicht selbst machen lasse.

AUFGABE 2

Küchenpatrouille

Die Freuden des Kochens entdecken – inklusive Menüplanung, Einkauf und Geschirrspülen

> *In meiner Kindheit gab es auf der Speisekarte in unserer Familie zwei Auswahlmöglichkeiten: Iss es oder lass es.*
> Buddy Hackett

„Was haben wir denn jetzt schon wieder gemacht?", stöhnt der Teenager.

Eine etwas merkwürdige Reaktion auf unsere geplante zweite Familienkonferenz. Nach einem schönen Wochenende mit Freunden hatte ich mich eigentlich auf das zweite gemeinsame Planungstreffen mit ihnen gefreut. Ich wollte *mit* ihnen reden, statt ihnen nur etwas mitzuteilen. Im vergangenen Monat hatten wir mehr gesagt als gefragt. Jetzt, da wir unsere erste Aufgabe in trockenen Tüchern haben, hätte ich eigentlich erwartet, dass dieses Treffen geprägt sein würde von witzigen Ideen der Kinder zu unserem neuen Thema. Doch Boxsters Reaktion war alles andere als ermutigend. Sie wurde in einem Tonfall geäußert, der klang, als wäre er jahrelang von uns in einem Folterkeller gefangen gehalten worden. Als ob wir die Kinder *jemals* zu hart angepackt hätten. Tatsache ist, dass wir als Familie kaum solche Zusammenkünfte haben. Aber statt behutsam den Zweck des Treffens zu erklären und auf ihn sensibel Rücksicht zu nehmen, entschieden Jon und ich uns für eine unserer Teenager-Strategien, die fast immer Wutanfälle auslöst: ignorieren.

„Also als Erstes möchte ich euch sagen", legte Jon los, „die Sache mit den Betten und den Bädern habt ihr toll gemacht. Wir sind echt beeindruckt, dass ihr euch so bemüht und Einsatz gezeigt habt, ohne dass wir euch ständig erinnern und ermahnen mussten. Jedenfalls nicht allzu oft."

Man konnte ihr Grinsen beinahe hören.

„Jetzt", sagte ich, „sind wir bereit für unseren Monat der Mahlzeiten. Das bedeutet allerdings nicht, dass ihr dafür mit dem Aufräumen und Bettenmachen aufhören könnt. Der Küchendienst kommt nun zu eurem Dollar pro Tag hinzu."

Es kam Beifall aus der einen Ecke des Zimmers und Gestöhne aus der anderen. Die Stöhner waren die üblichen Verdächtigen.

Jon überließ es mir, die Regeln zu erklären: Von Montag bis Donnerstag sind die Kinder fürs Abendessen zuständig. Dazu gehören das Einkaufen und das Kochen, und nach dem Essen muss der Tisch wieder abgeräumt und die Küche wieder in Ordnung gebracht werden.

„So, damit wäre das ‚Was' geklärt. ‚Wer', ‚Wann' und ‚Wie' entscheidet ihr."

Mehr Beifall … und biiittee nicht dieses Gestöhne.

Jetzt war der perfekte Zeitpunkt gekommen, meine neue Maxime ins Spiel zu bringen: „Denkt daran, dass Arbeit nicht immer Spaß macht, wir aber trotzdem alle arbeiten müssen."

Statt jeden Tag die anstehenden Aufgaben aufzuteilen und gemeinsam zu kochen, riet ich ihnen, dass jeweils einer von ihnen an einem bestimmten Wochentag für *alle* anstehenden Aufgaben im Zusammenhang mit dem Abendessen verantwortlich ist. Danach einigten sich die Kinder dann, wer welchen Tag übernimmt. Unser Jüngster unter den Mitarbeitenden sitzt da wie ein Reh, das von einem Autoscheinwerfer geblendet wird, und versucht herauszubekommen, was Kochen eigentlich bedeutet, während alle anderen sich um ihren Wunschtag streiten. Dem armen, ratlosen Kind fällt der Montag zu. Es ist das Kind, das zum Frühstück nur eine Vollkornwaffel isst, von der es die Kanten entfernt hat, ehe es sie in perfekte Quadrate zerschneidet, die kein bisschen knusprig sein dürfen, denn ein Stück, das auch nur das kleinste bisschen knusprig ist, ist ja bekanntermaßen leider ungenießbar. Habe ich schon erwähnt, dass ich in vielerlei Hinsicht Beihilfe zu wenig wünschenswerten Verhaltensweisen leiste? Ich verspreche dem kleinen Fury zu helfen, wenn er an der Reihe ist, aber kochen und hinterher aufräumen muss er trotzdem. Hier unsere Aufteilung:

- Montag: Fury
- Dienstag: Snoopy
- Mittwoch: Clara
- Donnerstag: Boxster, der uns bereits darüber in Kenntnis gesetzt hat, dass er unser Abendessen bei McDonald's kaufen wird.

Seine Ankündigung macht uns aufmerksam auf einen wichtigen Punkt: Wir vereinbaren gemeinsam, dass, wenn jemand auswärts essen oder Essen holen möchte, zehn Dollar aus der Haushaltskasse zugeschossen werden – im Grunde ein sehr bescheidener Anteil dessen, was es kosten würde, zu Hause zu essen. Der Koch, also derjenige, der fürs Essen zuständig ist, muss die Differenz zum tatsächlichen Preis des gekauften Essens vom eigenen Geld dazugeben.

„Zehn Dollar!", protestiert Boxster, der Fast Food zum Abendessen anbieten will. „Das müssten ja wohl eher fünfundzwanzig sein!"

Da hat er zwar nicht ganz unrecht, aber weil wir beispielsweise Fleisch immer in großen Mengen kaufen, bekommen wir es bei einigen Discountern sehr günstig. Außerdem sind wir alle keine großen Esser und deshalb preiswert zu beköstigen. Ich bin sicher, dass der Tag kommen wird, an dem uns unsere Jungen die Haare vom Kopf fressen werden, aber im Augenblick wird die ganze Familie noch von einem Grillhähnchen, drei Stücken Fisch oder einem Topf Chili satt. Anschließend bleibt noch so viel übrig, dass ich aus den Resten sogar für den nächsten Tag noch etwas zaubern kann. Wenn wir auswärts essen, kommen wir sogar mit weniger als fünfundzwanzig Dollar aus – sofern wir uns die Gerichte teilen und Wasser statt Softdrinks trinken. Ich weiß, es hört sich knickrig an, aber wir bleiben trotzdem bei den zehn Dollar.

Wir sind hier nicht bei der perfekten Hausfrau

Diese ganze Kochaufgabe ist sehr aufwendig, besonders für mich. Ich muss nämlich mit den Kindern einkaufen gehen, ihnen helfen, ihre Mahlzeiten zu planen, ihnen zeigen, wie man den Gasherd anmacht und bedient und wie man nach Rezept kocht ... die Liste ließe sich endlos fortsetzen. Ich habe gerne Gäste, aber die Küche und ich haben bestenfalls eine rein funktionale Beziehung zueinander, was mich wieder zu der Frage zurückbringt, ob ich wirklich geeignet bin, meinen Kindern etwas übers Kochen beizubringen. Ob das wohl auch eine Entschuldigung dafür sein könnte, warum ich vieles lieber *selber mache*, als es zu *zeigen*? Glaube ich vielleicht insgeheim, dass sie eine Fachfrau bzw. einen Fachmann brauchen, um etwas zu lernen?

Nein, es geht nicht um Perfektion, und dieses Experiment ist auch kein Wettbewerb, sondern es geht darum, fit zu werden für den ganz normalen Alltag.

Spreche ich mit anderen Eltern, dann stellt sich immer wieder heraus, dass Mahlzeiten nicht mehr so sehr im Mittelpunkt des Familienlebens stehen wie früher. Regelmäßige gemeinsame Mahlzeiten am Esstisch einzunehmen, Lebensmittel einzukaufen und zuzubereiten und sogar das anschließende Saubermachen scheinen etwas zu sein, das der Vergangenheit angehört. Bei den heutzutage eng getakteten Zeitplänen sind Mahlzeiten deshalb oft etwas eher Nebensächliches, und sie fallen auch schon einmal schnell weg, wenn etwas Wichtigeres dazwischenkommt. Häufig entscheiden wir uns deshalb für bequemes Fast Food, das nicht selten auch noch im Auto verzehrt wird, statt zu Hause selbst frisch zu kochen und die Mahlzeiten am heimischen Esstisch bei Gesprächen über den Verlauf des Tages zu verzehren.

In meiner Familie war damals noch Letzteres der Fall, besonders nachdem ich in die Pubertät gekommen war. In meiner Familie waren alle sportbegeistert. Wir trieben alle Sport, nur unsere unterschiedlichen Trainingszeiten passten fast nie mit den Essenszeiten zusammen. Meine Mutter verbrachte ihre Nachmittage damit, von der Schule zum Tennisplatz zu rasen und von dort aus zum städtischen Golfplatz, anschließend zum Schwimmbad und dann die ganze Runde noch einmal, um uns Kinder wieder einzusammeln. Selbst wenn wir mit dem Fahrrad zu den unterschiedlichen Trainingsorten hätten fahren müssen und sie uns nicht immer gefahren hätte, waren unsere Trainingszeiten eben doch immer unterschiedlich. Es wurde deshalb zu Hause immer weniger gekocht und gemeinsam gegessen, was meinem Vater aber absolut nicht gefiel. Deshalb setzte er durch, dass wir jeden Donnerstagabend gemeinsam als Familie zu Abend aßen, und zwar im Esszimmer mit Tischtuch, echtem Silberbesteck, Kristallgläsern und sogar Kerzen. Außerdem verlangte er selbst gekochtes Essen und erzwang ein Tischgespräch. „Erzwang" insofern, als dass wir alle aufgefordert wurden zu erzählen, was in unserem Leben gerade los war.

Wir Kinder benahmen uns, als wäre das Abendessen donnerstags so etwas wie lebenslänglicher Knast. Wir jammerten und stöhnten darüber, wie unfair das alles sei, fügten uns dann aber theatralisch der unmöglichen Forderung meines Vaters. Und eins ist erstaunlich: Bis heute gehören diese Donnerstagsabendessen mit zu meinen kostbarsten Kindheitserinnerungen. Meine Geschwister und ich lachen immer noch über den Hackbraten meiner Mutter, über unsere Streitereien um Brötchen, die Art, wie wir uns heimlich mit Bissen bewarfen oder wie wir uns kurz entschuldigten und den Esstisch verließen, um irgendetwas „Ungenießbares", was wir in unserer Serviette versteckt hatten, zu entsorgen.

Bis heute bin ich dankbar dafür, dass mein Vater einfach von uns verlangt hat, unsere Zeitpläne so abzustimmen, dass wir wenigstens einmal pro Woche als komplette Familie zusammen sein konnten. Dieses von uns selbst so gar nicht beabsichtigte Herstellen von Bindung, das in diesen wenigen gemeinsamen Minuten in der Woche stattfand, hatte lebenslange Auswirkungen auf unsere Beziehungen untereinander.

Meine Mutter hat zwar nie von uns verlangt einzukaufen oder zu kochen, aber wir mussten nach dem Essen beim Aufräumen und Spülen helfen. Auch dadurch hat sich bei mir ein Schatz von Erinnerungen angesammelt. Wir erinnern uns alle daran, wie meine Schwester jedes Mal pünktlich durch einen gut getimten Anruf verhindert war zu helfen und sie ihre Pflichten dann an ihre Geschwister delegierte. Und wie mein Bruder beim Spülen all die ekeligen Speisereste von den Tellern und Getränkereste in irgendeinem Gefäß zusammenschüttete und dann demjenigen, der bereit war, diese Mischung zu sich zu nehmen, fünf Dollar bot.

Rückblickend wünschte ich, dass zu dieser obligatorischen Familienaktivität auch noch mehr Grundlagen der Essenszubereitung gehört hätten außer Plätzchen zu backen.

Bis in meine Collegezeit hinein wusste ich nicht, was man in einer Küche eigentlich alles macht, und empfand das als Mangel. Das Einzige, was ich kochen konnte, waren Hühnchen Enchiladas, Quescadillas, Müsli (okay, das ist ziemlich weit hergeholt, aber es war eins meiner Grundnahrungsmittel), Kuchen und Plätzchen. Das war denn auch in etwa mein Kochrepertoire, mit dem ich in die Ehe startete.

Ich werde nie vergessen, wie ich in der Woche nach unseren Flitterwochen im Eingang unseres Supermarktes stand. „Wie kann jemand dreißig Jahre leben, ohne jemals wirklich Lebensmittel eingekauft zu haben?", werden Sie vielleicht fragen. Nun, eine junge berufstätige Frau, die mit Cornflakes, Obst und Milchprodukten zufrieden ist, findet alles, was auf ihrem Einkaufszettel steht, im Vorbeigehen im Supermarkt oder einfach im Shop an der Tanke.

Also wanderte ich als frischgebackene Ehefrau, die ja nun ihren Mann bekochen musste, pflichtschuldig die Gänge im Supermarkt auf und ab und füllte meinen Einkaufswagen mit allem, was ich für notwendig hielt. Weil wir knapp bei Kasse waren, hatte ich immer irgendwelche Gutscheine dabei, die man hier und da bekam. Ich kaufte daher unzählige Sachen, die ich nie brauchte, meist weil ich nicht wusste, *was* ich damit machen sollte.

Aus Wochen dieser Vorgehensweise wurden Monate. Ich mühte mich in der Küche ab, geplagt von Schuldgefühlen und absolut beschämt wegen meiner erbärmlichen Kochkünste. Sehr erleichtert war ich darüber, dass uns jemand zur Hochzeit ein Waffeleisen geschenkt hatte. Wenigstens ein Küchengerät, mit dessen Bedienung ich mich auskannte. Das Resultat war, dass mein Mann drei Abende pro Woche Waffeln serviert bekam. Ich würde nur zu gerne behaupten, das wäre eine Übertreibung. Der liebe Jon hatte dazu nie auch nur ein einziges Wort der Kritik geäußert, bis ich eines Abends vor Verzweiflung weinend zu ihm kam.

„Ich schaff das einfach nicht!", schluchzte ich.

„Was schaffst du nicht?" Er hatte keine Ahnung von meinen Kämpfen in der Küche.

„Diese Kocherei! Was das angeht, bin ich die totale Versagerin. Dir müssen die Waffeln doch langsam zum Halse heraushängen. Und ich kriege die Dinger auch bald nicht mehr herunter."

Woraufhin er sagte: „Mir ist es völlig egal, ob du kochst oder nicht."

Was? Es ist ihm egal? Meine Gedanken schlugen Purzelbäume. *Aber muss eine Ehefrau denn nicht kochen?* In seiner Welt offenbar nicht. Diese Information meines Mannes erklärte mit einem Schlag alle Erwartungen an Ehefrauen, wie ich sie aus Familienserien im Fernsehen wie zum Beispiel *Eine himmlische Familie* übernommen hatte, für ungültig.

Jon war es wirklich und wahrhaftig egal. Und ob Sie es glauben oder nicht, die Tatsache, dass er in dieser Hinsicht keinerlei Ansprüche an mich stellte, gab mir letztlich die Freiheit zu lernen, wie man einkauft und kocht. Und genau das tat ich dann auch. Ich nahm an ein paar Kochkursen teil, lernte etwas über Vorratshaltung und begann mein Repertoire an Rezepten auszubauen. Ich wünschte, ich hätte früher gemerkt, was der Sport, alle möglichen anderen Aktivitäten und ein eng getakteter Zeitplan alles verhindert hatten. Ich glaube zwar, dass viele außerschulische Aktivitäten sinnvoll sind und sich positiv auswirken, aber ich bin fest entschlossen, in meiner Familie nicht durch all dieses Positive etwas noch Positiveres zu verhindern. Die tollsten Lektionen, aus denen man wirklich konkret etwas lernt, ergeben sich, wenn man zu Hause mit anpackt, und zwar besonders in der Küche. Es können sich beim Puddingrühren oder Geschirrspülen ganz wunderbare Gespräche ergeben.

Jetzt, wo wir drauf und dran sind, uns kulinarisch zu üben, ist es mir sehr wichtig, keine übersteigerten Erwartungen zu haben. Ich möchte meinen Kindern vermitteln, dass das Leben mehr ist als Chicken Nuggets, dass sie vor dem Backofen Respekt haben sollen, aber keine Angst zu haben brauchen, dass sie lernen, welche Wirkung Kräuter und Gewürze auf Geruch und Geschmack haben – sodass sie vielleicht bzw. hoffentlich am Ende gerne kochen. Ich möchte, dass sie nicht unter Stress geraten, wenn sie das, was sie gekocht haben, einem unweigerlich kritischen Publikum vorsetzen. Und ich wünsche mir, dass, wenn ein von ihnen zubereitetes Essen einmal keine Höchstnoten der anwesenden kritischen Juroren bekommt, sie erleben, dass ihr Wert nicht von Erfolg oder Scheitern auf diesem Gebiet abhängt. Ich hoffe, dass die Kinder keine Hemmungen haben, weil ihre Fähigkeiten hier noch sehr ausbaufähig sind, sondern dass sie lernen, ihre Grenzen zu erkennen und dann herausfinden, wie sie diese Grenzen erweitern oder überwinden können. Ich hoffe, sie genießen die Befriedigung, die es bereitet, etwas zu tun, von dem man geglaubt hat, man könne es nicht. Und wenn sie dann ihre Mahlzeiten servieren (so trocken und geschmacklos manche davon auch sein werden), dann hoffe ich, dass sie doch auf jeden Fall Freude an dem Tun als solchem haben. Ich möchte, dass sie Erfüllung darin finden, etwas für andere zu tun, damit sie den Wunsch bekommen, nach mehr Gelegenheiten dazu Ausschau zu halten.

Einkaufen für Anfänger

Unser Montagskoch Fury möchte für die Familie außer dem Abendessen auch einen Nachtisch zubereiten. Das Kind ist wirklich schlau, denn etwas Süßes zum Abschluss lässt die übrige Mahlzeit gleich leckerer erscheinen! Gleichzeitig möchten wir unsere Kinder aber auch dazu erziehen, sich gesund zu ernähren – wenn auch oft ziemlich erfolglos. Daher hatte ich ein Limit von einem Nachtisch pro Woche festgesetzt. Jedes Kind bekommt also die Gelegenheit, im Laufe des Kochmonats einmal ein Dessert zuzubereiten. Das heutige Dessert nutze ich dazu, einem zweifelnden Kind einen Anreiz zu bieten.

Meine Angst, den Kindern die Küche zu überlassen, erwies sich anfänglich als durchaus berechtigt. Obwohl er richtig aufgeregt war, weil er kochen durfte, was er wollte, ließ die Begeisterung bei Fury schon merklich nach, als ihm klar wurde, dass wir erst noch die Zutaten für sein Essen einkaufen mussten.

„Was? Wieso muss denn *ich* einkaufen gehen? Das dauert doch *ewig*!"

Ich weiß. Er hat wirklich einen Hang zum Theatralischen, aber an dieser Stelle mussten wir einmal mehr die Frage stellen, die so ausgesprochen auf der Hand liegt, nämlich woher denn wohl seiner Meinung nach das Essen kommt.

„Willkommen in meiner Welt, mein Kind. Wenn du Brownies willst", – das war sein Plan fürs Dessert – „dann steig jetzt ins Auto."

Nach einem Mini-Wutanfall, der Konsequenzen hatte – ich war nämlich nicht in der Stimmung dafür –, bewegte sich Fury widerwillig in Richtung Auto. Seine Stimmung besserte sich, als wir den Supermarkt betraten und einen Nachbarn trafen. Mike gab Fury die Hand und machte ihm Mut, indem er auf die Lebensmitteltüten in seinem Einkaufswagen zeigte und sagte, dass er all das gleich höchst persönlich in ein Abendessen verwandeln würde. Fury grinste verlegen, aber danach war sein Gang schon ein bisschen beschwingter. Als wir uns auf die Suche nach Butter für die

Brownies begaben, erklärte ich ihm, wie die verschiedenen Waren im Supermarkt angeordnet sind, und dabei wurde mir klar, dass ich mir nie die Zeit genommen hatte, meinen Kindern etwas übers Einkaufen beizubringen.

„Okay, wenn du also etwas aus der Kühlung brauchst, findest du das fast immer an den Seitenwänden. Tiefkühlprodukte sind eher in der Mitte untergebracht und Obst und Gemüse meistens nah am Eingang."

Als wir also Richtung Butter gingen und er merkte, dass ein Supermarkt eigentlich mehr ist als nur pure Schufterei, verbesserten sich seine Stimmung und Einstellung zusehends, und als ich ihm dann noch eine kleine Rechenaufgabe hinwarf, wurde er beinah übermütig.

„Und, findest du die Butter?", fragte ich, als wir bei der Wand mit den Kühlschränken ankamen, in denen Frischkäse, Quark, Joghurt und alle möglichen anderen Milchprodukte standen.

„Nein."

„Guck genau hin. Ich sehe vier verschiedene Sorten." Fury ist ein Kind, das Spiele liebt, egal wie einfach sie sind.

„Wo denn?"

„Schau nach kleinen Päckchen mit der Aufschrift ‚Butter'."

„So was wie Süßrahmbutter?"

„Ja genau."

„Warum gibt es so viele Sorten?"

Ah, noch eine gute Frage. „Also, es gibt außerdem noch gesalzene Butter, dann heimische und aus dem Ausland importierte, dann gibt es noch Bio-Butter und die Butter von der Hausmarke – und alle kosten unterschiedlich viel. Du sagst mir jetzt, welche für uns am günstigsten ist und wie viel Geld wir sparen können, wenn wird die Butter kaufen, die im Angebot ist."

Ich konnte ihn beinah vor Begeisterung sabbern sehen. Ja, wir sind Streber.

Nachdem er die perfekte Butter für unser Projekt gefunden hatte, besprachen wir noch, dass gleiche Produkte unterschiedlich viel kosten können, wenn sie von unterschiedlichen Herstellern stammen. Wir suchten die Dinge zusammen, die er sonst noch brauchte, kauften noch etwas, worum uns seine Schwester gebeten hatte, wogen Obst ab und Tomaten – wir hatten viel Spaß.

An der Kasse schaute ich Fury dann zu, wie er all die Sachen aufs Band räumte. Der schlecht gelaunte Nörgler von vorhin hatte sich in einen eifrigen kleinen Helfer verwandelt. Mir wurde klar, dass ein Teil der guten Laune sicher daher rührte, dass alles, was wir hier machten, neu für ihn war, und mir war durchaus bewusst, dass dieser Zustand wahrscheinlich nicht von Dauer sein würde – aber immerhin. Als wir dann mit dem supernetten Kassierer namens Chad plauderten, hätte ich mir in den Hintern beißen können. Wie viele Chancen hatte ich bei meinen unzähligen Supermarktbesuchen ungenutzt verstreichen lassen!

Wir sitzen alle im selben Boot

Ich versuche die Aufgaben so an die Kinder zu verteilen, dass sie das tun, was sie meiner Meinung nach am besten können. Deshalb räumt der Achtjährige die Sachen aus dem Geschirrspüler, die unten eingeräumt sind, und der Teenager die Sachen, die nach oben gehören. Genauso sucht der Neunjährige das Obst zum Essen aus und bereitet es zu, während der jüngere Teenager das Gemüse schnippelt und der ältere den Nachtisch oder einen Teil der Vorspeise oder etwas, wobei man mit scharfen Messern hantieren muss. Jeder hilft, den Speiseplan zu erstellen, geht mit einkaufen und räumt die Lebensmittel ein, wenn wir wieder zu Hause sind. Natürlich ist der Ablauf nicht in Stein gemeißelt: Der Drittklässler kann zum Beispiel wie kein anderer Bohnen in Speck wickeln, und der Viertklässler garniert für sein Leben gern, zum Beispiel mit gefächerten Erdbeeren.
Dallas Mom Blog

Meistens hatte ich nur den kurzfristigen Vorteil der Zeitersparnis im Blick gehabt, wenn ich sie zum Einkaufen nicht mitnahm, und nicht den längerfristigen Gewinn, dass meine Kinder etwas fürs Leben lernen konnten, wenn sie mitkamen. Und ich kann bei dieser Aufgabe genau so viel lernen wie sie.

Der Einkauf für Furys Essen war also erledigt und das Kind und ich machten uns wieder auf den Heimweg. Wie ausgewechselt war mein schlurfender Miesepeter. Es war ein superbereitwilliger Küchenhelfer aus ihm geworden. Er räumte den Küchentisch ab, suchte die Zutaten für die Brownies zusammen, hörte aufmerksam zu, was ich ihm sagte, hielt sich an meine Anweisungen, räumte den Geschirrspüler aus und befüllte ihn wieder mit dem Geschirr, das noch in der Spüle stand. Ohne Quatsch! Die Mädchen lungerten in der Nähe herum und warteten nur auf eine Chance zum Mithelfen. Aber das hier war sein Einsatz. Fury kochte ein einfaches Essen aus Hähnchen, Reis und schwarzen Bohnen, deckte den Tisch (dabei halfen ihm seine Schwestern) und servierte dann sein Essen. Nicht einer beschwerte sich über das, was er gekocht hatte. Wir aßen, plauderten dabei und genossen einfach diese gemeinsame Zeit. Und danach brachte Fury auch noch Esstisch und Küche wieder in Ordnung. Ich half ihm beim Vorspülen des Geschirrs, aber nur ganz wenig, denn er wollte wirklich alles alleine machen, und er war so stolz auf sich.

Ich wusste nicht, ob der Rest unseres Monats der Mahlzeiten so sein würde wie der erste Tag, aber das war doch mal ein Anfang!

Das Rezept für Verantwortungsbereitschaft

Als dann meine Zehnjährige in der Küche herumwerkelte, den Tisch deckte, Geschirr spülte und ein wunderbares Essen für uns kochte, wo war ich da? Ich saß auf dem Sofa und arbeitete an etwas, das ich dringend fertigbekommen musste. Ich musste das erst einmal sacken lassen: Ich saß einfach so mitten am Tag auf dem Sofa. Und um das alles noch zu toppen, summte meine Tochter bei der Arbeit auch noch fröhlich vor sich hin.

Der springende Punkt ist wohl, dass ich bisher nicht nur den Maßstab viel zu niedrig angesetzt habe, sondern mich auch noch mit viel weniger zufrieden gegeben habe, als sie zu bieten haben – und zwar auf jedem Gebiet. Jemand aus der Schulverwaltung hat kürzlich einer Freundin von mir erzählt, dass Kinder nicht durch materielle Dinge so verwöhnt sind, sondern durch Mütter, die auf ihnen hocken und sie betütern. Es sind Mütter, die ihnen alle Probleme aus dem Weg räumen. Es sind Mütter, die verhätscheln, Mütter, die nicht zulassen, dass ihre Kinder auch mal die natürlichen Folgen ihres Verhaltens aushalten müssen. Kein Wunder, dass immer häufiger noch Fünfundzwanzigjährige bei den Eltern leben.

Es mag trivial scheinen, die Fähigkeiten der Kinder, wenigstens die Verantwortung für ihre Zimmer und Bäder zu übernehmen, auszubauen, aber das Ziel dahinter, nämlich die Kinder fähig zu machen, all ihre Möglichkeiten auszuschöpfen und alles aus sich herauszuholen und in der Familie, der Gemeinschaft und der Welt ganz allgemein einen Beitrag zu leisten – ist alles andere als trivial. Unsere Kinder betteln doch förmlich darum, gefordert zu werden, besonders dann, wenn sie erst einmal die Erfahrung gemacht haben, wie viel besser es sich anfühlt, selbst produktiv zu sein, als sich versorgen zu lassen.

Man schaue sich nur einmal das Kind an, das uns heute unser Abendessen zubereitet hat. Sie ist ganz eindeutig ermutigt durch diesen Schritt.

Clara war heute Morgen beim Aufwachen schon ganz aufgeregt, weil sie heute mit dem Kochen an der Reihe ist. Ihr Menü steht schon seit ein paar Tagen fest: panierter Barsch, den sie so gern isst, mit gedünstetem Mais und Kartoffelbrei und einem wunderschönen Obstteller. Wir werden bald auch die weniger kohlehydratreichen Speisevarianten in Angriff nehmen, aber so lange, bis wir den Dreh heraushaben, kann erst einmal im Wesentlichen jeder kochen, was er/sie möchte, solange sich frische Zutaten in irgendeiner Form in dem Gericht befinden.

Weil Clara ein bisschen unsicher war in Bezug auf die einzelnen Schritte bei der Zubereitung ihres Essens, bat sie mich, in der Nähe zu bleiben für den Fall, dass sie Hilfe brauchte. Wir hatten es richtig gut beim Plaudern, während wir die Maiskolben erst entblätterten und dann ausprobierten, wie man am besten die Maiskörner vom Kolben löst, um sie in einen Topf mit Butter zu geben.

Sie gab sich unglaublich viel Mühe, ein Essen zuzubereiten, das allen schmeckte. Das zeigte sich besonders darin, wie sie den Mais würzte. Sie selbst mag es gern pikant, aber sie nahm Rücksicht auf den Bruder und die Schwester, die keinen Pfeffer mögen. Statt also nach ihrem eigenen Geschmack zu würzen, drehte sie sich zu mir um und sagte: „Ich mach lieber nur ein bisschen Salz dran. Dann kann noch jeder selbst nachwürzen, wenn er möchte. Den Pfeffer lass ich ganz weg." Ihre Rücksichtnahme bestätigte mir noch einmal, dass durch die Kochaufgabe sehr viel mehr erreicht wurde, als ich gehofft hatte. Das Kind wagte sich aus seiner Wohlfühlzone heraus und gewann eine große Portion Selbstwertgefühl hinzu, indem es früher verbotene und potenziell gefährliche Utensilien buchstäblich in die Hand nahm, und ihren Blick und ihre Aufmerksamkeit darauf richtete, anderen etwas Gutes zu tun. Letzteres war für mich das Beste. Durch diese Erfahrung, für die ganze Familie zu kochen, verlagerte sich die Aufmerksamkeit meiner Tochter von sich selbst und ihrem eigenen Geschmack auf die Wünsche und Bedürfnisse der anderen, die sie nicht nur berücksichtigte, sondern sogar über ihre eigenen stellte.

Nicht alle ihre Geschwister waren anfangs so begeistert wie sie, aber ein Teil ihrer Begeisterung übertrug sich dann auf ihre Geschwister. Ein unerwartetes Geschenk unseres Projektes besteht nämlich darin, dass eine gute Einstellung ansteckend ist. Wenn die Kinder sehen, dass eines ihrer Geschwister das Ergebnis seiner Arbeit so richtig genießt, dann lassen sich die eher zögerlichen Kandidaten bereitwilliger und auch eifriger auf ihre eigenen Aufgaben ein.

Der Drive-in-Blues

Claras Kocherlebnis war allerdings auch ein deutlicher Kontrast zu einem anderen, alles andere als appetitanregenden Ereignis in dieser Woche.

Wie bei unserer Familienzusammenkunft vereinbart, durften die Kinder ja selbst entscheiden, ob sie etwas kochen oder lieber Fast Food kaufen wollten. Anfänglich gefiel mir diese Idee und ich stellte mir vor, wie sie beispielsweise in McDonald's standen und Menüs zusammenstellen mussten, die jeden Geschmack berücksichtigten.

Ich dachte an all die vielen Male, wo wir schon alle im Auto gesessen hatten, um irgendwo in einem Familienrestaurant essen zu gehen, und dann endlose Debatten darüber begannen, wohin wir fahren sollten. Am Ende gab es dann ein Patt bei der Abstimmung darüber, welches bezahlbare Fast Food-Restaurant es sein sollte.

Dass ein Kind also einmal am eigenen Leib die Erfahrung machen würde, wie schwer es ist, in einer größeren Gruppe alle zufriedenzustellen, erschien mir von vornherein schon einmal ein positives Ergebnis einer solchen Aktion: Nimm den mickrigen Geldbetrag, den wir für selbst gekochtes Essen zu Hause ausgeben würden, rechne ihn in die Gesamtkosten ein, schieße etwas von deinem eigenen Geld dazu und füttere dann die undankbaren Massen – und lerne dabei, dass auswärts essen zu gehen teurer ist.

Boxster entschied sich für diese Variante, und zwar nicht nur, weil er nicht selbst kochen wollte, sondern auch weil er gerade in einem Alter ist, in dem er es absolut furchtbar findet, sich auch nur andeutungsweise von jemandem sagen zu lassen, was er zu tun und zu lassen hat. Wenn man dann noch zusätzlich bedenkt, dass seine jüngeren Geschwister das Kochen richtig spannend fanden, war natürlich klar, dass es für ihn absolut nicht infrage kam.

„Was machst du denn heute zu essen?", fragte ich ihn also, als ich ihn an dem Tag, als er an der Reihe war, von der Schule abholte.

„Schon vergessen? Ich koche nicht."

„Oh, ja, richtig. Wo möchtest du das Abendessen *kaufen*?"

Dabei blitzten seine Augen ein ganz klein wenig schalkhaft, und allein für diesen kleinen launigen Moment hatte sich eigentlich das ganze Experiment schon gelohnt. Wie vermisse ich diese sorglosen Augenblicke der Freude, die jetzt normalerweise von Coolheit verdrängt werden. „Du erinnerst dich? Ich wollte bei McDonald's für alle kaufen."

Richtig stolz auf seine Wahl, von der er sicher war, dass sie allen gefallen würde, kam er abends gegen halb sechs zu mir, um sich von mir zu McDonald's fahren zu lassen, wo er das Essen für uns kaufen wollte. Er wusste, dass der Küchendienst zu seinen Pflichten als Chefkoch des Abends gehörte, aber das verringerte keineswegs seinen Eifer, einen Beweis anzutreten, und zwar den Beweis, dass alles Essen, das außerhalb unseres Hauses zubereitet wird, alle Mahlzeiten übertrifft, die er jemals aus der Hand der Köchin vor Ort zu erleiden gehabt hatte. Und dies war der Abend, seine Chance, Überläufer zu gewinnen. Und wenn es davon genügend gab, konnte ja vielleicht künftig *jede* Mahlzeit von einem Essensetablissement außerhalb unserer Heimstatt bezogen werden.

Wir fuhren zum Drive-in-Schalter bei McDonald's, nachdem ich ihn aufgefordert hatte, sich im Auto nach hinten zu setzen, damit er selbst die Bestellung aufgeben konnte. Ob ihm das peinlich war? Schon möglich, aber ich hatte schließlich auch meine Prinzipien. Als er bestellte, war ich schon einigermaßen begeistert festzustellen, dass er sich tatsächlich Gedanken darüber gemacht hatte, was die einzelnen Familienmitglieder gerne aßen. Wer hätte gedacht, dass er sich überhaupt Gedanken über die Interessen, Wünsche und Essensvorlieben anderer machen würde. Nicht dass diese besonders kompliziert gewesen wären, aber immerhin …

„Ich möchte dreimal kleine Chicken Nuggets", schrie Boxster in das Drive-in-Mikro.

„Dazu?", blaffte der Angestellte.

„Bitte …?"

„Was dazu soll."

„Pommes natürlich."

„Und zu trinken?"

„Alle drei Sprite."

„Okay. Sonst noch was?"

„Ja. Ein Hamburger Menu, Hamburger ohne alles, mit Pommes und Fanta."

„Welche Größe?"

„Äh ... klein?"

„Sonst noch was?"

„Ja. Noch ein Chicken Nuggets-Menü mit Pommes und einem Saft." (Er hatte vorübergehend Jack vergessen, dessen Schicksal, der Letzte in der Geschwisterreihe zu sein, oft dazu führt, dass er einfach vergessen wird. Jon und ich wollten lieber zu Hause etwas essen und hatten uns gegen Fast Food entschieden.)

„Ist das alles?"

„Ja", sagte er. „Danke." (Der letzte Teil gefiel mir auf jeden Fall.)

„Das sind dann zwanzig Dollar und vierzehn Cent."

Ich fragte mich, ob er wohl mit einer so hohen Summe gerechnet hatte, und gab ihm den versprochenen Zehn-Dollarschein. Er tat seine elf Dollar dazu, und dann waren wir mit unseren Tüten voller Köstlichkeiten auch schon wieder auf dem Heimweg.

Ich konnte förmlich spüren, wie aufgeregt er war.

Nur schade, dass er nicht mit derselben Aufregung und Begeisterung zu Hause empfangen wurde.

„Hey Leute", brüllte er, als wir zur Tür hereinkamen. „Essen ist fertig!"

Niemand rührte sich.

„Hey Leute, es gibt was von McDonald's!" Aber der erwartete Jubel blieb aus.

Eine der Personen, die er zu beköstigen hatte, kam hereingeschlendert. „Ooooh. Ich mag kein McDonald's."

„Ach, ich mag's." Die sensible Snoopy hatte sofort gespürt, dass ihr Bruder ein bisschen einknickte und stupste Fury an, damit er aufhorte zu meckern.

Dann kam Clara herein. „Igitt. Wie riecht es denn hier?"

„Ganz toll!", explodierte Boxster. „Da versuche ich mal, was *Nettes* zu machen, und ihr *meckert* nur herum."

Er tat mir so leid. Das Seltsame war, dass die Kinder normalerweise gern Essen von McDonald's mögen. Ich hatte keine Ahnung, was los war, aber der Widerwillen gegen dieses Essen an diesem Tag war echt.

Und dann kam das Schlimmste der ganzen Vorstellung: Ein niedergeschlagener Boxster setzte sich hin, um seinen Burger „ohne alles" zu verzehren, nur um festzustellen, dass sein Hamburger vollgepackt war mit jeder Menge Mayonnaise, Senf, Zwiebeln, Salat und Tomaten. Er traute seinen Augen nicht. Er tat mir so leid, dass ich den Burger wieder einpackte, ihn noch einmal ins Auto setzte und mit ihm zu McDonald's fuhr. Wie konnten sie es dort wagen, die Bestellung meines Kindes dermaßen zu vermasseln! Ganz besonders, wo er es von seinem eigenen Geld bezahlt hatte! Ganz kurz fragte ich mich, ob es sich hier um einen Rückfall in meine Beihilfe zur Unselbstständigkeit handelte, aber dann beschloss ich, aus der Situation wenigstens noch die Chance herauszuschlagen, etwas zu lernen, und zwar wie man eine falsch gelaufene Bestellung reklamiert, für die man schon bezahlt hat.

Auch die beiden anderen Male, die Boxster in diesem Monat mit dem „Kochen" von Essen an der Reihe war, ließ ich ihn fertiges Essen kaufen, bevor mir dann klar wurde, dass diese Strategie ungünstig war, weil sie nicht die erwünschten Ergebnisse brachte.

Boxster gab auf diese Weise nicht nur viel zu viel von seinem eigenen Geld dazu (ich hatte gehofft, dass er daraus etwas lernen würde), sondern es untermauerte darüber hinaus auch noch eine Botschaft, an die keiner von uns gedacht hatte – die Botschaft nämlich, dass er nicht kochen *kann*. Auch wenn er es natürlich niemals zugegeben hätte, war es ganz schrecklich für ihn, wie seine Geschwister Beifall ernteten für ihre Kochkünste. Die anderen Kinder hatten sich durch ihre Menükreationen gewurstelt und dabei manchmal einen Treffer gelandet, manchmal aber auch etwas zustande gebracht, das lediglich wohlwollend ertragen wurde. Aber was von beidem auch immer, sie hatten wirklich Einsatz gezeigt bei ihrer Aufgabe und waren absolut begeistert von dem, was sie geschafft hatten, wenn sie voller Stolz zuschauten, wie die anderen Familienmitglieder das Resultat ihrer Arbeit und Mühe mehr oder weniger genussvoll verzehrten.

An Boxsters Abenden ließen die anderen die Mahlzeit eher nur über sich ergehen. Er wünschte sich eigentlich so sehr die Anerkennung der anderen dafür, dass er sein eigenes Geld für sie ausgegeben hatte, aber zu seiner großen Enttäuschung interessierte sich niemand für seine gekauften Mahlzeiten, zumindest war niemand davon so begeistert, wie er es gerne gehabt hätte. Hier wird ganz klar, dass echte Arbeit dem Arbeiter zugutekommt. Der leichte Weg – in diesem Fall also das Essen zu kaufen – bedeutet auch, auf das Gefühl verzichten zu müssen, etwas geleistet zu haben.

Das Einzige, was Boxsters Erfahrung bewirkt haben könnte, ist, dass er unseren Frust über all die vielen Male nachvollziehen kann, bei denen wir viel Geld für Essen in Lokalen ausgegeben haben, ohne dass es uns gedankt wurde.

Wenn man als Eltern bei einem Kind auf solche Mauern der Gegenwehr gegen bestimmte Dinge stößt, dann kann man nur umkehren und noch mal von vorn anfangen.

Nächste Woche wird Boxster also ein Essen kochen, ob er will oder nicht.

Vielleicht streitet er sich mit mir – rein äußerlich – aber ich weiß, dass er ganz tief in seinem Inneren erleichtert sein wird, dass er jetzt mit den anderen Köchen mitfühlen und stolz sein kann auf das, was immer er kocht. Außerdem weiß ich, dass meine Mädels, die stets mein Ass im Ärmel sind, ihn mit Lob überschütten werden, ohne dass ich etwas sagen muss, und zwar egal, was es zu essen gibt. Ich kann es kaum erwarten.

Könnte ich bitte ein bisschen Käse zu dem Wein bekommen?

Als Fury bei seinen Überlegungen, was er zum Abendessen kochen sollte, einen Blick in unseren Kühlschrank warf, hatte er keine Ahnung, welche Zutaten er brauchte. Unser kleiner Küchenchef wollte Pfannkuchen machen, eigentlich ein Selbstläufer. Außerdem hatte er sich schon immer gewünscht, einmal Pfannkuchen beim Wenden in der Pfanne hochzuschleudern. Das sah zumindest so aus, als würde es riesig Spaß machen. Und so schwer konnte das ja wohl nicht sein. Zum Glück hatten wir die nötigen Zutaten im Haus. Milch, Mehl, Eier, Butter und Backpulver, sowie ein bisschen Salz und ein paar ganz kleine Schokoladensplitter für die Süßmäuler unter uns. Sein Dessert hatte Fury ja bereits in der ersten Woche „verkocht", aber er ist ja nicht dumm. Eine kleine kreative Bemühung, um den Massen zu gefallen, kann viel bewirken.

Wir suchten also die nötigen Zutaten zusammen und los ging's. Als das dritte Ei in der Schüssel mit Milch explodierte, in der bereits zwei Artgenossen zerplatzt waren, hätte ich wissen müssen, dass Pfannkuchen und ein zunehmend grantiger Achtjähriger keine gute Kombination sind. Je mehr er sich anstrengte, desto katastrophaler das Ergebnis – und desto übler seine Laune.

Er stöhnte immer lauter, als beim Rühren des Teiges das Mehl überallhin staubte. Nichts lief so, wie es sollte. Nachdem er den Teig in eine heiße Pfanne gelöffelt hatte, mündeten seine Versuche, den Pfannkuchen zu wenden, in zusammengefaltete Klumpen und frustriertes Geschrei, und sein Gejammer führte schließlich dazu, dass ich sein Essen zu Ende kochte. Zugegeben, er wendete noch ein paar Pfannkuchen und rührte das Rührei, das es auch noch gab, aber festzuhalten blieb, dass er aufgegeben hatte, als es schwierig wurde. Und weil ich in dieser Angelegenheit noch nicht so erfahren war, hatte ich es ihm durchgehen lassen. Am Ende des Tages hatte ich einfach nicht mehr die Kraft, mein Kind zum Erfolg anzufeuern. Ich glaube, da ist für uns beide noch Luft nach oben.

Trotz des Kochdesasters blieb die Familie aber zusammen am Tisch sitzen und genoss „sein" Essen. Fury hatte vielleicht nicht alles selbst zubereitet, aber seine Geschwister lobten sein köstliches Essen, das auch dem heikelsten Esser am Tisch schmeckte.

Als ich endlich ebenfalls am Tisch Platz nahm, um zu essen, informierte ich Küchenchef Fury, dass der Spülmaschinendienst für ihn natürlich bestehen bliebe, und zwar ausräumen *und* einräumen. In der Woche zuvor hatte er es gar nicht erwarten können, die Besteckschublade auszuräumen, aber jetzt stöhnte er erneut laut auf. Tatsache war, dass er gar nichts tun wollte. Er wollte, dass *ich* es für ihn tat.

„Wieso bist du eigentlich soooo sauer auf mich?", schrie er.

„Was soll denn das heißen? Ich bin doch gar nicht sauer auf dich."

„Bist du doch. Warum muss ich denn sonst schon wieder den Geschirrspüler ausräumen?"

Schon wieder? Meinte er damit letzte Woche? Wow, ich bin aber auch wirklich eine Sklaventreiberin. Oh, mehr als einmal im Monat beim Geschirr helfen. Das ist aber auch wirklich eine Zumutung.

„Jetzt hör mir mal zu, mein Sohn. Heute Abend bist du mit Kochen an der Reihe, und dazu gehören auch die anderen Küchenarbeiten." Ich war entschlossen, nicht den Fehler zu wiederholen, den ich vorhin schon gemacht hatte, nämlich zuzulassen, dass er sich drückte, wenn es lästig wurde. „Wenn du deine Aufgabe nicht erledigst, dann bezahlst du mich dafür, wenn ich es mache."

„Das ist unfair!", schrie er und stampfte heftig auf. „Unfair!" Erneutes Gestöhne.

„Du hast die Wahl."

Ich verlangte nichts Unmögliches von ihm. Außerdem bin ich immer zur Stelle, wenn Hilfe nötig ist – wahrscheinlich zu oft und zu viel. Der Konflikt ließ sich wirklich darauf reduzieren, dass er nur zu *seinen* Bedingungen etwas tun wollte.

Hätten wir das nicht alle gern?

Nach dem Essen verschwand er, kam aber ab und zu noch einmal zurück, um festzustellen, ob ich meine Ansagen über seine Pflichten in Bezug auf den Geschirrspüler und die Konsequenzen, die es haben würde, wenn er sich drückte, wirklich ernst meinte. Zwei Mal erinnerte ich ihn noch daran und ließ die Küche noch volle zwei Stunden chaotisch, wie sie war. Aber dann wischte ich den Tisch und die Arbeitsflächen, wischte den Boden und räumte alles auf.

Als ich ihm später gute Nacht sagte, ging ich schweigend zu seinem Geldtopf und nahm meine Bezahlung heraus. Das reichte zwar nicht für meine dringend notwendige Pediküre, aber es war doch so viel, dass es ihm ein bisschen wehtat. Ich legte die fünf Dollar von ihm zu den zwei Dollar, die ich morgens bei anderen Kindern für liegen gelassene Klamotten eingesammelt hatte. Das Neue des Projektes nutzt sich langsam ab, und es fühlt sich immer mehr nach richtig harter Arbeit an. Jetzt kommt der Faktor Ausdauer ins Spiel.

Für manchen wäre jetzt vielleicht ein Glas Wein in Ordnung, bei mir kommt in einem solchen Fall mein Kaffeevollautomat ins Spiel. Es gibt nichts, was sich so sehr für eine kleine Auszeit eignet, wie ein guter, frisch gebrühter Kaffee. Danke, mein Latte Macchiato. Du hilfst mir, alles wieder ein bisschen zu relativieren.

Ist es wirklich die Mühe wert?

Bis zu diesem Punkt des Experimentes haben sich unsere Bemühungen als erfolgreich erwiesen – zumindest bin ich dieser Meinung. Gewisse Kommentare könnten allerdings den Anschein erwecken, dass die Kinder noch nicht so weit sind, sich bei mir dafür zu bedanken, dass ich sie zum Mithelfen bringe.

- „Das ist viel schwerer als ich gedacht habe."
- „Bei Henry zu Hause kocht seine *Mutter*."
- „Wir sind die *einzigen* Kinder, die so was machen müssen."
- „Hey, bei denen müssen die Kinder auch helfen!"

Die letzte Aussage, die ganz sachlich über einen Freund von uns gemacht wurde, gefällt mir besonders gut. Es war, als wollte unser Kind sagen: „Ein Glück! Unsere Mutter ist gar nicht verrückt oder total gemein! Es gibt noch mehr Leute, die solche komischen Sachen machen."

Ich stelle fest, dass die Kinder ein bisschen müder sind als sonst, aber sie sind auch stolz auf das, was sie leisten. Die für mich größte Überraschung war, dass sie jetzt die Aufgaben, mit denen ich ihnen jahrelang in den Ohren gelegen haben („Stell dein schmutziges Geschirr in den Geschirrspüler", „Räum den Geschirrspüler aus", „Schneide deine Pizza selbst") – ohne Jammern und Stöhnen übernehmen. Sie kennen diese typischen Geräusche wahrscheinlich auch: deutlich hörbare, tiefe Seufzer, die signalisieren sollen, dass sie gerade etwas tun, was eigentlich niemand von ihnen verlangen dürfte. Ja, ich habe gehört, wie sie sich bei Freunden darüber beklagt haben, wie schrecklich die Arbeit hier bei uns im Haushalt geworden ist. Was aber dabei auffällt, ist das Fehlen echter Abscheu im Tonfall, dafür aber sind eindeutige Anzeichen von Stolz enthalten.

Wie bei jeder Arbeit gab es auch bei dieser Monatsaufgabe Erfolg und Misserfolg. Die Kinder, die wirklich Einsatz zeigten, sind dafür belohnt worden, in Form von viel Lob und einem gestärkten Selbstwertgefühl. Die Mahlzeiten waren zwar teilweise ein bisschen holprig, aber das Selbstvertrauen nahm zu. Nicht zuletzt auch deshalb, weil die Kinder durchhielten und nicht aufgaben, auch als ein dritter Versuch mit selbst gemachter Pizza eher „interessant" schmeckte. Die Muskeln der Entschlossenheit sind durch wiederholten Einsatz stärker geworden, auch trotz heftiger Kritik der heimischen Essenskritiker.

Die arme Snoopy ertrug die volle Wucht von gezischten „Das ist ekelig"-Kommentaren, weil sie vier Mal Nudeln mit Butter und geriebenem Parmesan servierte. Sie überstand diese negativen Kommentare aber und zog die Sache durch, wenn auch ein klitzekleines bisschen beleidigt. Ist das nicht eine Erfahrung, die wir unseren Kindern alle wünschen – schwierige Situationen in einem geschützten Rahmen durchzustehen?

Einfach um des Durchhaltens willen zwang ich Boxster in der vierten Woche dazu zu kochen, statt etwas zu kaufen, als er wieder an der Reihe war. Er wehrte sich zwar, doch ich blieb bei meiner Ansage, bot ihm allerdings auch Hilfe an, damit er sich nicht überfordert fühlte. Er bereitete die Vorspeise zu, den Rest übernahm ich. Obwohl er auf stur schaltete, als ich erwähnte, dass er kochen müsse, war er der Aufgabe gewachsen und bereitete ein paar richtig gute Taccos zu. Am Esstisch tat er zwar unglaublich gequält, aber ich merkte trotzdem, dass er stolz auf sein köstliches Essen war.

Im Gegensatz dazu erwies sich das, was nach dem Maßstab der Welt logisch scheint, als kolossaler Misserfolg auf jeder Ebene. Ja, Mahlzeiten zu kaufen und sie unterwegs zu verzehren spart Zeit und erfüllt den grundsätzlichen Zweck, einen hungrigen Körper mit Nahrung zu versorgen. Aber jemanden für die Arbeit zu bezahlen, die man eigentlich selbst tun soll, bedeutete auch, die damit verbundene Belohnung zu verpassen – für mich und jeden anderen noch einmal eine Mahnung, dass zeitsparender Luxus zwar den Alltag vielleicht bequemer macht, aber nicht immer die beste Lösung ist.

Unser Monat der Mahlzeiten hatte absolut nicht das Maß an Angst verdient, das ich vor seinem Beginn hatte. Es war reichlich Kreativität vorhanden, und zwar sowohl bei der Präsentation des Essens als auch bei einer überraschend schönen Tischgestaltung.

Eine der schönsten Szenen des gesamten Monats spielte sich an einem Montag ab. Fury hatte zum Abendessen eine Suppe gekocht und so, wie es die Regeln der Aufgabe des Monats verlangten, nach dem Essen den Tisch auch wieder abgeräumt. Ich beobachtete, wie der kleine Kerl dabei sehnsüchtig zu seinen Schwestern hinüberschaute, die im Garten Trampolin sprangen.

Und dann hörte ich, wie jemand rief: „Soll ich dir beim Abwaschen helfen?"

Was war denn das? Wer hatte das gesagt? War das wirklich möglich? Ja, das war es. Boxster bot seinem Bruder, dem oft so nervigen kleinen Bruder Hilfe an, ohne dass dafür auch nur das Geringste für ihn heraussprang. Der Große räumte den Tisch ab und half, den Geschirrspüler einzuräumen, damit unser Juniorkoch den Rest des Abends draußen verbringen konnte, beim fröhlichen Trampolinspringen mit seinen Schwestern.

Ich sagte kein Wort.

Ich genoss und genieße immer noch diesen besonderen Augenblick.

:::: WAS SIE IN DIESEM MONAT GELERNT HABEN

- Alle Kinder haben diesen Monat gelernt, wie man sich in einem Supermarkt zurechtfindet und wie teuer Nahrungsmittel sind. Ich habe immer noch vor Augen, wie geschockt Snoopy war, als sie den Bon über mehr als hundert Dollar für einen kleinen Wagen voller Ware sah.
- Mahlzeiten sind mehr als nur Essen auf dem Tisch.
- Geschirrspülen ist keine Mädchenarbeit.

:::: WAS ICH IN DIESEM MONAT GELERNT HABE

- Manche gut gemeinte Lektionen funktionieren nicht so, wie man es erwartet hat. Niemals hätte ich vermutet, dass es kontraproduktiv sein könnte, einem der Kinder zu erlauben, die Mahlzeiten für die Familie fertig zu kaufen.
- Mir war gar nicht klar, wie sehr ich die Kinder behinderte, indem ich ständig einsprang und ihnen Dinge abnahm. Ich habe eingekauft, gekocht und ihnen so viel abgenommen, dass ich gar nicht die unzähligen Chancen gesehen habe, sie etwas über das Leben zu lehren und ihnen beim Entwickeln von Selbstwertgefühl zu helfen.
- Wenn das Kind, das mit Kochen an der Reihe ist, bei der Arbeit ist, sitzen die anderen Familienmitglieder gerne am Esstisch herum und reden.
- Meine erstaunlichen Kinder haben eine kreative Ader beim Kochen. Es sind die nächsten Kochshowkandidaten!

AUFGABE 3

Ums Haus herum

Pflanzen, Jäten und Bekanntschaft machen mit der Natur

> *Ein perfekter Sommertag ist es, wenn die Sonne scheint, eine sanfte Brise geht, die Vögel singen und der Rasenmäher kaputt ist.*
> James Dent

An den April gehe ich mit genauso großer Unsicherheit heran wie an den Monat März. Unsere Herausforderung in den kommenden Wochen besteht darin, den Kindern ein paar Grundlagen zur Pflege und Instandhaltung des Außenbereiches unseres Hauses zu vermitteln. Das ist ein ambitioniertes Unternehmen, besonders angesichts des Umstandes, dass ich selbst so gar keinen grünen Daumen habe.

Insofern ist auch die Gartenarbeit im Laufe der Jahre bei uns schon ganz unterschiedlich gehandhabt worden. Es hat Zeiten gegeben, da haben wir den Garten selbst gepflegt. Ich persönlich finde Rasenmähen therapeutisch. Das monotone Brummen des Rasenmähers entspannt mich auf eine seltsame Weise. Vielleicht hat das damit zu tun, dass es den oft ohrenbetäubenden Lärm meiner Kinderhorde übertönen kann. Weshalb auch immer, ich werde ganz ruhig, wenn ich eine Bahn hin, eine Bahn her, wieder eine Bahn hin und eine Bahn her mähe, und dem Ganzen manchmal noch ein bisschen Pepp verleihe, indem ich ein paar Kreise drehe – und dann wieder zu Bahnen zurückkehre.

Jon hat aber die Vorstellung noch nie gefallen, dass seine Frau den Rasen mäht. Nur hat er auch weder Interesse noch die Absicht, es selbst zu tun. Er will seine Wochenenden einfach nicht mit dem Rasenmähen verbringen, nachdem er an den Werktagen die Unternehmenssteuerprobleme der Welt gelöst hat. Es war also nicht mehr nötig als eine seiner berühmten Stundenlohnvergleiche, um seine Entscheidung zu begründen, die Gartenpflege „outzusourcen". Als er die Kosten eines Gartenservice mit den Stundensätzen für seine Arbeit verglich, war klar, dass sich von jetzt an Raymundo und seine Crew um den Rasen und den restlichen Garten kümmern würden. Es hat sich also bisher keines unserer Kinder auf dem Gebiet der Gartenarbeit die Finger schmutzig gemacht. Und sie werden bei der Aufgabe dieses Monats auch nicht die Freuden des Rasenmähens kennenlernen. Unser Vater und Big Boss hat wenig – na, sagen wir gar kein – Interesse daran, einen Rasenmäher zu erwerben, auch nicht um des Experimentes willen. Raymundo braucht sich also um seinen Job keine Sorgen zu machen, jedenfalls fürs Erste nicht. Aber ich werde in Sachen Rasenmäher nicht so schnell aufgeben. Wir haben drei Söhne, die die Erfahrung machen müssen, in der sommerlichen Gluthitze von Texas Rasen zu mähen.

Diesen Monat werden sich unsere Bemühungen im Außenbereich jedoch um vier Bereiche drehen, in denen offenbar der größte Handlungsbedarf besteht. Sie bieten gleichzeitig die größten Chancen, etwas zu lernen.

1. Entrümpeln

Genau so wie „wir" das Experiment gemeinsam als Ganzes begonnen haben, nehmen wir auch den Außenbereich unseres Hauses mit einer Entrümpelungs- und Aufräumaktion in Angriff. Wir sieben Familienmitglieder haben im gesamten Garten Schuhe, Socken, Bälle, Verpackungen, Kleidungsstücke, Fahrräder, Roller, Zeitungen verstreut. Und Stühle! Zweiundzwanzig Stühle. Wer braucht so viele Stühle im Garten? Wir haben diese Stühle nicht selbst käuflich erworben – nein –, wir sind die Könige im Erben.

Immer, wenn jemand irgendetwas loswerden will, ruft er uns an. Aus irgendeinem Grund haben wir diese „Wir brauchen-es-zwar im-Moment-nicht-aber-vielleicht-ja-irgendwann"-Mentalität. Kein Wunder, dass Jack fast zwanghaft Dinge sammelt und hortet.

Ich bin den Anblick von einer bestimmten Vierergruppe *so* leid, aber was ist, wenn die Stühle wertvoll sind, vielleicht sogar Designermöbel …? Aus irgendeinem Grund ist Jon fest entschlossen, sie vor dem Verkauf zu retten. Antiquitäten aus den 1970er-Jahren sind aber ganz sicher nicht wertvoll. Sie stehen einfach da ohne passenden Tisch, der schon vor Jahren bei einem Garagenflohmarkt einen neuen Besitzer gefunden hat. Im Grunde nehmen sie nur Platz weg. Was sie brauchen, ist ein neues Zuhause.

2. Unkraut jäten

Nach einem nassen Winter wuchert bereits das lästige Zyperngras in sämtlichen Beeten und dem gesamten Garten. Unser Vorgarten sieht nicht schön aus, eher wie eine Baumschule. Wie alle anderen Bewohner unserer Gegend werden wir gut damit zu tun haben, diese vermehrungswütigen Pflanzen wieder loszuwerden.

3. Jobs erledigen

Bei uns gibt es jede Menge Möglichkeiten für Jobs in Hof und Garten. Die Stühle auf der Veranda vorm Haus müssen abgeschmirgelt und frisch gestrichen werden. Die Haustür könnte einen frischen Anstrich vertragen. Es müssen Fenster geputzt und die Veranda muss gründlich gereinigt werden. Diese Jobs werden richtig bezahlt mit einem Lohn zwischen fünf und fünfundzwanzig Dollar. Für den Niedriglohnbereich habe ich Aufgaben im Angebot wie Fegen der Veranda hinter dem Haus, Pflanzen gießen, den Poolfilter reinigen.

Mein neu eingerichtetes Schwarzes Brett mit diesen Jobangeboten, das sich strategisch günstig am Kühlschrank befindet, damit es für jeden gut sichtbar ist, lockt fleißige Kinder und verspricht guten Lohn. Wir werden sehen, ob sich Interessenten melden.

4. Blumen

Was gibt es Schöneres, als aus dem Fenster zu schauen und sich am Anblick schöner Blumen zu erfreuen? Hätten wir das Experiment langfristiger und sorgfältiger geplant oder den Kindern schon früher mitgeteilt, dass diese Aufgabe kommen würde, dann hätten wir Blumen aussäen vorziehen können. Sie hätten dabei viel gelernt und wahrscheinlich auch noch viel Spaß daran gehabt. Wegen meiner bereits des Öfteren erwähnten „Aufschieberitis" müssen wir uns diese Erfahrung jetzt für ein anderes Mal aufheben. Statt also Saat auszusäen und diese keimen zu sehen, entscheiden wir uns für den Erwerb von Containerpflanzen, die einfach in die Beete umgepflanzt werden. Die Kinder können dabei zum einen lernen, wie schön es ist, wenn im Garten Blumen blühen, zum anderen aber auch, dass die Verschönerung des Gartens mit fertigen Containerpflanzen eine kostspielige Angelegenheit sein kann. Ich neige in diesem Punkt ohnehin zum Minimalismus und kaufe nur im Frühling Pflanzen. Weil es hier in Texas im Sommer so heiß wird, ist es ziemlich schwierig, überhaupt irgendetwas Grünes am Leben zu erhalten, aber genau das zu schaffen, wird eine großartige Lektion für die Kinder sein. Ich kann gar nicht erwarten, wie sie sich über die Früchte ihrer Arbeit freuen, wenn sie morgens beim Verlassen des Hauses von der Farbenpracht begrüßt werden. Auch für mich wird das ein Vergnügen sein. Ich sehe mich schon mit einem großen Glas Eistee dasitzen und den Frühling genießen.

Die vier genannten Aufgabenbereiche sollen den Kindern ein besseres Gefühl dafür geben, wie viel Mühe es macht, ein vorzeigbares Grundstück und einen schönen Garten zu haben.

Doch auch wenn ich optimistischer werde in Bezug auf die Chancen, die dieses Projekt des Monats für die persönliche Entwicklung der Kinder bereithält, merke ich, dass ich mich frage, wie man Kinder dazu motivieren kann, sich um Dinge zu kümmern und Verantwortung zu übernehmen. Wir machen darin zwar schon Fortschritte, aber das verlangt mir auch eine Menge Energie und Kreativität als Cheerleader und Coach meiner Teenager ab.

Außerdem tun sich im Laufe dieses Prozesses noch etliche weitere Fragen auf:
- Haben sie so viele Sachen am Start, dass sie damit allein gar nicht fertig werden?
- Haben Sie eine Vorstellung davon, dass all die Sachen, die sie lieben, Geld kosten?
- Ist ihnen klar, dass es ein Privileg ist, etwas zu besitzen?
- Begreifen sie, dass es letztlich nicht auf Dinge ankommt?
- Ist *mir* klar, dass es letztlich nicht auf Dinge ankommt?

Wenn die Kinder ein bisschen mehr mit anpacken müssen – um ein bisschen mehr Einblick zu bekommen, wie viel Mühe und Einsatz es kostet, einen Haushalt instand zu halten und für all das zu sorgen, was für sie selbstverständlich ist –, dann wissen sie vielleicht die Sachen und alles, was damit zu tun hat, ein bisschen mehr zu schätzen. Vielleicht sind sie nicht mehr ganz so fixiert auf den äußeren Schein, wie es ja typisch ist für Teenager bzw. für uns alle, und merken, dass es im Grunde nicht auf materielle Dinge und Besitz, sondern auf den Charakter ankommt.

Wenn wir anfangen, uns mit Vorstellungen zu befassen, die bis jetzt einfach übersehen oder nur oberflächlich behandelt worden sind, dann bin ich dankbar für die überraschenden Momente, in denen ich in dieser Hinsicht etwas vermitteln kann. Das ist eine der vielen positiven Auswirkungen, die es hat, wenn die Kinder an allen anstehenden Aufgaben beteiligt werden: mehr Chancen, etwas zu lernen, als ich eigentlich gedacht hatte – und bei vielen davon lerne ich mindestens genauso viel wie die Kinder –, vielleicht sogar noch mehr.

Und los geht's

Weil die Kinder ein bisschen müde – vielleicht auch verärgert – erscheinen wegen der Veränderungen, die das Experiment in ihr Leben bringt, beschlossen wir, den Hof-und-Garten-Monat mit einer Blumenpflanzaktion zu beginnen statt mit dem weniger angenehmen Entrümpeln und Aufräumen der Garage.

Als wir einen Blick in unseren Garten und auf die ziemlich umfangreiche Aufgabe im Bereich Hof und Garten warfen, holten wir einmal tief Luft und überschlugen unsere Finanzen. Ich bin sicher, dass es preiswerte Möglichkeiten gibt, einem Garten ein bisschen Farbe zu verleihen, aber ich bin auch sicher, dass diese Möglichkeiten einen grünen Daumen und viel Aufmerksamkeit und Pflege erfordern. Ich habe wirklich ein bisschen Mitleid mit den Pflanzen, die in unser Haus oder unseren Garten geraten. Mir ist es sogar schon gelungen, Efeu totzupflegen.

Deshalb bin ich dankbar für Gartenmärkte, die spezialisiert sind auf Jungpflanzen, bei denen die halbe Arbeit schon getan ist, bevor wir ins Spiel kommen.

Wenn wir im Gartencenter unseres Vertrauens sind, werden wir gefragt: „Ist es schattig in Ihrem Garten oder eher sonnig? An welche Farben haben Sie denn gedacht? Brauchen Sie auch noch ein paar Bodendecker? Sollen die Pflanzen pflegeleicht sein oder dürfen sie auch ruhig ein bisschen anspruchsvoller sein? Sie haben die Wahl. Wenn Sie nicht wissen, was Sie tun sollen, fragen Sie einfach die Männer oder Frau mit der grünen Schürze, die helfen Ihnen gerne weiter."

Mit großem Vertrauen in die Kompetenz der fähigen Mitarbeiter des Gartencenters lud ich die Kinder ins Auto, und wir machten uns auf den Weg. Sowohl das Gestöhne als auch die vereinzelten Freudenjauchzer ignorierend fuhr ich mit der ganzen Mannschaft ins Gartencenter. Wir kamen dort an, stiegen aus, die einen eifriger als die anderen, und gingen in die Abteilung mit den jungen Containerpflanzen. Bevor ich die Kinder die Pflanzen aussuchen ließ (was mir tatsächlich gelang, auch wenn ich gegen den Drang ankämpfen musste, die Farb- und Pflanzenauswahl zu kontrollieren), riet ich ihnen noch, sich von jemandem aus dem Fachmarkt beraten zu lassen. Dabei gerieten wir an einen Mitarbeiter, nennen wir ihn G. C. (für Gartencenter), dem offenbar völlig egal war, was die Kinder durch ihre Mitarbeit Wichtiges lernen konnten. Entweder das oder er hatte genau so wenig Ahnung wie wir.

Snoopy (immer ganz besonders höflich): „Könnten Sie uns bitte beraten, welche Pflanzen sich für unseren Garten am besten eignen?"
G. C.: „Watsuchtihrdenn? In dem Abschnitt hier Blühpflanzen. Bodendecker da drüben."
Clara: „Es soll richtig hübsch sein."
Boxster vor sich hin murmelnd: „Such einfach was aus, ey, damit wir wieder loskönnen."
Snoopy: „Die pinkfarbenen da sind toll."
Fury: „Ich finde rote schön."
Snoopy: „Rot passt nicht zu Lila. Lass uns die pinkfarbenen nehmen."
Mutter: „Wir müssen aber auch darauf achten, dass sie sich für unseren Garten eignen. Wir müssen nachschauen, ob sie eher einen sonnigen oder schattigen Standort brauchen."
Clara (mit einer Samentüte in der Hand): „Wie wäre es denn mit denen hier? Bitte Mama, lass uns einen richtigen Garten machen."
Fury: „Ich will Rot. Pink ist für Mädchen. Die kriegen immer, was sie wollen."
Mutter: „Immer mit der Ruhe. Wir haben uns doch noch gar nicht für eine Farbe entschieden."
Boxster: „Biiittte, können wir jetzt endlich wieder fahren? Ich habe Brandon gesagt, dass wir uns beim Top Golf treffen."
Snoopy: „Und was ist mit den gelben hier?"
Clara: „Ja, die sehen bestimmt perfekt aus in den Töpfen am Zaun."
Fury: „Gelb ist auch was für Mädchen. Ich will Rot."
Boxster: „Mei-ne-Gü-te. Dann geh ich eben zu Fuß nach Hause."
Mutter (das absurde Statement ihres Ältesten ignorierend): „Fragt bitte den Mann, welchen Standort die Pflanzen brauchen."
Pause
Snoopy (sich umschauend): „Wo ist er denn jetzt hin?"

Irgendwann im Laufe unserer „Diskussion" war G.C. einfach verschwunden. Dort wo er gestanden hatte, stand jetzt Jack, der Extremsammler und -horter mit einem Wagen voller Schätze, die er eingesammelt hatte, während wir miteinander debattiert hatten.

Überwiegend Samentüten.

So, und jetzt eine kleine Lektion in Organisation und darüber, dass man Sachen, die man nicht kaufen will, wieder zurücklegt an ihren Platz.

Ach nee. Das Zeitfenster des Teenagers und des Kleinkindes schließen sich gleich wieder – und wir haben noch nichts erreicht.

Ich spreche also eine andere Mitarbeiterin des Gartencenters an, um ihr unser kleines Einkaufswagenmalheur zu zeigen. Ich entschuldige mich und frage, ob uns jemand helfen könnte, die Sachen wieder einzuräumen. Und sie sagt nicht nur, das sei doch nicht nötig, sondern sie hilft uns auch noch bei der Auswahl unserer Pflanzen. Was für eine nette Verkäuferin! Sie zeigte den Kindern die Schilder an den einzelnen Pflanzen, auf denen jeweils die Pflanz- und Pflegeanleitung steht, und zwar einmal geschrieben und dann noch einmal kundenfreundlich in Form von Bildchen. Wir kaufen außerdem noch einen Sack Pflanzerde und begeben uns dann zur Kasse, um zu bezahlen.

Die Verkäuferin bleibt sogar dort bei uns und kassiert selbst.

Als die Kinder sich mit dem Einkaufswagen auf den Weg zum Auto machen, nimmt sie mich noch einmal kurz beiseite. „Bewahren Sie den Bon gut auf."

„Oh-kaaay", sagte ich. Ich war dankbar, dass sie sich solche Mühe gab, aber ich wusste nicht so genau, worauf sie mit ihrer Bemerkung hinauswollte.

„Wenn das mit den Pflanzen nicht funktioniert ... oder sie eingehen ... also ich will damit natürlich nicht sagen, dass sie eingehen ... ich meine nur ..." Die Ärmste brachte es einfach nicht heraus. „Ich will damit nur sagen, dass wir sie zurücknehmen und sie neue bekommen, wenn Sie Probleme damit haben."

Wie süß. Sie brachte es nicht fertig, ganz direkt zu sagen, was so offensichtlich schien: Die armen Pflanzen, die wir erstanden hatten, hatten soeben ihr Todesurteil erhalten. Sie hatte ja keine Ahnung, genau wie ich bis vor ein paar Monaten auch, dass diese Kinder etwas zustande bringen können. Doch mit ein bisschen Anleitung machen sie es sogar richtig toll. Ich freute mich schon darauf, wie wir uns monatelang an schönen Pflanzen freuen würden. Natürlich mussten wir sie erst noch in die Erde bringen, aber für den Augenblick zeigte das Stimmungsbarometer ein Hoch an, zumindest was diese Aufgabe betraf.

Der Kampf gegen Unkraut in seiner ganzen Vielfalt

Blumen zu pflanzen gehört zu den Aufgaben, bei denen man sofort mit einem sichtbaren Ergebnis belohnt wird. Innerhalb von Minuten, nachdem sie damit fertig waren, konnten die Arbeiter in der von ihnen selbst geschaffenen Schönheit schwelgen. Das Tolle an Blumen, besonders an Containerpflanzen, die oft schon blühen, ist, dass es nicht so sehr darauf ankommt, ob sie künstlerisch in Farbe, Größe und Blütenform zusammenpassen. Sie erfreuen einfach durch die Tatsache, dass sie da sind. Sogar blühendes Unkraut kann eine Augenweide sein.

Leider ist allerdings das Unkraut in unserem Garten nicht von der blühenden Sorte. Es ist die lästige und vermehrungsfreudige und unglaublich schwer zu entfernende. Irgendwie hat es Ähnlichkeit mit unserem Problem der Anspruchshaltung.

Jedes Mal, wenn wir die Haustür öffnen, um das Haus zu verlassen, oder wenn wir nach Hause kommen, werden wir von einem Vorgarten voller sprießender Buchenkeimlinge begrüßt. Im Grunde sind das kleine Bäume, die sich aus einer Riesenmenge Bucheckern unserer großen Buche vor dem Haus im vergangenen Jahr selbst ausgesät haben. Wenn wir uns die Zeit genommen hätten, die Bucheckern zusammenzuharken und zu entsorgen, dann hätten wir jetzt längst nicht so viel Arbeit. Aber warum arbeiten, wenn es nicht unbedingt sein muss? Offenbar hatten genau das auch die

Männer, die den Rasen mähen, gedacht. Sie hatten es sogar geschafft, mit ihren dicken Arbeitsstiefeln die Bucheckern noch tiefer in den Boden zu treten, wenn sie hinter dem Rasenmäher hergehend ihre Bahnen zogen.

Ich muss das Bild, das sich an dieser Stelle geradezu aufdrängt, einfach nutzen: Die Bucheckern, die im Herbst auf dem Rasen lagen, schienen nicht weiter ein Problem zu sein. Sie wurden eigentlich von niemandem bemerkt, es sei denn, man trat barfuss auf eine. Jedenfalls schon ein paar Wochen später sah man sie nicht einmal mehr. Die Eichhörnchen waren so nett, die Bucheckern, die nicht von Raymundo und seinen Leuten in den Boden getreten worden waren, zu verbuddeln, und somit hatten die Bucheckern einen Aus-den-Augen-aus-dem-Sinn-Status. Was man nicht sieht, das ist auch nicht da.

Nun wissen wir aber ja alle, dass das nicht stimmt, besonders nicht im Zusammenhang mit unseren Kindern. Jeden Tag lässt unsere Kultur ihre Saat in das Denken und die Herzen unserer Kinder fallen. Eine Saat der Unsicherheit und Unzulänglichkeit, eine Saat der Habgier und des Konsumdenkens, eine Saat des Egoismus und des Zynismus.

Genau wie bei den Bucheckern sind unsere Bemühungen, diese Eindringlinge zu bekämpfen, effektiver, je früher wir etwas gegen sie unternehmen – das heißt, bevor sie Wurzeln schlagen. Wir können miteinander reden, gemeinsam Strategien entwickeln, um unseren Kindern dabei zu helfen, eine Abwehr gegen die Eindringlinge zu entwickeln.

Es ist nicht fair, dass unsere Kinder heutzutage mit einer solchen Menge negativer Dinge konfrontiert werden, aber ich kann doch nicht so tun, als wären diese Probleme gar nicht da. Ja ich bin sogar entschlossen, wachsam zu sein in Bezug auf die vielen Arten, wie eine Kultur der Mittelmäßigkeit versucht, sich Zugriff auf unsere Familie zu verschaffen. Manchmal finden die Kinder, dass ich dabei ein bisschen übertreibe, und ich glaube auch, dass sie mich für ziemlich prüde halten.

Doch nicht nur die Kultur, in der sie aufwachsen, ist in mancher Hinsicht wie Unkraut, auch in ihrem Innern gibt es ja Unkraut. Nachdem Boxster neulich im Auto erfahren hatte, was seine Schwester zum Abendessen kochen wollte, fragte er: „Warum kaufst du heute Abend nicht für alle was?"

„Weil ich Kartoffelbrei, Hühnchen und Mais kochen will", antwortete sie.

„Kann ich als Beilage Reis haben?", fragte er.

„Nein, du musst das essen, was ich koche", belehrte sie ihn ein bisschen provozierend forsch.

„Ach halt doch einfach die Klappe, Clara", murmelte er daraufhin.

Na, der traute sich was. Aus Sicht der Fahrerin eine alles andere als kluge Wortwahl.

„Hast du gerade gesagt: ‚Halt die Klappe'?

„Ja." (Gott segne ihn für seine Aufrichtigkeit. Ich hoffe, dass er diese tolle Eigenschaft niemals verliert. Er machte keinerlei Anstalten, sich herauszureden oder die Schuld auf seine Schwester zu schieben.)

„Ich will nicht, dass in unserer Familie so geredet wird."

„Was hast du eigentlich? Ich bin *vierzehn*!"

Was sollen eigentlich dauernd diese „Ich-bin-schließlich-in-der-Pubertät!"-Bekundungen? Bekommen Kinder zum dreizehnten Geburtstag etwa einen „Ich-kann-alles-sagen-und-tun,-was-ich-will"-Freifahrtschein?

Wie Sie vielleicht schon vermutet haben, bescherte Boxsters Respektlosigkeit mir und seiner Schwester gegenüber eine kleine „Garten-Session", bei der er zwanzig von unseren ungebetenen Gästen im Vorgarten ausreißen musste. Und da kam mir die Idee, dass unser mit Buchenschösslingen gespickter Vorgarten ja nicht nur eine großartige Möglichkeit für ein auf Abwege geratenes Kind bot, über sein Verhalten „nachzudenken", sondern auch ein klasse Jobangebot für bereitwillige Arbeiter war. Ich bot versehentlich ein Entgelt von 25 Cent pro Schössling für jeden, der sich noch ein bisschen Geld verdienen wollte. Während also Boxster widerwillig seine Schösslinge aus dem Boden zupfte, immer noch vor sich hin murmelnd, dass er doch gar nichts gemacht hätte, sauste der Rest unserer Gang mit Plastiktüten bewaffnet hinaus in den Garten, um Beute zu machen, als wäre Ostern und sie würden Ostereier suchen. Ups! Mein zu großzügiges Angebot wurde sofort korrigiert und ersetzt durch einen Lohn pro Tüte.

Von den Autos, die vorbeifuhren, hupten ein paar meiner Arbeitsmannschaft aufmunternd zu. Jedes der Kinder sammelte eine Tüte voll, außer Fury, der drei prall gefüllte Tüten ablieferte. Er mag ja bockig und stur sein, aber arbeiten kann der kleine Kerl wirklich!

Als ich meinen Kindern so beim Arbeiten zuschaute, drängte sich der Vergleich mit ein paar hartnäckigen Unkräutern im Leben, die in jedem Alter sprießen, geradezu auf. Ach könnte man diese Unkräuter doch nur genauso leicht auszupfen wie die Buchenschösslinge in unserem Vorgarten. Wie gerne würde ich Hand anlegen, wenn es um diese ungebetenen Gäste geht. Sie wissen schon: Augen verdrehen, Angst und Unsicherheit, die „Alles-dreht-sich-um-mich"-Haltung, Gleichgültigkeit – und sie mit Stumpf und Stiel ausreißen. Ich möchte sie allesamt entfernen, damit andere, sehr viel positivere Eigenschaften ungehindert wachsen können und nicht von den ungebetenen Eindringlingen erstickt werden.

Und ich würde mich auch nicht damit begnügen, nur das Schlechte auszurupfen, sondern das Gute muss ja auch gedüngt werden. Ich muss sie bei ihren Stärken ansprechen – Boxster beispielsweise bei seiner wild entschlossenen Loyalität und seiner bewundernswerten Aufrichtigkeit; Fury bei seiner hervorragenden Arbeitseinstellung, und zwar durch verstärkende Maßnahmen sinnvoller Arbeit und Verantwortung. Dadurch beweise ich ihnen, dass meine Bewunderung für die Fähigkeiten, die sie von Gott geschenkt bekommen haben, und mein Glaube daran nicht nur ein Lippenbekenntnis ist. Wenn Selbstvertrauen und Charakterstärke in ihnen Wurzeln schlagen, dann finden sie vielleicht auch die Kraft, die Selbstzweifel abzuwehren, die zu destruktivem Verhalten führen.

Das Unkraut hatte heute die Form eines höchst zweifelhaften Umgangstons. Nach Aussage des Übeltäters war seine Ausdrucksweise noch gar nichts im Vergleich mit der in seinem Freundeskreis. Es muss allerdings hier eingeräumt werden, dass der Junge auf diesem Gebiet eigentlich auf einem ganz guten Weg ist, aber rechtfertigt sein Verzicht auf richtiges Fluchen, dass er es an anderer Stelle dann nicht ganz so genau nimmt mit einer angemessenen Sprache? Er findet, dass ich ihn wie ein Baby behandele, wenn ich mich auf so etwas stürze. Ich sage ihm dann, dass die Erwachsenen in seinem Leben, vor denen er Respekt hat, nicht solche Worte in den Mund nehmen und dass diese Art von Sprachgebrauch ja nicht akzeptabler wird, nur weil man älter wird.

Ich glaube, dass meine Kinder eigentlich tief in ihrem Innern solche klaren Grenzen mögen. Selbst die Teenager unter ihnen, ob sie es zugeben oder nicht.

Aber vielleicht habe ich in diesem konkreten Fall ja auch wirklich ein bisschen überreagiert. Schließlich bin ich auch alles andere als vollkommen. Strapazierte Nerven am Ende eines langen Tages können mich zu einer Durchsetzerin erster Güte machen. Aber auch daran können sich die Kinder gleich gewöhnen, denn wie bereits gesagt, das Leben ist nicht fair. Es gibt immer wieder Situationen, in denen ein Lehrer, ein Chef ein Freund und ja, auch eine Mutter überreagiert oder sich ein wenig irrational verhält, und sie müssen lernen, damit umzugehen.

Angesichts all dessen sehe ich den Garten auch mit ganz neuen Augen. Er sorgt nicht nur für ein von Natur aus produktives Umfeld, das sie körperlich fordert, weil sie darin richtig schuften können und die Ergebnisse ihrer Arbeit sofort sehen können, sondern er ist auch ein hervorragender Ort, um Konsequenzen für weniger wünschenswertes Verhalten erfolgen zu lassen.

Sinnvolle Arbeit

Als wir vor einiger Zeit einmal mit unseren Freunden Scurry und Barbara zusammen essen waren, erzählte mir Barbara, was Michael Gurians, Autor des Buches *The Wonder of Boys*, bei einer Veranstaltung in der Schule ihrer Kinder gesagt hatte. Wenn die Eltern aus dem, was er vorgetragen habe, einen konkreten Rat ableiten wollten, so hatte er gesagt, dann dass sinnvolle Arbeit für das geistliche und psychische Wohl ihrer Söhne unendlich wichtig sei, mit Betonung auf *sinnvoll*.

Dem fügte Barbara Folgendes hinzu: „Je mehr ich über diesen Rat nachgedacht habe, desto klarer ist mir geworden, wie überzeugend er ist. In unserer Gesellschaft wird von Kindern im Allgemeinen nicht verlangt, dass sie in der Familie und in ihrem Umfeld sinnvolle Aufgaben übernehmen und dadurch mithelfen. Man erwartet von ihnen eigentlich nicht mehr, als dass sie sich in der Schule anstrengen, ihren Freizeitaktivitäten wie Sport und Ähnlichem nachgehen und keinen Ärger machen. Früher hatten Jungen und auch Mädchen Pflichten und Aufgaben, weil das einfach wichtig war für das Überleben und Wohlergehen der Familie. Die Tatsache, dass ein Kind seinen Beitrag leistete, sorgte für Selbstwertgefühl, Vertrauen, etwas zu können, und das Gefühl, wichtig zu sein. Die Kinder identifizierten sich mit dem Wohlergehen der Familie, und sie wussten auch, dass es der Familie schlechter ging, wenn nicht *jedes* Familienmitglied seinen Beitrag leistete und mithalf."

Und dann schilderte Barbara den Kontrast, wie es in der heutigen Gesellschaft zugeht: „Ein schockierend hoher Prozentsatz von Kindern in der heutigen Zeit leidet an Depressionen und anderen psychischen Problemen. Vielleicht ist das ein Symptom unserer materialistischen, verwöhnenden Kultur mit ihrer extremen Anspruchshaltung. Vielleicht bekommen unsere Kinder gar keine echte Chance mehr, Selbstgefühl zu entwickeln, das Gefühl, etwas zu leisten und einen sinnvollen Beitrag zu leisten."

Ihre Worte machten mich betroffen, als ich darüber nachdachte, welche Auswirkungen es hat, Kinder in ihrer Unselbstständigkeit und Anspruchshaltung zu unterstützen, und wie es sich im Gegensatz dazu auswirkt, wenn wir sie fürs Leben ausrüsten und fit machen. Dieses Experiment, das wir zurzeit durchführen, ist mehr als nur ein Spiel oder eine Erziehungsstrategie. Es ist ein entscheidender Beitrag zum seelischen Wohl meiner Kinder.

Aushilfe gebraucht – melden Sie sich bei der Geschäftsleitung

Meine Jobangebote hängen jetzt schon seit Wochen am Schwarzen Brett und endlich habe ich einen Interessenten! Weil Boxster Geld braucht, um seine monatliche Handyrechnung zu bezahlen, sucht er dringend ein, zwei Jobs. Ich zeigte auf die Stühle auf unserer Veranda vor dem Haus, die ganz offensichtlich eine Verjüngungskur brauchten. Sie haben wirklich schon bessere Zeiten gesehen. Gäste, die auf ihnen Platz nehmen, müssen sich beim Aufstehen meistens abgeblätterte Farbe aus den Kleidern klopfen.

Die Aufgabe erforderte eine weitere Fahrt zum Baumarkt. Dort angekommen, stellte ich fest, dass weiße Schaukelstühle für die Veranda für 83 Dollar im Angebot waren.

Es war ein sehr beglückendes Gefühl zu wissen, dass unsere Stühle zu Hause auf der Veranda schon in wenigen Stunden auch wieder so frisch und gepflegt aussehen würden, aber ich hörte Jon auch förmlich sagen: „Für das Geld, das es kostet, die alten aufzumöbeln, könnte man genauso gut neue kaufen. Besonders auch, wenn man bedenkt, wie viel Zeit es kostet, die Stühle erst abzuschleifen und neu zu streichen."

Rein wirtschaftlich gesehen hatte er wahrscheinlich recht, und es ist genau die Sichtweise, die uns von so manchem charakterbildenden Projekt für die Kinder abgehalten hat. Ich schaute die schönen neuen Stühle in dem Baumarkt an und verglich sie mit der Vorstellung, wie stolz Boxster dastehen würde, wenn er sein fertiges Werk der renovierten Stühle betrachtet, und wie das Ganze seinen Charakter und sein Selbstwertgefühl stärkt. Manche Dinge lassen sich eben nicht in einer einfachen Kosten-Nutzen-Rechnung erfassen, und manche Dinge kann man nicht kaufen, auch nicht mit Hilfe von Nachhilfelehrern, Trainern und Mentoren.

Der Verkäufer in der Farbenabteilung im Baumarkt rüstete uns mit einem Schmirgelschwamm aus, einem Liter matt glänzendem Lack, Pinseln und einer billigen Plastikplane. Boxster scannte unsere Sachen an der Selbstbedienungskasse ein und dann waren wir auch schon wieder auf dem Heimweg.

Als wir dort ankamen, bettelte eine weitere Interessentin darum, helfen zu dürfen. Boxster war nicht gerade begeistert von der Vorstellung, seinen Verdienst mit jemandem teilen zu müssen, aber geteilte Arbeit macht die Last eigentlich fast immer leichter. Ich half ihnen am Anfang ein wenig, indem ich ihnen zeigte, wie man Stühle abschmirgelt, dann den Staub entfernt, der dabei entsteht, und danach die Stühle streicht, ohne dass dabei „Nasen" entstehen und die Farbe überallhin tropft.

Das Projekt begann mit jeder Menge Gejammer:

„Mir ist heiß!"

„Von Schmirgeln hat sie nichts gesagt. Wenn ich das gewusst hätte, hätte ich mir diesen Job niemals ausgesucht."

„Du machst das falsch."

„Hey, das da war mein Platz."

„Hör auf, so mit der Farbe herumzukleckern!"

„Das dauert ja ewig."

Ich entschuldigte mich und entfernte mich vom Ort des Geschehens. Kurz darauf schloss sich auch noch unsere fast achtzehnjährige Nichte den beiden an und begann, einen der Stühle abzuschmirgeln, aber sie hielt es nur etwa fünf Minuten mit den beiden Streithähnen aus. Weil meine Kinder eine dermaßen üble Einstellung und Stimmung hatten, war ich gezwungen, mich wieder ins Geschehen einzumischen. Ich war drauf und dran, den beiden einen Vortrag über Zusammenarbeit ohne Nörgelei und Gemecker zu halten, und als Zugabe hatte ich mir außerdem noch eine kleine Predigt zum Thema „Sagt einander nur Dinge, die euch gegenseitig aufbauen" überlegt.

Aber daraus wurde dann doch nichts, denn ich wurde komplett ausgebremst.

„Wir meckern uns nicht mehr an, Mama", informierte mich Clara.

„Ja, wir haben aufgehört", bestätigte Boxster. „Eigentlich bin ich sogar froh, dass sie hilft. Sie ist echt gut im Schmirgeln. Dafür kann ich besser streichen ..."

„Hey!", verteidigte sie sich, musste dann aber selbst lachen.

Ich fand es großartig, wie sie sich vertrugen. Ich schaute ihnen zu und stellte mir vor, wie sie wohl als Erwachsene miteinander umgehen werden. Sie wissen es zwar jetzt noch nicht, aber sie werden für den Rest ihres Lebens beste Freunde sein ... wenn sie den heilenden Balsam der Liebe auf die Wunden streichen, die sich Geschwister nun mal unweigerlich gegenseitig zufügen. Ich hoffe, dass das gelingt. Es sind zwei der tollsten Menschen, die ich kenne, irgendwo ganz tief in ihrem Innern. Natürlich könnten wir gut auf all das an der Oberfläche verzichten, was die Sicht auf die tollen Aspekte versperrt, aber ich weiß, dass mit zunehmendem Alter vieles davon verschwindet.

Was diesen Tag anging, so hatten sie jedenfalls ein bisschen Geld verdient und außerdem ein paar Probleme zwischen Geschwistern gelöst. Sie hatten eine Aufgabe begonnen und zu Ende gebracht und den faulen Nachmittag produktiv genutzt. Und um all dem die Krone aufzusetzen, haben sie die Früchte ihrer Arbeit jeden Tag vor Augen, wenn sie aus dem Auto steigen und ins Haus gehen.

Die Stühle erinnern mich nun tagtäglich daran, meine Kinder auszurüsten und fit zu machen für den Alltag und fürs Leben. Sie sind eine Mahnung, ihnen zu zeigen, wie man etwas macht, vielleicht sogar die ersten Schritte in dem Projekt mit ihnen gemeinsam zu gehen, sie aber dann wirklich selbst machen zu lassen und nur zu helfen, wenn ich darum gebeten werde. Ich muss über die verkleckerte Farbe, die vergessenen Stellen, die schlechte Einstellung, Gemecker, einfach übergepinselten Dreck, verpasste Chancen und so vieles mehr hinwegsehen und mich auf das unglaubliche Resultat der Anstrengung meiner Kinder konzentrieren. Wenn ich meine eigenen Vorstellungen loslasse und aufhören kann, mir Sorgen darüber zu machen, was die anderen Leute wohl von mir und meinem Erziehungsstil halten, dann weiß ich die echte Entwicklung und das Wachstum besser zu schätzen, das da gerade stattfindet. Und ich bin so dankbar für das Selbstwertgefühl, das durch dieses vom Gartendoktor verordnete Experiment entsteht. Das störende Unkraut hat keine Chance gegen die durch Selbstvertrauen gestärkten Schösslinge des Verantwortungsgefühls, die überall sprießen.

Rückspiegel-Momente

Ich glaube, mein Hang zu reflexartiger Beihilfe in Sachen Unselbstständigkeit lässt langsam nach. Aber warum ist es nur *so* viel einfacher, Dinge schnell selbst zu machen? Am schlimmsten bin ich da bei meinem Ältesten. Vom Betütern seiner Launen über die Jobsuche, über das Organisieren seiner Hausaufgaben bis hin zu ..., nun, die Liste ließe sich beliebig fortsetzen. In manchen Bereichen habe ich dieses Beihilfeverhalten schon ganz und gar eingestellt, aber je mehr ich es einstelle, desto klarer wird mir, an wie vielen Stellen ich es immer noch praktiziere.

Während Snoopys Volleyballspiel gestern Abend hatte ich ein herrliches Gespräch mit einer klugen Großmutter, die gekommen war, um ihre Enkelin anzufeuern. Irgendwann kamen wir auf das Thema Sommerferien zu sprechen. Ich erzählte ihr von unserem Experiment, wie es sich in den vergangenen Monaten entwickelt hatte, und dass unsere beiden Ältesten in den Sommerferien arbeiten würden.

Daraufhin sagte sie, Arbeit sei etwas ganz Großartiges für das Selbstwertgefühl von Kindern, und sie sei sehr besorgt darüber, wie wenige Kinder überhaupt noch die Chance bekämen, diese positive Erfahrung zu machen. Rückblickend auf die Erziehung ihrer eigenen Kinder fügte sie noch hinzu: „Selbstwertgefühl aufzubauen und das Bedürfnis des Kindes nach bedingungsloser Liebe zu befriedigen – das sind die entscheidenden Faktoren in der Erziehung."

Bedingungslose Liebe … für ein Kind ist der Gedanke: „Ich habe dich lieb, egal, was du tust", nur schwer zu glauben. Wie oft verstehen sie es falsch, wenn wir sie umlenken, korrigieren oder sogar ermahnen und denken dann, dass wir nicht an sie glauben, dass wir ihnen nichts zutrauen und sie nicht lieb haben.

Die ältere Dame ermutigte mich zum Durchhalten.

Wahrscheinlich ist der Schlüssel zum Erfolg, einfach immer weiterzumachen in dem Wissen, dass sie es irgendwann kapieren. Ich merke, wie wichtig es ist, dieses „Ich hab dich lieb und ich vertraue dir" auch ganz praktisch zu zeigen, indem wir sie immer ein bisschen mehr loslassen, ihnen die sprichwörtlich „lange Leine" lassen. Für einen genesenden Kontrollfreak wie mich ist das gar nicht so einfach. Ich könnte mir viel besser anhören, was sie über Musik, Filme und Freunde denken und ihnen Vertrauen entgegenbringen, wenn ich mich zurücknehme und sie einfach lasse. Damit gebe ich ja nicht das Recht auf, an manchen Stellen auch zu kontrollieren, was sie tun (egal, ob wir ihre Telefon- und Internetkosten für sie zahlen oder sie es schon selbst tun, wir behalten uns das Recht auf Einblick in ihre virtuelle Kommunikation vor), aber ich kann sie gegebenenfalls damit belohnen, dass ich ihnen mehr Verantwortung und Selbstständigkeit zugestehe.

Sie sind wirklich alt genug. Seit Jahren suche ich nach Gelegenheiten, bei denen sie zeigen können, was sie schon alles können, und ihre eigenen Flügel benutzen. Ich habe immer versucht, eine Mutter zu sein, die nicht auf ihren Kindern hockt, aber anscheinend ist mir das doch nicht so gut gelungen, wie ich gedacht habe. Jetzt, da mir die Augen geöffnet worden sind, werde ich nach neuen Chancen Ausschau halten, wie meine Kinder sich selbst ausprobieren und noch selbstständiger werden können.

:::: WAS SIE IN DIESEM MONAT GELERNT HABEN
- Man muss Unkraut mit der Wurzel ausreißen, sonst ist die Arbeit umsonst.
- Arbeit für einen bestimmten Zweck macht mehr Spaß als Arbeit, die als Strafe für irgendetwas eingesetzt wird.
- Teamwork und Lachen erleichtern die Arbeit.
- Wer arbeitet, macht Reibach; und es macht Spaß, einen Teil davon für Süßigkeiten auszugeben. (Ihnen ist nicht klar, dass der größte und wirkliche Lohn nichts mit Geld zu tun hat.)

:::: WAS ICH IN DIESEM MONAT GELERNT HABE
- Meine Kinder blühen auf, wenn ich viel von ihnen erwarte.
- Die Teenagerjahre bieten tolle Chancen, Selbstvertrauen und Verantwortungsgefühl zu fördern.
- Sinnvolle Arbeit, und nicht Arbeit zum Selbstzweck, ist ein Geschenk – sowohl für meine Kinder als auch für mich selbst.

AUFGABE 4

Arbeiten, um zu leben

Die Suche nach einem bezahlten Job

> *Wenn Sie möchten, dass die Kinder mit beiden Beinen auf der Erde bleiben, dann legen Sie ihnen Verantwortung auf die Schultern.*
> Abigail Van Buren

Bei meinem Marathon als Mutter habe ich an manchen Tagen genau wie bei einem echten Marathonlauf das Gefühl, „gegen die Wand" zu laufen. Laut der Zeitschrift *Runner's World,* nennt sich dieser Zustand „Hungerast". Folgendermaßen wird dieses Phänomen beim Sport beschrieben:

Es heißt, Chiang Kai-schek sei noch im Schlafanzug gewesen, als er die Nachricht von der Meuterei in seiner Armee bekommen habe. Die Wahrscheinlichkeit ist groß, dass man auf die Meuterei des eigenen Körpers – den „Hungerast" – ähnlich unvorbereitet ist. Und wir sprechen hier nicht von einem simplen Wadenkrampf oder davon, dass man ganz normal langsamer wird, wenn sich Milchsäure im Muskel aufbaut, oder von den Muskelschmerzen, die manchmal beim Bergablaufen auftreten. Marathonläufer bezeichnen den „Hungerast" auch als „gegen die Wand laufen", aber eigentlich ist es eine Form von Aufruhr. Auf die eine oder andere Weise wird daraus ein Zusammenbruch des gesamten Systems: Körper und Form, Hirn und Seele ...

Und dann gibt es noch den „Hungerast" mit kleinen lila Männchen. „Nach etwa 20 Kilometern sah ich plötzlich kleine lila Männchen an den Seiten dieser Klippen auf und ab rennen", sagt Mark Tarnopolsky, ein führender Wissenschaftler und Ausdauersportler. „Ich wusste, dass es eine Halluzination war, aber ich bin trotzdem mitten im Rennen stehen geblieben, um sie anzuschauen", sagt er. „Es war schon ziemlich verrückt."[9]

Ich schwöre, dass ich neulich ebenfalls kleine lila Männchen über den Fußboden habe rennen sehen, als ich Schiedsrichterin bei einem heftigen Streit zwischen Boxster und Fury war. Wir sagten alle drei völlig lächerliche Sachen. Sie beschuldigten sich gegenseitig und wir gingen alle frustriert und verletzt auseinander.

Obwohl mir bewusst war, dass das zum normalen Leben als Mutter dazugehört, rauben mir solche Szenen den letzten Rest von Kraft, und ich „laufe gegen die Wand". Dann brauche ich dringend eine Neuorientierung und Ermutigung. Wir beginnen unseren vierten Monat des Experiments, bei dem unsere Kinder an den Arbeiten in Haus und Familie beteiligt werden – also mehr mithelfen müssen. Das ist für uns alle in vielerlei Hinsicht anstrengend, und zwar in erster Linie wahrscheinlich deshalb, weil wir dabei Muskeln benutzen, von denen wir bis dato gar nicht wussten, dass wir sie haben.

Bei jeder kleinsten Steigerung unserer Erwartungen an sie, die in dem Experiment schrittweise stattfinden, sind die Kinder wieder frustriert, weil sie das Gefühl haben, mit der Erledigung der Aufgabe, die sie gerade hinter sich haben, sei es genug und es reiche jetzt. Sie sind immer wieder völlig fassungslos, wenn wir dann noch eine Aufgabe für sie haben, selbst wenn es etwas ganz Einfaches ist und vielleicht sogar etwas, das Spaß macht. Und für mich ist es aus zwei Gründen immer wieder besonders schwer,

---

[9] Paul Scott, „The Science Behind Bonking", Runner's World, March 1, 2004. www.runnersworld.com/article/0,7120,s6-242-301--6263-0,00.html.

mit dem Experiment weiterzumachen: erstens wegen der ständigen Anforderung, die Aufgaben durchzuziehen, und zweitens, weil ich mich selbst dabei ertappe, wie ich meine Motive infrage stelle. Gebe ich ihnen diese Aufgaben nur deshalb, weil ich eine Liste gemacht habe und mich jetzt verpflichtet fühle, die Sache auch durchzuziehen? Behandele ich sie wie Laborratten, an denen ich meine Theorien beweisen will? Mache ich das alles nur, um Stoff für meinen Blog zu haben?

Wir sind also im Augenblick alle ein bisschen erschöpft und unsere Muskeln brennen. Dabei weiß ich, dass der Marathon der persönlichen Verantwortung noch nicht einmal angefangen hat, sondern wir immer noch im Training sind. Und ich weiß, dass es von entscheidender Bedeutung ist, weiterzutrainieren und trotz der Schmerzen durchzuhalten, damit sie das Rennen allein und selbstständig bestreiten können, wenn es beginnt. Ich muss mir klarmachen, dass sie in erster Linie deshalb durchhalten und die Ziellinie erreichen können, weil sie jetzt Arbeit und Mühe investieren.

Das Wissen darum verhindert aber trotzdem nicht den alltäglichen Frust und Schmerz.

Völlig frustriert darüber, wie halbherzig ich meine Aufgabe wahrnehme, machte ich mich auf den Weg zu einem Essen, zu dem mein Mann und ich schon vor Wochen eingeladen worden waren. Jon blieb dann letztlich doch zu Hause, weil er noch so viel Arbeit hatte. Also ging ich allein. Dankbar für diese Ablenkung nutzte ich nicht nur die Gelegenheit, einmal aus dem Haus zu kommen, sondern ich beschloss darüber hinaus auch noch, meine aufgestauten Aggressionen abzubauen, indem ich mit dem Fahrrad fuhr. Es machte mir nicht einmal etwas aus, dass es draußen beinahe 40 Grad heiß war.

Eine der Gastgeberinnen des Essens war eine Freundin von mir, aber ich wusste nicht, ob ich außer ihr sonst noch jemanden dort kannte. Die Gruppe von Autoren, Pädagogen, Philosophen und Ärzten trifft sich ein paar Mal pro Jahr, um über den Zusammenhang zwischen gesellschaftlich relevanten Themen und dem Glauben zu sprechen. Ich wusste nicht so genau, wieso ich dazu eingeladen worden war, aber ich war dankbar für die Abwechslung von der Familie.

Als ich verschwitzt vom Radfahren am Ziel ankam, suchte ich die Menge fremder Gesichter nach dem vertrauten meiner Freundin ab und entdeckte sie schließlich in der Küche. Sie schob mich rasch weiter zu ein paar gemeinsamen Freunden, die ich seit Jahren nicht mehr gesehen hatte. Um ein bisschen an das Leben der Freunde anzuknüpfen, fragte ich nach ihren Kindern.

„Unser Dritter ist gerade mit dem College fertig", berichtete der Freund. „Bleiben also nur noch zwei."

„Bitte sag mir, dass man es überleben kann", flehte ich ihn an, immer noch in Gedanken bei dem Streit, den ich zu Hause hinter mir gelassen hatte.

„Du wirst es überleben. Ganz bestimmt. Unser Ältester war wirklich *jahrelang* eine tägliche Herausforderung für uns. Du würdest staunen, was für ein unglaublich erwachsener junger Mann aus ihm geworden ist. Die Zeit, in der sich die Kinder gegenseitig die Köpfe eingeschlagen haben, ist vorbei. Und das wird auch bei euch irgendwann so sein."

„Ich bin mir nicht sicher, ob ich es heil überstehen werde", sagte ich und gab dem Schmerz des „Hungerastes" nach.

„Ich möchte dir zwei Fragen stellen", sagte der Freund. „Erstens, wie ist er in der Schule?"

„Na ja, eher mittelprächtig", seufzte ich. „Er hat das Lernen ganz sicher nicht erfunden."

„Okay. Und was ist mit Freunden? Sind seine Freunde nett? Trifft er gute Entscheidungen in Bezug auf Leute, mit denen er zusammen ist?"

„Hm. Ja, da besteht vielleicht schon eher ein bisschen Hoffnung. Eigentlich ja. Er hat nette Freunde. Er ist weder ein Anführer noch super beliebt, aber er ist einfach insgesamt ein guter Junge." Ich hätte das jetzt noch etwas genauer ausführen können, hätte von seiner Integrität erzählen können und dass er gute

Entscheidungen trifft unabhängig davon, was die Mehrheit denkt und tut, aber ich ließ es.

„Es wird alles gut werden", sagte der Freund. „Es liegen vielleicht noch ein paar frustrierende Jahre vor dir, aber bleib einfach am Ball, mach weiter so, und lass dich durch Rückschläge nicht allzu sehr entmutigen. Ich verspreche dir, dass Licht am Ende des Tunnels ist."

Schon allein diese paar wenigen Worte waren Balsam für meine Seele. Die „frustrierenden Jahre" hätten vielleicht ein Wermutstropfen sein können, aber ich will ja gar keine rosarote Brille. Wenn mir jemand sagt, wie es ist, kann ich damit gut leben. Bei der Erziehung meiner Teenager möchte ich nur wissen, was „normal" ist. Wenn wir uns in einer Gefahrenzone befinden, dann möge man mir das bitte sagen, damit wir uns nach passender Hilfe umschauen können. Ich war sehr dankbar für die Klarheit meines Freundes.

Hat Ihr Kind Freunde, die in Ordnung sind? Dann ist alles in Ordnung. Auch dann wird es haarsträubende Auseinandersetzungen und jede Menge Ärger geben, aber das ist in Ordnung. Fragwürdige Freunde? Das ist eine gelbe, vielleicht sogar eine rote Warnflagge. Beachten Sie die Warnsignale und unternehmen Sie etwas, bevor schlechte Entscheidungen lebenslange Folgen haben. Ich weiß, dass das nicht die einzigen Sorgen sind, mit denen wir als Eltern fertig werden müssen, aber für diesen Abend machte mir die Versicherung, dass unsere Probleme normal waren, neuen Mut.

Als ich dann zum Essen am Tisch Platz nahm, tauschte ich mit den unbekannten Menschen neben mir erst Nettigkeiten aus und nachdem sie dann erfahren hatten, dass wir fünf Kinder haben und in welchem Alter sie sind, ging es um ein ganz ähnliches Thema wie vorher mit dem befreundeten Ehepaar. Weil das besagte Ehepaar ebenfalls fünf Kinder hatte (von denen das jüngste 22 Jahre alt war), hatten auch sie beruhigende und Mut machende Worte für mich, obwohl ich mich eigentlich gar nicht beklagt hatte. „Sie schaffen das. Lassen Sie nur nicht zu, dass diese Phase die Art Ihrer Beziehung zu Ihren Kindern bestimmt."

Diese Bemerkung gefiel mir: „Lassen Sie diese Phase nicht die Art Ihrer Beziehung zu Ihren Kindern bestimmen." Wow, diesen Rat muss ich sacken und in meinem Innern Wurzeln schlagen lassen, damit ich mich immer wieder und möglichst oft daran erinnere. Ich hoffe, dass mir diese Worte beim nächsten Mal rechtzeitig einfallen, wenn die Wellen wieder einmal hochschlagen.

Wahrscheinlich brauchen wir beim Mutter-Marathon genau das immer wieder: ermutigende, aber auch realistische Worte von Eltern, die diesen Weg schon hinter sich haben. Solche Worte sind vielleicht keine Kohlehydrate oder Eiweißshakes, aber kluge Worte der Ermutigung sorgten an diesem Abend auf jeden Fall dafür, dass ich irgendwann über den Berg war. Ich glaube aber auch, dass das Fahrradfahren seinen Teil dazu beigetragen hat.

Zeit also, die nächste Steigung in Angriff zu nehmen, den Hügel einer richtigen, offiziellen Anstellung.

An die Maschinen, Arbeiter!

„Was möchtest du denn diesen Sommer arbeiten? Willst du dich wieder um den Job im Jugendzentrum kümmern oder lieber Zeitungen verkaufen?", frage ich Boxster.

„Ich suche mir gar keinen Job, Mama!", lautet seine Antwort, die begleitet ist von einem entnervten Augenrollen in Richtung eines Freundes, der neben ihm auf der Rückbank im Auto sitzt. Ja, wir sitzen wieder mal im Auto, und vielleicht habe ich ihn gerade eben vor seinem Freund bloßgestellt. Warum lerne ich es eigentlich nicht, solche Gespräche lieber nicht in Gegenwart von Freunden der Kinder zu beginnen?

Trotzdem war Boxsters Antwort ziemlich provozierend, besonders angesichts der Tatsache, dass wir dieses Thema eigentlich schon durchhatten.

„Du suchst dir auf jeden Fall einen Job", sage ich. „Du weißt doch inzwischen, dass Arbeit nicht immer Spaß macht, wir aber trotzdem alle arbeiten müssen."

Schweigen.

„Suchst du dir denn einen Job für den Sommer?", frage ich Boxsters Freund und füge noch hinzu, dass es doch vielleicht Spaß machen könnte, wenn sich die beiden zusammen etwas suchten.

„Ach, ich mache alle möglichen Sachen an unserem Haus. Ich gehe im Sommer nicht arbeiten." Er überlegt einen Augenblick und fügt dann noch hinzu: „Außer, es hat etwas mit Golf zu tun."

Wieder ein Punkt für Boxsters Argument, dass von seinen Freunden kein einziger arbeiten muss.

Trotzdem werde ich mich an diesem Punkt nicht umstimmen lassen. Er hat vergessen oder vielleicht gar nicht gemerkt, wie sehr er im letzten Jahr von seiner Arbeit bei Youth Believing in Change (YBC) in einem Jugendzentrum vor Ort profitiert hat, bei der er mit Kindern aus sozial benachteiligten Familien und mit Flüchtlingskindern gearbeitet hat. Was diese Zeit in dem Jugendzentrum ihm gebracht hat? Eine große Portion Selbstwertgefühl. Ich hätte monatelang herumtricksen müssen und trotzdem in dieser Hinsicht niemals einen solchen Erfolg erzielt.

Die Jugendlichen arbeiteten dort jeweils zwei Tage die Woche mit, wobei Arbeitsbeginn um 7:30 Uhr morgens und Arbeitsschluss gegen 14:30 Uhr nachmittags war. In dem Jugendzentrum gibt es Ferienfreizeitangebote und Aktionen für Kinder und Jugendliche, deren Eltern während der Zeit der langen Sommerferien arbeiten müssen, und zwar von Musik und Lesen bis hin zu Spielen und Ausflügen. Boxster hatte bei den Vorschulkindern mitgeholfen, einer Gruppe supersüßer Kinder, zu denen auch sein Sommer-Erzfeind Raymund gehörte.

Raymund als Energiebündel zu bezeichnen wäre die Untertreibung des Jahrhunderts. Er kennt eigentlich nur ein Tempo: Vollgas. Der Tag, der Boxster wohl am besten in Erinnerung bleiben wird, war der Tag mit einem Zwischenfall, der mit Raymond und Pipi zu tun hatte. Boxster musste die Angelegenheit ganz allein regeln, und zwar inklusive eines Wechsels von Raymunds eingepinkelten Klamotten, dem Desinfizieren des Fußbodens und dem Unterbinden von Lästerattacken gegen Raymund.

Trotz allem hatte dieses Horrorerlebnis aber auch etwas Positives. Zunächst einmal wurde Boxsters Geschichtenrepertoire um eine unterhaltsame, ans Heldenhafte grenzende Episode erweitert und zweitens begann die Saat des Selbstwertgefühls bei Boxster zu keimen, denn er weiß jetzt, dass er auch mit einer ziemlich unappetitlichen Angelegenheit fertig werden kann. Mal ehrlich – hätten wir als Erwachsene uns um eine solche Aufgabe gerissen? Ich mag ja nicht einmal bei meinen eigenen Kindern gern diese Art von Malheur beseitigen, geschweige denn bei einem fremden Kind. Boxster hat etwas Schwieriges – in seinem Alter sogar besonders Schwieriges – gemeistert und dadurch das befriedigende Gefühl erlebt, das sich einstellt, wenn man eine echte Herausforderung bestanden hat.

Auch letzten Sommer wollte er erst nicht arbeiten, hat es dann aber doch getan. Und dieses Jahr wird es wieder so sein.

Um es noch einmal klarzustellen: Unsere Definition von *Arbeiten* ist nicht acht Stunden am Tag, fünf Tage die Woche. Ferienarbeit bedeutet lediglich, einer anderen Autorität als der der Eltern unterstellt zu sein, sich an einen vorgegebenen Zeitplan halten zu müssen und in irgendeiner Form für die Arbeit entlohnt zu werden. Weil unsere Kinder noch alle unter sechzehn sind, kümmern wir uns um den finanziellen Aspekt und betrachten ihren Einsatz eher als so etwas wie ein Praktikum.

Manchmal frage ich mich, wieso wir uns damit solche Umstände machen, statt einfach bei uns zu Hause Arbeitsmöglichkeiten zu schaffen. Aber so wichtig wir es auch finden, das Verantwortungsgefühl fähiger Kinder zu fördern, indem wir sie an den Arbeiten im Haushalt beteiligen, so ist es doch noch einmal etwas ganz anderes und auch sehr Wichtiges, einem anderen Erwachsenen als den eigenen Eltern unterstellt zu sein. Es ist ja nicht nur so, dass ein neutraler Chef die Freiheit hat, von einem Kind die größtmögliche Leistung einzufordern, sondern Jugendliche leisten meistens auch mehr für Leute, die nicht zur Familie gehören. Wie oft haben wir es schon erlebt, dass unsere Kinder sich hervorragend benommen und sich unglaublich angestrengt haben, wenn sie für jemanden gearbeitet haben, der nicht zur Familie gehörte. Manchmal wünschte ich, sie würden sich wenigstens hin und wieder auch zu Hause so viel Mühe geben. Aber dann wieder bin ich auch einfach nur dankbar, dass sie sich in meiner Gegenwart sicher und wohl genug fühlen, auch ihre nicht ganz so schönen Seiten zu zeigen.

Es spricht vieles dafür, dass sich Kinder, die bis zum Erwachsenenalter relativ isoliert innerhalb der sicheren Grenzen eines liebevollen Zuhauses aufwachsen, auf ein böses Erwachen einstellen müssen. Ann Burnworth, Leiterin der Youth Resources Southwestern Indiana stellt in einem Artikel fest: „Die meisten Eltern betrachten es doch als ihre Hauptaufgabe, dafür zu sorgen, dass ihre Kinder ein gutes Selbstgefühl und ein starkes Selbstwertgefühl entwickeln. Nach einer Kindheit, die geprägt ist von der Stärkung des Egos durch Lob und Anerkennung erleben viele junge Erwachsene dann den Schock des ‚Erwachsenseins'."

Und sie fährt fort: „Als Eltern sind wir es unseren Kindern schuldig, ihnen zu zeigen, wie man mit Kritik umgeht, um sie auf den Tag vorzubereiten, an dem eine solche Kritik nicht so behutsam vorgebracht wird, wie wir – oder sie – es gern hätten, und dieser Tag wird unweigerlich kommen. Der erste Schritt, um das zu erreichen, ist ein Schritt zurück oder beiseite – jedenfalls ein Schritt weg von unserer normalen Neigung einzuspringen und dafür zu sorgen, dass sie sich besser fühlen."[10]

Wir dürfen nicht tatenlos dabeistehen und zusehen, wie diese Generation zur „Generation Ich" wird. Diese Kids haben viel mehr zu bieten, als wir es uns je hätten träumen lassen. Wenn Eltern es schaffen, sich mehr herauszuhalten, dann glaube ich, dass unsere Kinder die Generation XL werden können; XL in Sachen Einfallsreichtum, Arbeitsmoral sowie technisches Wissen und Können. Für jemanden außerhalb der unmittelbaren Familie zu arbeiten, fordert

---

[10] Ann Burnworth, „Entitlement Culture Gives Youth Unrealistic Expectations", Evansville Courier & Press (Indiana), February 9, 2010, www.courierpress.com/news/2010/feb/09/entitlement-culture-gives-youth-unrealistic.

sie heraus und bietet ihnen Erfahrungen, die wir uns vielleicht gar nicht vorstellen können.

Während also unsere jüngeren Kinder zu Hause Erfahrungen sammeln, werden sich Boxster und Snoopy für einen großen Teil ihrer Sommerferien richtig bezahlte Jobs suchen. Zugegeben, die Wahrscheinlichkeit ist ziemlich groß, dass ich es sein werde, die diese Jobs für sie ausfindig macht, sodass sie am Ende die Wahl haben werden zwischen höchstens zwei Alternativen, aber irgendwo müssen wir ja anfangen. Ich frage mich, ob Hilfe an dieser Stelle auch schon wieder Beihilfe zur Unselbstständigkeit ist, aber ich glaube, dass in ihrem Alter ein bisschen Unterstützung definitiv noch in Ordnung ist.

Ich bin zu jung zum Arbeiten

Als wir beim Schreibwarengroßhandel vorbeikamen, sah ich dort einen Aushang an der Tür. Ich hoffte, dass Boxster, der mich begleitete, ihn nicht sehen würde. Aber natürlich hatten seine Adleraugen ihn erblickt.

Aushilfe gesucht
Bewerber muss mindestens 18 Jahre alt sein
und an Abenden und Wochenenden einsetzbar.

Ich war froh, dass es überhaupt Jobs gab, wand mich aber innerlich, als ich mich für die unvermeidliche „Siehste!"-Reaktion wappnete. Seit Wochen zählte Boxster mir nicht nur die schier endlose Reihe von Freunden auf, die nicht dazu gezwungen wurden, sich einen Job zu suchen, sondern er hatte darüber hinaus auch durchgängig behauptet, dass ihn sowieso kein seriöses Unternehmen einstellen würde. Wenn ich mit ihm schimpfte, dass er ja nicht einmal den Versuch unternähme, sich einen Job zu suchen, dann antwortete er darauf nur immer: „Ich bin eben noch zu jung für einen Job!" Und hier hatte er nun den Beweis dafür, dass er recht hatte.

„Siehst du, Mama, ich hab dir doch gleich gesagt, dass ich zu jung bin für einen Job!"

„Aber bis jetzt ist dies doch das erste Schild, auf dem ein Mindestalter angegeben ist", sagte ich als eine Art halbherzigen Versuch, wieder Boden gut zu machen.

„Also, Henry und ich haben wirklich bei vielen Firmen angerufen, und die hier ist nicht die einzige Firma mit solchen Einstellungsvoraussetzungen."

„Ich wette, dass du bei Wal-Mart was kriegen könntest."

„Nee, erst ab sechzehn."

„Und was ist mit Tom Thumb?"

„Erst ab achtzehn."

„Central Market?"

„Mama. Man muss für *alle* Jobs älter als vierzehn sein. Wir haben nachgefragt."

Anscheinend hatten sie wirklich ihre Hausaufgaben gemacht, aber ich konnte dann doch nicht dem Drang widerstehen, meine eigene Recherche anzustellen, um in Erfahrung zu bringen, was das Gesetz über altersgemäße Arbeit zu sagen hat. Laut dem US-Arbeitsministerium kann man vom Gesetz her ab einem Alter von 14 Jahren einer Arbeit nachgehen, allerdings mit zeitlichen Einschränkungen.

Jugendliche können jedoch in jedem Alter Zeitungen austragen, im Radio, Fernsehen, in Kinofilmen oder Theaterproduktionen auftreten; sie können in Familienbetrieben mitarbeiten (außer in der Produktion und in gefährlichen Jobs); sie können außerdem Babysitten oder anderen geringfügigen Tätigkeiten in einem Privathaushalt nachgehen.[11]

Jugendliche können also ab vierzehn in einem Büro, im Lebensmittelmarkt, in Einzelhandelsgeschäften, Restaurants, Kinos, Sportstätten, Freizeitparks oder an Tankstellen arbeiten. Das Schwierige ist, einen Arbeitgeber zu finden, der so junge Jugendliche einstellt. Die Gesetze zur Kinderarbeit sowie

---

[11] Fair Labor Standards Act Advisor. United States Department of Labor, www.dol.gov/elawy/faq/esa/flsa/026.htm.

Versicherungsbestimmungen und – machen wir uns doch nichts vor – lethargische Teenager sorgen dafür, dass Firmen nicht unbedingt bevorzugt sehr junge Leute einstellen.

In Kleinstädten ist man dafür vielleicht ein bisschen offener. Snoopy kam vor einiger Zeit von einem Wochenende in Lubbock wieder nach Hause und berichtete, dass dort im Supermarkt Jugendliche die gekauften Waren an der Kasse für Kunden in Tüten verpackt und diese dann zum Auto der Kunden gebracht hätten. „Hier, wo wir wohnen, sieht man nie, dass Jugendliche so was machen!", stöhnte sie. Sie kann sich vorstellen, dass so ein Job Spaß macht, und ich finde, es ist eine Tätigkeit, die für junge Jugendliche wie geschaffen ist. Aber egal, diese Möglichkeit scheidet ja für uns offenbar aus, weil es so ein Jobangebot in unserer Nähe nicht gibt.

Und all das untermauerte das, was Boxster behauptete.

Vielleicht ist also ein offizielles Arbeitsverhältnis in diesen Sommer immer noch keine Option, aber wir haben ja durchaus Alternativen. Die erste Frage, mit der wir uns befassen sollten, lautet: Woran hat mein Kind Spaß? Arbeit macht ja nie immer nur Spaß, aber sie kann zumindest so zugeschnitten sein, dass sie zu den Interessen und auch den Erwartungen des betreffenden Jugendlichen passt. Mit in Betracht zu ziehen, wo ein Jugendlicher seine Stärken hat und was ihm/ihr Spaß macht, kann jede Menge Kummer und Geld sparen, wenn wir unsere Kinder dabei unterstützen, einen passenden Job zu finden. Es ist doch gut, wenn man weiß, dass das eigene Kind kein Büro- oder Zahlenmensch ist, dafür aber ein hervorragendes Auge für Motive und Leidenschaft fürs Fotografieren hat, bevor man vielleicht eine teure Ausbildung bezahlt.

Vielleicht sind mehrere Versuche nötig, um für meine Kinder eine Tätigkeit zu finden, die ihren Neigungen und Fähigkeiten entspricht. Die Kinder selbst sind bei der Suche nach einer solchen Tätigkeit keine besonders große Hilfe. Alles, was ich zu Hause zu hören bekomme, ist Gestöhne: „Keiner von unseren Freunden muss arbeiten!" Und wissen Sie was? Meistens stimmt das sogar. Aber ich möchte nicht, dass sie eine wertvolle Erkenntnis verpassen: Sinnvolle Arbeit gibt einem ein gutes Gefühl. Das auch außerhalb unseres Hauses zu erfahren, von jemand anderem als mir, wird dabei helfen, diese Tatsache zu erhärten.

Wie vorgehen?

Nachdem jetzt eindeutig geklärt war, dass unsere Arbeitscrew noch nicht das Alter erreicht hat, in dem Jugendliche in Dallas eingestellt werden, müssen die Kinder und ich kreativ werden. Kein Problem, schließlich mögen wir Herausforderungen, und ich setze mich gern ein. Es ist den Kindern vielleicht gar nicht klar, aber eigentlich helfen sie schon seit Jahren gern. Vielleicht nicht so sehr in Haus und Garten, aber ich habe jede sich bietende Gelegenheit genutzt, sie dazu zu bringen, an andere zu denken. Dadurch will ich ihnen helfen, dass sie ihre Fertigkeiten nutzen und sie weiter ausbauen.

Schon seit Jahren ermutige ich die Kinder zu kreativen Aktivitäten, die von Spendensammeln für unsere Schule durch den Verkauf kleiner Bastelarbeiten bis hin zum Filmdreh gehen. Was es auch sei, wir haben es wahrscheinlich schon einmal gemacht. Im Folgenden ein paar Möglichkeiten, die wir und andere Familien aus unserem Bekanntenkreis aufgetan haben, um minderjährige, aber gesunde und durchaus fähige Jugendliche zu beschäftigen:

- *Fensterputzen*
- *Dienste im Garten wie Rasenmähen, Fegen und Harken*
- *Hunde Gassi führen oder sitten*
- *Freizeitangebote für Kinder, die in den Ferien zu Hause sind*
- *Getränke- oder Keksestand mit selbstgebackenen Plätzchen*
- *Soziale Dienste*

Engagement vor Bequemlichkeit

Boxster beschloss, die Einladung unseres Freundes Vincent anzunehmen, im Sommer wieder in dem Kinder- und Jugendzentrum mitzuarbeiten. Im vergangenen Sommer hatte er dort eine gute Arbeitseinstellung und Tüchtigkeit bewiesen. Vince kann ihm zwar keinen richtig bezahlten Job anbieten, weil Boxster dazu noch nicht alt genug ist, aber wenn er das entsprechende Alter erreicht hat, kann er den Job jederzeit haben, wenn er will.

Diesen Sommer arbeitet er dort jedenfalls zwei ganze Tage pro Woche, und zwar jeweils von halb acht bis halb drei. Ich hoffe, dass er an den übrigen Tagen der Woche andere Gelegenheitsjobs übernimmt, um etwas dazuzuverdienen. Hoffentlich, um es für ein eigenes Auto zu sparen.

In dem Jugendzentrum ist Boxster als pädagogische Hilfskraft bei Erstklässlern eingesetzt. In der Mittagszeit arbeitet er dann mit den älteren Jungen zusammen in der Essensausgabe und danach wird dann noch die Küche wieder in Ordnung gebracht. Er sammelt dabei Erfahrungen in ganz vielen Arbeitsbereichen.

An einem Tag kam er nach Hause und erwähnte ganz stolz, dass er schon Böden fegen und wischen könne, die anderen Jungen das aber noch nie gemacht hätten. Ich fand das einerseits ermutigend in Bezug auf meine Ziele für meine Kinder, aber auch verstörend. Ich staunte darüber, was Jugendliche alles nicht können. Helfen die Jugendlichen, mit denen er zusammenarbeitet, denn gar nicht zu Hause?

Nachdem Boxster ein paar Wochen in dem Jugendheim gearbeitet hatte, brauchte er dann aber offenbar dringend eine Pause.

„Bitte lass mich heute mal zu Hause bleiben. Bitte. Bitte. Bitte. Bitte", flehte er mich an dem besagten Morgen an.

„Tut mir leid, aber das geht nicht. Wenn man einen Job hat, muss man hingehen."

„Nur einen Tag Pause", bettelte er. „Bitte lass mich mal einen Tag zu Hause bleiben."

„Nein, das geht nicht."

„*Bitteeeee.*"

„Nein, tut mir leid."

„Na gut, dann also nicht." Der zaudernde Arbeiter schien sich in sein Schicksal zu fügen. Der Junge war offenbar „gegen die Wand" gelaufen, hatte einen „Hungerast". Er wollte nicht mehr weitermachen. In diesem Augenblick spürte ich, dass es ihm richtig zuwider war zu gehen. Sein Körper wollte einfach nur schlafen und sonst nichts.

Ich bin überzeugt, dass diese Erfahrung wichtig ist, auch wenn er sich sträubt. Es ist gut für ihn, jemand anderem als seinen Eltern gegenüber verantwortlich zu sein. Es ist gut für ihn, morgens früh aufzustehen. Es ist gut für ihn zu arbeiten – nicht so, wie es ihm am besten passt und am bequemsten ist, sondern so, wie es sein Arbeitgeber braucht und verlangt. Es ist gut für ihn, an diesen toten Punkt zu gelangen, aber trotzdem weitermachen und durchhalten zu müssen. Es ist gut für ihn, eine Vorstellung davon zu bekommen, wo seine Stärken liegen und was ihm Spaß macht.

Und vielleicht macht ihm ein bisschen Leiden ja auch Mut, selbst aktiv zu werden und sich einen Job zu suchen, der ihm besser gefällt. Es hat mich unglaublich ermutigt, als Boxster mir erzählte, wo er im nächsten Sommer gerne arbeiten würde. Das ist ein Riesenschritt in die richtige Richtung. Ich glaube, ihm wird wirklich langsam klar, dass die Welt nicht dazu da ist, ihn zu bedienen.

Wenn er jetzt nur noch von jemandem eingestellt würde!

Abenteuer beim Babysitten

Snoopy entschied sich, als Sommerjob Babys zu sitten. Wir ermunterten sie, im Rahmen ihrer Möglichkeit für ihren Service Werbung zu machen, also entwarf sie einen Flyer, den sie sowohl ausgedruckt mit der Post als auch als E-Mail an Familien mit kleinen Kindern verschickte. Dabei schrieb sie besonders Familien an, die in der Nähe wohnten, sodass sie zu Fuß oder mit dem Fahrrad hinkommen konnte. Im Internet fand sie dann auch noch ein paar kleine nette Motive, mit denen sie den Flyer ein bisschen aufpeppte.

Snoopy hatte vor, ihren Flyer erst zu verschicken und dann nach einer Weile bei den Familien anzurufen, um noch einmal konkret nachzufragen, ob Interesse an ihrem Angebot bestand.

Ihren Stundenlohn wollte sie auf dem Flyer nicht angeben, was ich ziemlich aufschlussreich fand. Ich glaube, das hat mit ihrem Harmoniebedürfnis zu tun. Wahrscheinlich war es ihr unangenehm, über Geld zu sprechen, weil das vielleicht jemand abstoßend oder aufdringlich finden könnte oder weil sie Angst hatte, dass mögliche Kunden ihre Arbeit vielleicht zu teuer finden könnten.

Die Vorbereitungsphase ihres Sommerjobs bot also schon viele unterschiedliche Möglichkeiten, etwas zu lernen, Möglichkeiten, die sie sonst wahrscheinlich nicht bekommen hätte. Wir sprachen über angemessene Bezahlung, und ich erklärte ihr, dass Familien damit rechnen, ihren Babysitter bezahlen zu müssen, und sie sich deshalb keine Sorgen zu machen bräuchte, irgendjemandem zu nahe zu treten, wenn sie einen bestimmten Stundenlohn für ihre Arbeit verlangte. Wir sprachen auch darüber, was gute Arbeit konkret ausmacht, dass man nicht nur das unbedingt Nötige tut, sondern die Erwartungen des Arbeitgebers noch übertrifft. Ich sage meinen Töchtern immer, dass, wenn sie babysitten, sie alles wieder aufräumen und sauber machen sollen – bis hin zum Einräumen des Geschirrspülers, wenn noch irgendwo in der Spüle schmutziges Geschirr herumsteht. Solche Kleinigkeiten sorgen dafür, dass der „Kunde" sie in positiver Erinnerung behält.

Als Snoopy mit ihrem Sommerjob begann, wurde mir klar, dass ich auch mit ihr noch darüber sprechen musste, dass Kundenbedürfnisse Vorrang haben vor der eigenen Bequemlichkeit. Das Gespräch mit Snoopy verlief so ähnlich wie das mit Boxster zum Thema „Du kannst keinen Job haben, wenn du nicht hingehst".

Snoopys erste Reaktion auf die Aufforderung, sich im Sommer Arbeit zu suchen, war nämlich die Erklärung, sie werde nur dann einen Job annehmen, wenn er in ihren persönlichen Zeitplan und in die Pläne für ihre Freizeitgestaltung passe. Wir machten ihr daraufhin klar, dass es manchmal nötig sei, Freunde und das eigene Vergnügen zurückzustellen, zum Beispiel für einen Job. Eine weitere schwierige, aber wertvolle Lektion zum Thema Verantwortungsgefühl und Zuverlässigkeit. Normalerweise müssen Freizeit und

Vergnügen um berufliche und andere Verpflichtungen herum geplant werden und nicht umgekehrt.

Aufgrund ihrer netten und fürsorglichen Art hatte Snoopy jede Menge Anfragen für ihre Babysitter-Dienste, ganz besonders, nachdem sie ihre selbst gemachten Visitenkarten verteilt hatte. Es war qualvoll, mit ansehen zu müssen, wie mühsam es für sie war, ihre Wohlfühlzone zu verlassen und zu Leuten nach Hause zu gehen, die sie nur aus der Ferne kannte, und Kinder zu hüten, in deren Familien andere Regeln galten als bei uns. Doch die Entschädigung für diese Mühe in Form von Lohn gefiel ihr, und sie teilte das verdiente Geld gewissenhaft auf. Einen Teil spendete sie, einen Teil gab sie für sich selbst aus und einen Teil sparte sie. Man konnte förmlich zusehen, wie sie vor Selbstvertrauen und Stolz strotzte. Und dann kam der Job, der sie völlig überforderte.

Ich habe drei liebe Freundinnen, die Kinder mit speziellem Förderbedarf haben. Die drei sind jede auf ihre Art wirklich ganz erstaunlich, sie sind alle drei vom Wesen her sehr unterschiedlich.

Eine dieser Mütter, eine unglaubliche Unterstützerin meiner verrückten Projekte, rief schon ganz schnell nach Snoopys Werbeaktion an und bat meine Tochter, ihren Sohn zu hüten. Sie wusste, dass Snoopy noch relativ unerfahren war in der Kinderbetreuung, und deshalb war ihr auch klar, dass sie die noch nicht ganz Dreizehnjährige nicht mit ihrem Sohn allein zu Hause lassen konnte. Für den Anfang schien es aber eine optimale Regelung zu sein, dass Snoopy sich mit dem Jungen zu Hause beschäftigte und die Mutter derweil Dinge erledigen konnte, bei denen man sich nur schwer gleichzeitig um ein Kind kümmern kann.

Auch Snoopy fand diese Regelung gut. Sie mag meine Freundin und auch deren Kind sehr, was konnte da also schiefgehen? Nun ja, für ein eher stilles und zurückhaltendes junges Mädchen, das seine Sache ganz besonders gut machen und der Mutter eine Auszeit ermöglichen wollte … so einiges. Snoopy kennt den Jungen, den sie hüten sollte, zwar schon ihr Leben lang, aber er hat sich in letzter Zeit ziemlich entwickelt, und zwar sowohl in Bezug auf

Körpergröße als auch hinsichtlich seiner Kraft. Er ist zwar nicht so groß wie Jack, aber mindestens genauso stark, und er steckt voller Leben und Energie, will jede Situation voll auskosten und springt dabei blitzschnell von einer Aktivität zur nächsten – manchmal bekleidet, manchmal auch nicht.

Dass sie ein Problem hatte, war Snoopy in dem Moment klar, als der Junge ihr entwischte und sich im Auto des Nachbarn einschloss. Das arme Mädchen, das schon Geschichten darüber gehört hatte, wie Babys in extrem überhitzten Autos gestorben sind, hatte wahnsinnige Angst. Weil sie aber die Mutter des Jungen auf keinen Fall mit diesem Malheur behelligen wollte, schaltete sie in den Stressmodus und sprang immer abwechselnd von der Fahrer- zur Beifahrerseite des Autos und flehte das feixende Kind an, doch bitte die Tür aufzumachen, aber der Junge hielt das alles für einen Riesenspaß. Je hektischer und panischer sie wurde, desto entschlossener war der Junge, dort zu bleiben, wo er war. Ich weiß nicht genau, wie lange das so gegangen war, aber als ich ankam, um Snoopy bei meiner Freundin abzuholen, war sie nur noch ein Schatten des Mädchens, das ich dort abgeliefert hatte. Sie war unglaublich beschämt darüber, dass sie die Situation nicht in den Griff bekommen hatte, und sie hatte wirklich Angst um das Leben ihres Schützlings gehabt.

Ich habe keine Ahnung, wieso sie nicht meiner Freundin Bescheid gesagt und sie zu Hilfe geholt hatte. Solche Situationen sind nämlich für diese absolut fantastische Frau, die sich ganz und gar auf ihren kleinen Wirbelwind einlässt, gar nichts Ungewöhnliches. Zugegeben, der Junge kennt keine Grenzen und weiß nichts über Ursache-Wirkung-Zusammenhänge, aber genau das macht auch wieder einen Teil seiner ganz besonderen Liebenswürdigkeit aus. Er lebt ganz und gar im Augenblick und lässt sich leidenschaftlich auf die Freuden des Lebens ein, aber die zarte, junge Seele, die offenbar zu schüchtern und unsicher war, um sich Hilfe zu holen, war damit ganz offensichtlich überfordert. Wir lernten daraus beide, dass sie für diesen konkreten Job noch zu jung war.

Aber es tut mir nicht leid, dass sie es versucht hat. Wir zogen aus dieser Erfahrung ein paar großartige Lehren, von denen die wohl eindringlichste die war, dass sie um Hilfe bitten muss, besonders wenn sie den Eindruck hat, dass jemand in Gefahr ist.

Wir sitzen alle im selben Boot

Mein Mann wusste, dass unsere Tochter niemals genug Geld würde sparen können, um sich selbst ein Auto kaufen zu können, das sicher genug war, um damit in der Stadt herum- und irgendwann auch zu ihrem College fahren zu können. Deshalb dachte er sich etwas aus, das wohl mit zum Besten gehört, was wir uns als Eltern ausgedacht haben. Er versprach, ihr einen Wagen zu kaufen – wahrscheinlich einen neuen –, dass dieser Wagen aber so lange in unserer Garage stehen bleiben würde, bis sie das Benzin dafür selbst kaufen könne. Ja, das Benzin zum Fahren musste sie selbst bezahlen. Wie das gehen sollte? Sie musste im Sommer arbeiten gehen und dabei so viel Geld zusammensparen, dass sie davon das ganze Jahr Benzin bezahlen konnte.

Im Sommer, bevor sie sechzehn wurde und ihren Führerschein machte, fing sie also an zu arbeiten. Als Erstes arbeitete sie täglich von neun bis zwölf Uhr als Tennistrainerin für Kinder und brachte ihren Schützlingen Serve und Volley bei. Es war zu dieser Tageszeit sehr heiß auf dem Tennisplatz und sie beklagte sich ein bisschen, aber es war nun mal ihr Job und sie verdiente damit Geld. Zu ihrem fünfzehnten Geburtstag hatten wir ihr ein Girokonto eingerichtet mit einer Scheckkarte und auch ein Sparkonto, sodass sie bereit war fürs Geschäftsleben.

Von unseren Teenagern zu verlangen, dass sie das Benzin für ihre Autos selbst bezahlen müssen, ist aus mehreren Gründen einfach genial:

- Es schränkt die Anzahl ihrer Fahrten ein.
- Sie sind gezwungen, sich ihr Geld für das ganze Jahr einzuteilen.
- Sie lernen zu arbeiten und zu sparen.

   Leider gibt es sehr viele junge Leute, die mit der Schule und manchmal sogar mit dem Studium fertig sind, ohne jemals gearbeitet zu haben. Sie haben also auch noch nie einen Chef gehabt, keine Bewerbung geschrieben und kein Vorstellungsgespräch geführt. Sie wissen gar nicht, wie das geht.[12]
Lisa Clark

Ein weiterer positiver Aspekt dieser Erfahrung bestand darin, dass Snoopy etwas erlebte, das außerhalb ihres Erfahrungs- und Herausforderungshorizontes lag. Eine Zeit lang belastete sie dieses Erlebnis so sehr, dass sie ganz und gar die Finger vom Babysitten ließ, aber die beste Möglichkeit, mit einer schlimmen Erfahrung umzugehen und dann wieder damit fertig zu sein, besteht darin, sich direkt wieder hineinzubegeben und es noch einmal zu versuchen. Und genau dafür sorgte ihre böse Mama dann auch umgehend.

Jobangebote

In meiner Familie wurden damals bestimmte Wörter und Ausdrücke ganz einfach nicht geduldet. Wie wir ja bereits festgestellt haben, gehörte auch „Halt die Klappe!" dazu. Natürlich war jede Form von Fluchen und Schimpfen, in der bestimmte Körperfunktionen vorkamen, absolut verboten, und bestimmte Körperteile wurden nicht ausgesprochen, sondern buchstabiert, wie beispielsweise H-i-n-t-e-r-n. Damit necken wir meine Mutter bis heute!

---

12 Übernommen mit Genehmigung von Lisa Clark, „Table Talk: It's Summer!!! Time to ... Work???!!," www.themoatblog.com, June 8, 2011, www.themoatblog.com/moatblog/2011/6/8/table-talk-its-summer-to-work-by-lisa-clark.html.

Einen Satz gab es jedoch, den sie wirklich verabscheute, und zwar „Mir ist so langweilig". Wenn man das sagte, dann musste man sich wirklich in Acht nehmen.

Jetzt, wo ich selbst Mutter bin, kann ich ihre Abneigung gegen diese Worte absolut nachvollziehen – und zwar jede kleine fordernde, träge Bedien-mich-Silbe davon. Du liebe Güte! Muss ich mich denn wirklich auch noch darum kümmern, dass sich mein pubertierendes Kind nur ja nicht langweilt?

Das Mittel unserer Wahl gegen solche Anwandlungen von Langeweile war „Jobangebote-gegen-Langeweile-Aufgaben". Die Regeln, um an eine dieser Aufgaben zu kommen, sind folgendermaßen:

Kommt beispielsweise ein Kind zu seiner Mutter und fragt höflich: „Hast du etwas für mich zu tun?", dann antwortet die Mutter: „Aber natürlich. Ich habe hier eine kleine Liste vorbereitet, die nur darauf wartet, von fleißigen Händen abgearbeitet zu werden. Und weil du zu mir gekommen bist und ich nicht zu dir kommen musste mit einem Auftrag, möchte ich deine Bereitwilligkeit und deine Arbeit großzügig belohnen."

Weil wir gerade den Monat mit dem Thema „Job und Bewerbung" haben, halte ich nach so vielen Gelegenheiten wie möglich Ausschau, um die Lücken zwischen den Tagen zu füllen, an denen Boxster beim Jugendzentrum arbeitet oder Snoopy babysittet, aber auch, um den jüngeren Geschwistern die Chance zu geben, die verrückte Forderung ihrer Mutter erfüllen zu können, sich eine bezahlte Tätigkeit zu suchen.

Wenn aber ein Kind zur Mutter kommt und die Worte „Mir ist so langweilig" ausspricht, dann holt die Mutter rasch die Liste mit den Jobangeboten hervor, die sich flugs in eine Aufgabenliste für Langeweile-Geplagte verwandelt hat, welche den Zweck verfolgt, die armen Betroffenen von der lästigen Bürde zu viel freier Zeit zu befreien und diese durch gute, saubere, charakterbildende Arbeit zu ersetzen, und zwar unbezahlt wegen der Worte „Mir ist so langweilig". Hier ein paar Punkte von der Liste:

- *Unkraut jähten*
- *Fenster putzen*
- *Schubladen aufräumen*
- *CDs/DVDs sortieren*
- *Möbel pflegen*
- *Gemeinschaftsbereiche entrümpeln*

„Mir ist heiß. Ich habe echt geschuftet, und ich finde, ich habe jetzt genug getan", sagte Snoopy eines Tages, nachdem sie ihre große Plastiktüte zur Hälfte mit Buchenschösslingen gefüllt hatte. Sie wollte sich ein bisschen Geld verdienen, um mit einer Freundin zusammen mit dem Fahrrad zu einem Imbiss zu fahren und sich einen kleinen Snack zu kaufen.

„Stell dir jetzt mal vor, du würdest für einen normalen Chef und nicht für deine Mutter arbeiten", sagte ich ganz sicher, dass sie bei jemand anderem weder aufgegeben noch gejammert hätte.

Entrüstet entgegnete sie: „Aber Mama, ich arbeite doch für Gott!"

Und schon hatte sie mich erwischt.

Ich neige dazu, hinter jedem Mangel an Initiative oder einer schlechten Arbeitseinstellung Faulheit zu vermuten, und vielleicht ist das ein Teil des Problems. Aber vielleicht spielen ja auch übersteigerte Erwartungen und Perfektionismus eine Rolle bei Snoopys Widerwillen gegen Arbeit. Sie lässt es lieber ganz, bevor sie etwas abliefert, das nicht absolut perfekt ist. Ich habe ja selbst miterlebt, wie gelähmt sie war nach ihrem überraschenden Versagen (zumindest betrachtete sie es so) bei dem schwierigen Babysitterjob. Vielleicht empfinden viele den Druck, gleich beim ersten Mal perfekt zu sein. Tricksen wir so viel herum, eilen wir ihnen so oft zu Hilfe, sind wir so sehr und so oft auf Superergebnisse aus, dass unsere Kinder übersteigerte Erwartungen haben?

Die heutige Generation Jugendlicher wird auch gern als „Generation Maybe" bezeichnet. Sie ist gut ausgebildet, aber ohne Plan, ohne Mut, ohne Biss. Weil alles möglich ist, ist sie heillos überfordert. Erwachsene verdrehen dann manchmal genervt die Augen und sagen Sachen wie: „Ich kann ihnen ja mal erzählen, wie es in meiner Kindheit war", und halten dann Vorträge über eine harte Kindheit, die aber natürlich mit dem, was unsere Großeltern erlebt haben, auch nicht mithalten kann.

Wenn uns diese Jugendlichen auf die Nerven gehen, weil uns ihre Anspruchshaltung dermaßen gegen den Strich geht, dann sollten wir vielleicht einmal überlegen, wer sie denn zu der Überzeugung gebracht hat, dass jede Tat mit Lob und Beifall bedacht werden muss. Genau. Das waren wir. Und das alles aus Liebe. Wir haben uns so verhalten, weil wir ermutigen, stärken und aufbauen wollten, damit sie mit der bösen Welt fertig werden können. So verhalten sich doch Eltern, oder? Wir sagen unseren Kindern, wie toll sie sind, räumen ihnen alle Hindernisse aus dem Weg und nehmen ihnen die schwierigen Dinge ab, damit sie von Schmerz, Enttäuschung und Versagen verschont bleiben. Wenn es dann so weit ist, dass sie unser Nest verlassen, dann werden sie schon fliegen – stark und schön auf ihrem Weg ins Schlaraffenland, das schon auf sie wartet.

Aber so sieht die Realität natürlich nicht aus. Vielleicht liegt also das Zögern dieser Jugendlichen, aktiv zu werden, allein an unserer Unfähigkeit, ihnen Verantwortung und sinnvolle Arbeit zu geben; und vielleicht liegt es auch daran, dass wir bei ihnen die unrealistische Erwartung wecken, das Leben sei einfach.

Mir fallen nicht viele Personen ein, die als Sieger geboren wurden. Viele Leute ... na ja, die meisten ... okay, fast *alle* Leute, die ich kenne, sind auf ihrer Jungfernfahrt ein paarmal ins Trudeln geraten und sogar gekentert. Ja, rückblickend vermute ich sogar, dass es oft gerade das Kentern ist, das letztlich zum Gelingen führt. Kein Einimpfen positiver Aussagen, sondern Stolpern, Taumeln und Durchhalten, bis man in der richtigen Richtung unterwegs ist.

Die meisten erfolgreichen Menschen haben gescheiterte Versuche hinter sich und dadurch eine Perspektive, Beharrlichkeit, und eine Dosis Realitätssinn gewonnen. Hier drei Beispiele:

„Scheitern ist nur ein Rastplatz. Es ist eine Chance, noch einmal anzufangen, aber dieses Mal intelligenter." – Henry Ford

Zwei Mal scheiterte er im Geschäftsleben, ehe er schließlich „Ford" aufbaute.

„Wenn ich 10 000 Wege finde, wie etwas nicht funktioniert, dann bin ich nicht gescheitert. Ich bin nicht entmutigt, weil jeder Fehlversuch oft ein Schritt nach vorn ist" und „Viel Versagen im Leben wird von Menschen erlebt, denen nicht klar ist, wie nah sie dem Erfolg bereits waren, als sie aufgaben." – Thomas Edison

10 000-Mal scheiterte er bei dem Versuch, die Glühbirne zu erfinden.

„Damals habe ich den festen Entschluss gefasst, es zu etwas zu bringen und mich weder durch die Zeit noch durch die Menge an Arbeit davon abbringen zu lassen, mein Bestes zu geben." – Colonel Harland Sanders

Im Alter von 66 Jahren begann er als Unternehmer und entwickelte eine Geschäftsidee mit einem „Hähnchenrezept", das über tausend Mal abgelehnt wurde, ehe dann die Fast-Food-Kette „Kentucky Fried Chicken" gegründet wurde.

Was haben diese Erfolgsgeschichten mit Hausarbeit und „Jobangebote-gegen-Langeweile-Listen" zu tun? Von außen betrachtet werden meine Kinder vielleicht als erfolgreich angesehen, aber das ist für mich nicht das Entscheidende. Ich möchte, dass sie das, was sie sich vorgenommen haben, hartnäckig verfolgen, dass sie versuchen, die Aufgaben zu Ende zu bringen, die sie für unmöglich oder unwichtig halten. Sie müssen lernen, dass keine Aufgabe unter ihrer Würde ist und dass der Weg an die sprichwörtliche Spitze immer ganz unten beginnt. Es ist auch wichtig, dass sie scheitern. Nur durch Scheitern können sie lernen, wieder aufzustehen. Wenn ich mich so umhöre, dann stehen die Kids von heute nicht wieder auf, wenn sie gefallen sind, sondern sie geben auf.

Es ist zu hoffen, dass unser etwas verrücktes, oft beklagtes Experiment sie lehrt, dass Aufgeben einfach keine Option ist, und zwar egal wie untergeordnet oder nebensächlich die Aufgabe ist.

:::: WAS SIE IN DIESEM MONAT GELERNT HABEN

- Arbeit hat nicht in erster Linie mit der eigenen Bequemlichkeit zu tun, sondern damit, was der Arbeitgeber braucht und verlangt.
- Freie Zeit mit Arbeiten auszufüllen, kann genau so lukrativ sein wie ein fester, regelmäßiger Job.
- Wenn man auf Schwierigkeiten stößt, ist Aufgeben keine Option.

:::: WAS ICH IN DIESEM MONAT GELERNT HABE

- Für Vierzehnjährige sind Stellenangebote wirklich rar.
- Ich muss aufpassen, dass ich die Kinder nicht in Situationen dränge, mit denen sie überfordert sind. Und ich muss sicher sein, dass ich dem potenziellen Arbeitgeber vertrauen kann.
- Kreativ zu sein und fokussiert zu bleiben, bringt für alle Seiten konkrete Vorteile.

AUFGABE 5

Dreckiges sauber machen

Eine Einführung in WC-Reiniger, Scheuermilch und die gefürchtete Klobürste

Vor Kurzem bekam ich zufällig einen Wortwechsel zwischen meinen beiden Töchtern mit. „Hast du die da hingetan?", fragte die eine Schwester vorwurfsvoll die andere. Offenbar gefiel ihr nicht, dass ihre Schwester die Schuhe einfach irgendwohin, und zwar an die falsche Stelle, platziert hatte.

„Wenigstens liegen sie nicht auf dem Fußboden."

„Sie sollen aber auf dem Regal stehen."

„Wo ist denn da der Unterschied? Jetzt liegen sie eben im Schrank."

„Ich mache mir so viel Arbeit, dass alles schön ordentlich bleibt."

„Ich aber auch. Brauchst dir doch nur mal meinen Schreibtisch anzugucken", reagierte sie entrüstet.

„Und außerdem habe ich heute Morgen sogar auch noch dein Bett gemacht!"

„Ich wünschte, wir könnten wieder alles normal machen wie früher. Findest du nicht auch?"

„Manchmal schon ... nicht immer ... ach, ich weiß nicht."

Es hat auf jeden Fall ein gewisses Maß an Desillusionierung eingesetzt. Was als etwas geradezu spannendes Neues begonnen hat, ist inzwischen auch irgendwie ätzend. Ich weiß nicht so recht, ob das daran liegt, dass sie die ganze Sache leid sind, oder ob die Aufgaben diesen Monat nur ganz besonders ätzend sind. Sie können aber ebenso gut auch jetzt gleich wie irgendwann später merken, dass Bäder sich eigentlich nicht großartig von anderen Räumen im Haus unterscheiden, nur dass sie abwischbare, wasserfeste und unbedingt nach Desinfektionsmittel verlangende Flächen haben. Ich hatte irgendwie doch noch die Hoffnung, dass wenigstens einigen von ihnen die Aufgabe für diesen Monat Spaß machen würde, ja dass sie sie vielleicht sogar als eine Art Abenteuer betrachten würden, als Reise an einen Ort, an dem man mit voller Absicht mit Wasser herumplanschen kann. Wo man mit Reinigungsspray hantieren und ohne Folgen Klosprache verwenden kann. Und außerdem verlässt man nach dem Putzen des Bades diesen Raum mit einem besonders intensiven Gefühl, etwas geschafft zu haben, weil man den Erfolg seiner Arbeit sofort sehen und riechen kann.

Doch meine Hoffnung sollte sich nicht erfüllen.

Ein Bad zu putzen ist anscheinend nicht nur etwas unglaublich Abschreckendes, sondern zudem etwas, das Kichern auslöst. Mal im Ernst, warum haben Kinder eigentlich das Bedürfnis zu kichern oder komische Witze zu machen bei allem, was mit Toiletten zu tun hat?

Trotzdem, ich bin wild entschlossen, mich gegen alle verbalen Proteste, Abwehrhaltungen und Ekelbekundungen durchzusetzen. Weil ich aus eigener Erfahrung weiß, dass das hier wichtig ist.

Den Kreislauf der Ahnungslosigkeit durchbrechen

Zu dem Zeitpunkt, als ich heiratete, war ich bereits in jedem Bundesstaat der USA gewesen außer Alaska, ich hatte einen Masterabschluss vom besten Betriebswirtschaftsprogramm der Vereinigten Staaten und arbeitete für oder mit Staatsspitzen, Finanzministern, Botschaftern, berühmten Industriellen und nationalen wie internationalen Nachrichtenkorrespondenten. Ich konnte großartige Erfolge vorweisen, hatte mir allerdings auch kolossale Peinlichkeiten geleistet – unter anderem einen zerrissenen

Rock, als ich bei einer Veranstaltung der spanischen Handelskammer für US-Vizepräsident Dan Quayle arbeitete. Ich hatte öffentlichen Beifall bekommen wie auch öffentliche Demütigungen erlitten. Ich hatte gelernt, dass Hartnäckigkeit, Ehrlichkeit und eine gute Arbeitsmoral sich auszahlen.

Doch trotzdem war ich absolut unfähig, einen Haushalt zu führen. Mit dem Erreichen des Erwachsenenalters waren meine Fähigkeiten in der Küche sehr dürftig, aber meine Putzkenntnisse waren noch miserabler. Als ich heiratete, war ich zwar keine solche Chaotin mehr wie als Studentin, aber ich hatte auch noch nie ein Bad *geputzt*. Eine Haushaltshilfe zu haben fiel daher vor meiner Heirat in meinem nicht existierenden Finanzplan unter die Rubrik „unbedingt nötig". Mein Mann sah das ganz anders. Wir hatten nämlich ein paar Studiendarlehen abzubezahlen, die Vorrang hatten vor einer Haushaltshilfe.

Ich tat also, was ich immer tue, wenn es mir auf einem bestimmten Gebiet an Kenntnissen und Erfahrung fehlt: Ich holte mir Rat bei einer Fachfrau. Ich setzte mich ins Auto, fuhr in meine Heimatstadt Wichita Falls und holte dort Bea ab. Bea ist ein kleines Energiebündel. Sie kam in meiner Kindheit jeden Tag zu uns ins Haus, um alles zu putzen und uns Kinder in Schach zu halten. Wie oft war sie mit der gelben Fliegenklatsche hinter uns her (die pinkfarbene war für Fliegen und Käfer), um dafür zu sorgen, dass wir parierten, während sie gleichzeitig alle gängigen „Soap Operas" im Fernsehen schaute.

Ich liebte Bea, aber sie hat mich wahrscheinlich für völlig verrückt gehalten, weil ich den ganzen Weg nach Wichita Falls und wieder zurück fuhr, um mir von ihr helfen zu lassen. Und vielleicht war sie auch ein bisschen enttäuscht darüber, dass ich nun schon fast dreißig war und immer noch nicht selbstständig einen Haushalt führen konnte. Falls es so war, ließ sie es sich allerdings nicht anmerken. Wir freuten uns beide, dass wir einen Grund hatten, uns zu sehen, auch wenn es dabei ums Putzen ging. Schritt für Schritt zeigte sie mir, wie ich unser kleines gemietetes Haus in Dallas sauber halten konnte. Ich werde es nicht vergessen, wie wir beide auf Händen und Knien den Dreck von dem alten Badezimmerfußboden abkratzten. Ebenso wenig ihre Fassungslosigkeit darüber, dass ich wirklich keine Ahnung hatte, was den Haushalt anging. Und ich war unendlich dankbar, in ihr eine Lehrerin zu haben, die mich nicht verurteilte, sondern mir einfach zeigte, wie es ging.

Mir war es wichtig, dass meine Kinder anders an diese Sache herangehen als ich. Ich möchte, dass sie von Anfang an damit konfrontiert werden, Bäder zu putzen, weil es einfach zum Leben im Haushalt dazugehört. Es ist schmutzig, es kann sogar richtig ekelig sein, aber es gehört nun mal zum Leben.

Ich habe keine Ahnung, wie die berufliche Zukunft meiner Kinder aussehen wird, aber ich hoffe, dass sie die schwierigeren Aufgaben des Lebens mit mehr Energie und Selbstvertrauen in Angriff nehmen können, wenn ich ihnen die Grundlagen der Alltagsbewältigung vermittele.

Wir sitzen alle im selben Boot

Ich habe zwei Töchter im Alter von fünfzehn und elf Jahren. Jahrelang habe ich die gesamte Wäsche, alle Einkäufe, das Kochen und auch alle übrigen Hausarbeiten allein erledigt. Dann wurde mein Mann arbeitslos und wir beschlossen, eine eigene Firma zu gründen. Das bedeutete jede Menge Arbeit, ohne dass Geld hereinkam.

Dadurch wurden die Kinder mit der Realität konfrontiert. Es gab keine Mutter mehr, die den ganzen Tag zu Hause war und sich um alles kümmerte. Jetzt sind meine Töchter für ihre Wäsche selbst verantwortlich, einschließlich Bettwäsche und Handtüchern. Sie putzen ihr Bad selbst, saugen Staub, kümmern sich um den Hund und räumen den Geschirrspüler ein und wieder aus. Ich kann förmlich zuschauen, wie sie erwachsener und verantwortungsbewuss-

> ter werden. Ihre Freunde finden, dass ich eine „böse Mama"
> bin, weil ich von ihnen erwarte, dass sie mithelfen, aber das
> macht ihnen nichts aus, weil sie wissen, dass unsere ganze
> Familie auf ihre Hilfe angewiesen ist.
> Texas Mom

Da die Kinder zurzeit ein bisschen ausgepowert sind, gehen wir die Aufgabe dieses Monats locker an. Ein paar von ihnen wird das Putzen der Bäder wirklich Spaß machen, aber ein paar werden auch an Meuterei denken. Ich möchte nicht, dass sie die Arbeit in Haus und Garten hassen, aber ich möchte, dass sie wissen, wie es geht. Statt also von ihnen zu verlangen, jeden Raum im Haus gründlich zu putzen, beschränken wir uns bei dieser Aufgabe auf ihre Bäder, wo sie eigentlich alles, was zu tun ist, und alle Techniken auf kleinem Raum einüben können: Putzen, Wischen, Scheuern, Reinigen, Desinfizieren etc.

Als ich letzte Woche Clara gezeigt habe, wie man eine Klobürste benutzt, reagierte sie darauf mit den Worten: *„Igitt. Das ist echt ekelig! Wieso muss man überhaupt eine Toilette sauber machen!"*

Ich kann ihre Ahnungslosigkeit in dieser Hinsicht nur damit erklären, dass ich mich stets für den leichteren Weg entschieden habe, ihnen alles abzunehmen, indem ich es selbst mache, aber ich bin trotzdem immer wieder erstaunt darüber. Warum bin ich eine so hartnäckige Verfechterin der Vorstellung, dass Kinder auf möglichst vielen Gebieten zur Selbstständigkeit ermutigt werden müssen – außer wenn es um den Haushalt geht?

Wahrscheinlich habe ich bis jetzt an so etwas wie überwachte Selbstständigkeit geglaubt. Ich habe entschieden, wann, wo und wie Dinge im Haus und drum herum erledigt werden. Die Aufgabe dieses Monats öffnet mir jetzt die Augen dafür, wo ich sie ausrüsten und ihnen etwas beibringen kann – und dann auch wirklich loszulassen und sie allein machen zu lassen.

Während der gesamten Zeit unseres Experimentes war ich immer wieder so überwältigt von den Parallelen zwischen unserem Projekt und meiner Beziehung zu Gott. Ich bin dankbar, dass Gott nicht so mit mir umgeht wie ich mit meinen Kindern. Mir fallen nicht viele Gelegenheiten in der Bibel ein, bei denen Gott jemandem etwas abgenommen hätte. Er hat stattdessen fast immer angeleitet, unterwiesen, gelehrt, Mittel zur Verfügung gestellt, ermutigt, befohlen und dann gesagt: „Und jetzt geh los." Er schickt uns Menschen nie allein los, sondern verspricht: „Ich bin bei euch alle Zeit" (Matthäus 28,20), aber er schickt uns. Und ich denke auch daran, dass die meisten Gestalten der Bibel, die von ihm losgeschickt wurden, sich völlig unfähig und überfordert fühlten. Doch Gott hat sie nicht vom Haken gelassen, denn wenn sie sich unfähig und nicht bereit fühlten, waren sie gezwungen, sich absolut auf den zu verlassen, von dem sie geschickt wurden (siehe Adam, Noah, Abraham, Moses, Josua, Gideon, Samuel, David, Elisa, Elia, Jesaja, Jeremia ... okay, also eigentlich jeder).

Ich glaube, ich werde den Meisterlehrer als Vorbild nehmen. Ob sich meine Kinder dazu bereit fühlen oder nicht, sie werden sich aufmachen, den Dreck zu besiegen.

Aufrüsten für die Schlacht im Bad

Bisher habe ich meine Reinigungsmittel in einem Rollcontainer aufbewahrt, den ich von Raum zu Raum schieben konnte – eine ebenso einfache wie bescheidene Lösung. Aber im Rahmen dieser Aufgabe des Experimentes werden wir das ändern und jedes Bad mit den notwendigen Putzutensilien ausstatten. Ich persönlich kann jedenfalls ohne Geschwisterstreitigkeiten darüber leben, wer den Wagen gerade hat, wer ihn nicht richtig aufgeräumt hat oder wer all das Putzmittel verbraucht hat. Um Auseinandersetzungen darüber zu vermeiden, bin ich in den Drogeriemarkt gefahren, um für jedes der drei Bäder die nötigen Putzutensilien zu kaufen.

Als mir irgendwann klar wurde, dass es sich nicht mehr umgehen ließ, beschloss ich, die Aufgabe schnurstracks anzugehen.

Wir bewegen uns definitiv auf sumpfigem Terrain. Unsere Familienkonferenz erbrachte nämlich den bisher härtesten Rückschlag.

„Und wie würdet ihr denn bei den Bädern am liebsten vorgehen?", fragte ich.

„Gar nicht."

„Wie bitte?" (Ich konnte nicht glauben, dass Boxster das tatsächlich gesagt hatte.) „Das ist eine ziemlich erbärmliche Antwort. Jedenfalls nicht die Antwort einer potenziellen Führungspersönlichkeit."

„Ist doch wahr."

„Jetzt hör mir mal gut zu. Arbeit ist nicht nur ..."

„Wissen wir. ‚Arbeit ist nicht nur Spaß. Es ist etwas, das wir *alle* tun müssen'", zitierten mich Clara und Snoopy im Chor.

Hm. Anscheinend muss ich für ein bisschen mehr Abwechslung in meinem Repertoire sorgen. „Ja, ich weiß, das habe ich schon ein paarmal gesagt."

„Das ist doch verrückt, Mama. Wir haben bis jetzt alles getan, worum du uns gebeten hast. *Warum* müssen wir jetzt auch noch die Bäder putzen? Keiner von unseren Freunden muss *irgendsowas* machen!", verteidigte Boxster seine Bemerkung.

Und dann setzte das Stöhnen im Chor ein. „Ja! *Keiner* von unseren Freunden!"

Als ich mich auf dieses Gespräch einließ, hätte ich als Erstes mein Kampfgepäck vor der Tür abstellen sollen. Statt mich in die Defensive drängen zu lassen, hätte ich mit ein bisschen mehr Einfühlungsvermögen an den Verhandlungstisch kommen sollen – auch mit mehr Kreativität. Denn sie hatten recht. Ihre Freunde müssen tatsächlich keine Toiletten putzen. Die Kinder hätten mich nur zu fragen brauchen, ob ich in ihrem Alter auch Klos putzen musste, und ich wäre geliefert gewesen. Ich selbst bin doch ein Musterbeispiel für juvenile Haushaltsuntauglichkeit.

Ich wünschte, ich hätte diese Arena mit Schwung, Vorfreude und jeder Menge Lob für die bereits bewältigten Aufgaben betreten.

Ich wünschte, ich hätte mit einem Pizzaessen das bereits Erreichte mit ihnen gefeiert. Warum überraschte ich sie nicht mit einer zünftigen Grillaktion, sondern kam ihnen mit meinem obligatorischen „Arbeit ist nicht immer nur Spaß"-Spruch?

Im Eifer des Gefechtes fiel mir jedoch von all dem absolut nichts ein. Ich kam und sah und zankte.

„Also gut, wenn ihr alle keine Meinung dazu habt, wie wir vorgehen sollen, dann entscheide ich das eben für euch."

Gestöhne, jetzt mehrstimmig.

„Hört auf zu jammern", herrschte ich sie an. „Ihr werdet nicht nur euer eigenes Bad putzen, sondern jeder bekommt einen Tag in der Woche, an dem er beide Kinderbäder putzen muss."

„Was?"

„Das ist unfair!"

Autsch. Da hatte ich offenbar einen Nerv getroffen.

„Schluss mit lustig", antwortete ich mit mütterlicher Reife. „Ihr müsst alle die Erfahrung machen, wie es ist, für jemand anderen zu putzen."

„Aber das ist *widerlich*!"

„Vielleicht. Aber so kriegst du auf jeden Fall die Chance, dankbar zu sein für das, was ich ständig für dich tue. Und außerdem wird es dadurch leichter, den Überblick zu behalten und am Ball zu bleiben. Glaubt mir, ihr müsst wissen, wie man so was macht."

„Neeeiiin. Biiiiitte: Nei-ei-ein." Schluchz, schluchz, schluchz.

Genau das, was ich auch empfand.

Sie geben ihr Bestes (so wenig wie möglich Arbeit)

Unser Badezimmerabenteuer spricht Bände über unsere Kinder und ihren Charakter. Ich weiß nicht so recht, ob es am Alter liegt oder ob sie einfach so „gestrickt" sind, und ich will mich ja auch gar nicht beklagen – okay, vielleicht doch ein bisschen. Sie brauchten etwas Anleitung, um in Gang zu kommen, aber von da an gaben zwei von ihnen ihr Bestes. Die anderen beiden machten mechanisch mit, aber ich kann nicht sagen, dass sie wirklich geputzt haben. Sie erledigten den Job – mehr oder weniger; aber ich bin mir nicht sicher, ob sie sich in irgendeiner Weise für das Ergebnis ihrer Arbeit interessierten. Das Fehlen jeglicher Mühe und auch des geringsten Interesses hatte schon beinah etwas Faszinierendes. Meine beiden gewissenhaften Kinder übertrafen meine Erwartungen noch, während die anderen eben gerade so viel taten, dass sie behaupten konnten, sie hätten etwas gemacht.

Weil ich mich weigerte, wieder in meine Gewohnheit zurückzufallen, es dann lieber selbst zu machen, habe ich mich gezwungen, mir die beiden zu schnappen und ihnen deutlich zu zeigen, dass sie noch nicht fertig waren mit ihrer Arbeit. Ich möchte, dass sie wirklich ihr Bestes geben, wenn sie ins Arbeitsleben eintreten. Wenn sie es sowieso lernen müssen, dann kann das ebenso gut hier zu Hause geschehen, in einem Umfeld mit Menschen, von denen sie geliebt werden.

Die Reaktion der betreffenden beiden Kinder war heftig. Eines verdrückte ein paar dramatische Tränen und sagte: „Ich kann einfach nicht glauben, dass du sagst, wir wären noch nicht fertig. Ich war so stolz darauf, wie gut ich es gemacht habe."

„Also bitte ... du willst doch nicht im Ernst behaupten, dass du das hier gut und gründlich erledigt hast." Ich zeigte auf die Badewanne, in der immer noch schön verteilt die Badespielsachen vom Vorabend lagen. Hier war eindeutig weder Wasser noch Lappen geschweige denn Reinigungsmittel mit der Wanne in Berührung gekommen.

„Es liegen ja noch die Badespielsachen darin. Du willst mir doch nicht erzählen, dass du die Wanne geputzt hast, oder?"

Schweigen.

„Also?"

„Okay, vielleicht habe ich nicht *alles* geputzt."

„Wirklich? Hast du überhaupt irgendetwas geputzt?"

„Natürlich, Mama!" Brummel, brummel, und dann zu sich selbst: „Sie glaubt nie, dass ich was gemacht habe. *Also gut*. Fange ich eben noch mal von vorne an."

Ich beschloss, diese unreife Reaktion einfach zu ignorieren und sie stattdessen zu ermutigen, aber das wollte sie natürlich gar nicht hören, also entfernte ich mich. Ihr Mitstreiter schloss sich ihr bei der wirklichen Beendigung ihrer Aufgabe an. Ich bin froh, dass sie sich gemeinsam an die Arbeit machten. Das gedämpfte Murren hörte schon bald auf und sie ließen sich auf die anstehende Aufgabe wirklich ein. Toilettenwitze und schallendes Gelächter ersetzten das selbstmitleidige Gejammer.

Ein Grundsatz ist mir durch das Experiment klar geworden: Eltern müssen so früh wie möglich damit beginnen, ihre Kinder fit zu machen für den ganz normalen Lebensalltag. Wenn sie sich als jüngere Kinder gegen Anforderungen wehren, die wir in dieser Hinsicht an sie stellen, dann hat dieser Widerstand längst nicht die Intensität und die Unerbittlichkeit wie bei älteren Teenagern.

Ich habe außerdem gelernt, dass es nicht immer ratsam ist, eine Aufgabe so kostengünstig wie möglich zu erledigen. Ursprünglich hatte ich von den Kindern verlangt, die Toiletten mit einer Klobürste und mit Reiniger zu putzen, statt jedes Bad mit den unglaublich praktischen „Einweg-Klobürsten" zu bestücken, bei denen der Reiniger schon direkt enthalten ist. Wenn Kinder sich mit einer bestimmten Aufgabe ganz besonders schwertun, dann ist es vielleicht nicht gerade schlau, ihnen diese Aufgabe noch schwerer zu machen. So auf die Flasche mit dem Reinigergel zu drücken, dass besagtes Putzmittel auch genau da landet, wo man es haben wollte, sorgte für viel Stress und Frust – bei uns allen. Als die Hälfte des Monats herum war, gab ich nach und kaufte ein paar Einweg-Klobürsten. Obwohl sie eigentlich zu teuer sind, erleichterten sie die offenbar furchtbare Aufgabe erheblich. Ein Kind hörte ich in diesem Zusammenhang sogar das Wort „Spaß" aussprechen.

Meine Kinder sind nicht die besten Bad-Putzer, und eigentlich ist in diesem Zusammenhang der Begriff „Putzer" schon eine Übertreibung. Mir fällt es schwer zu glauben, dass ein Waschbecken geputzt worden ist, in dem noch Zahnpastareste vom Vorabend kleben. Das einzig Positive an solchen Resten ist, dass man zumindest weiß, es hat sich am Vorabend jemand die Zähne geputzt. Und trotzdem verstehe ich diese Arbeitshaltung nicht. Was ist so schwierig daran, ein Waschbecken wirklich sauber zu machen? Nun ja, zumindest versuchen sie es, oder besser gesagt, sie kapitulieren vor meiner Hartnäckigkeit. Und ich gebe an diesem Punkt auch nicht nach. Sie glauben, dass ich irgendwann aufgeben werde, aber das wird nicht passieren. Verantwortung zu übernehmen und Aufgaben zu Ende zu bringen, muss ihnen zur zweiten Natur werden. Außerdem weigere ich mich, mich – oder sie – von einer so leichten Aufgabe unterkriegen zu lassen. Ich werde also am Ball bleiben, bis sie ihr Bestes geben und die Aufgabe so gut erledigen, wie sie können.

Und abgesehen davon ist heute in der Küche etwas passiert, das ich unbedingt erzählen muss.

Als ich neben einer Spüle voller schmutziger Tassen und Teller stand, öffnete ich den Geschirrspüler und stellte fest, dass er noch voll war mit sauberem Geschirr. Ich schaffte es einfach nicht mehr, ihn aus- und dann wieder einzuräumen. Bei all dem, was wir von unseren Kindern verlangen, müssen wir die Aufgaben gut verteilen, damit sie noch genug Zeit für Hausaufgaben und andere Dinge haben, aber weil ich nicht so besonders strukturiert bin, konnte ich mir nie merken, wer wann was machen sollte. Also schnappte ich mir das nächstbeste Kind in der Gewissheit, dass jedes meiner Kinder nach dem Monat der Mahlzeiten in der Lage sein sollte, das saubere Geschirr aus dem Geschirrspüler aus- und das schmutzige Geschirr einzuräumen.

Es traf Fury.

„Hey, komm mal bitte her und räum den Geschirrspüler aus."

„Was? Ich bin doch gar nicht an der Reihe", protestierte er. „Ich hab es gestern erst gemacht." Tatsache war, dass es schon ein paar Tage her war, aber wenn es um Aufgaben im Haushalt geht, hat man schon gern mal das Gefühl, dass erst Minuten und nicht schon Tage vergangen sind, seit man das letzte Mal geholfen hat.

„Dann machst du es heute eben noch mal." Lieber keine Auseinandersetzung über Detailfragen anfangen.

Und er tat es wirklich. Und er machte seine Sache gut. Er trocknete die sauberen Teile, die noch nicht ganz trocken waren, nach und sortierte und stapelte alles ordentlich, bevor er es dann in die Schränke und Schubladen räumte. Ich war wirklich beeindruckt.

Später, am Nachmittag, unterbrach ich ihn beim Spielen und bat ihn, mich kurz anzusehen. Der arme Kerl glaubte offenbar, dass er jetzt Ärger bekommen würde, aber ich wollte mich eigentlich nur bei ihm bedanken, dass er seine Sache so toll gemacht hatte. Wir gaben uns die Hand und ich sagte ihm noch einmal, wie stolz ich darauf sei, dass er sich solche Mühe gegeben und seine Aufgabe gut gemacht hätte.

Als es Zeit fürs Abendessen war, der Geschirrspüler fertig war und die Spüle schon wieder vollstand mit schmutzigem Geschirr, brauchte ich wieder einen „Freiwilligen". Ich wollte die Aufgabe gerade dem Mädchen zuteilen, das Essen gemacht hatte, da mischte sich eine Stimme aus dem Nebenzimmer ein. „Ich mach das! *Bitte*, lass mich es machen!"

Runde zwei für Fury! Als er ins Bett ging, fragte er mich sogar noch, was er am nächsten Tag tun könne.

> **Expertentipp:**
> **Unterschiedliche Maßstäbe für „sauber"**
> Oft ist die Art, wie man bestimmte Dinge sauber macht, ein Streitpunkt zwischen Eltern und Kindern. Wenn Eltern darauf bestehen, dass etwas auf die „richtige Art" gemacht wird, dann kann das zusätzliche Konflikte beim Thema Hausarbeit auslösen. Wie man das vermeidet? Indem man sich damit zufriedengibt, wenn eine Aufgabe „gut genug" erledigt worden ist. Die Fähigkeiten im Umgang mit dem Staubsauger sind bei einem zehnjährigen Kind ausbaufähig und nehmen durch Übung zu … wenn das Kind nicht durch

> Streitereien über einen zu hoch angelegten Maßstab aus der Bahn geworfen oder dadurch völlig demotiviert wird, dass Eltern seine Aufgabe noch einmal machen.[13]
> *Cynthia Townley Ewer*, Gründerin von OrganizedHome.com und Autorin des Buches *Houseworks* (Hausarbeit)

Untersuchungen zeigen, dass positive wie negative Worte Macht haben. Ein positives Wort kann einen durchschnittlichen Menschen in einen Menschen verwandeln, der Exzellenz anstrebt. Das Gegenteil gilt für negative Worte: Negative Worte können Exzellenz verhindern und ein Abgleiten in die Mittelmäßigkeit zur Folge haben.

Das positive Wort muss allerdings wirklich wahr sein. Hier sind Phrasen oder Lippenbekenntnisse nicht erlaubt. Interessanterweise sind zehn positive Kommentare nötig, um die Wirkung einer negativen Bemerkung aufzuheben. Bei ein paar Bewohnern unseres Hauses kann ein negativer Kommentar sogar hundert positive einfach zunichtemachen. Und es kann sogar sein, dass ein negativer Kommentar hundert Prozent unsinnig und fehl am Platz ist und dennoch ein zuvor erfolgtes Aufmöbeln des Selbstwertgefühles auf der Stelle verpuffen lässt. Negative Worte streben danach zu beweisen, dass unsere tiefsten Unsicherheiten in Bezug auf uns selbst wirklich wahr sind.

Ich habe mehr als einmal die verändernde Kraft positiver Verstärkung mit eigenen Augen gesehen. Es ist viel einfacher, sich zu einer schnellen, scheinbar wirksamen Bemerkung hinreißen zu lassen, als positiv zu verstärken. Aber es gibt nichts sonst, was so aufbauend ist. Sich trotz Gejammers, Halsstarrigkeit und mancher Launen an das Positive zu halten und dabei auch zu bleiben in einem Haus voller starker Persönlichkeiten, kann schon eine

---

13 Cynthia Townley Ewer, Houseworks (New York: Dorling Kindersley, 2006), 70.

ziemliche Herausforderung sein. Aber heute habe ich – nur für den Fall, dass ich es vergessen sollte – selbst erlebt, wie wunderbar motivierend ein positives Wort sein kann.

Was im Bad geschieht ...

Obwohl sie sich beschweren, haben die Kinder bei ihrer kleinen Badputz-Herausforderung schon etliche Gipfel erklommen. Im Unterschied zum Besteigen des Kilimandscharo ist dies allerdings nichts, womit sie sich vor ihren Freunden brüsten. Und ich gebe mir Mühe, ihnen irgendwelche Peinlichkeiten zu ersparen, indem ich ihre Fortschritte bei dieser Aufgabe in Gegenwart Dritter nicht erwähne.

Vor Kurzem kam ich ins Zimmer der Mädchen, als sie sich gerade fertig machten zum Schlafengehen.

„Das Klo ist verstopft, Mama."

„Ja ... es läuft nicht ab", bestätigte Snoopy die Diagnose aus der Dusche.

„Ich bring es in Ordnung", antwortete ich und griff nach dem Pömpel, der praktischerweise gleich hinter dem Klo neben unseren schicken „Einmal-Klobürsten" stand. Diese spezielle Toilette ist wirklich ein bisschen wartungsintensiv. Als ich den Pömpel in die Hand nahm, merkte ich, dass er nass war.

Und dann hörte ich aus der Dusche: „Ich habe schon versucht, den Abfluss freizubekommen."

Bilder davon, wie Ekelhaftes aus der Toilette heraus auf den Boden floss, fluteten meine Fantasie. Das „Pömpeln" einer verstopften Toilette hatten wir noch gar nicht durchgenommen, und zwar in erster Linie deshalb, weil der Vater der Kinder, Herr Saubermann, das am liebsten selbst erledigt. Er ist dann nämlich ganz sicher, dass alles wirklich absolut sauber und desinfiziert ist, und kann dann nachts besser schlafen.

Als ich jetzt so dastand mit dem nassen Pömpel in der Hand, erriet das Kind, was ich dachte: „Ich habe ihn abgespült, nachdem ich ihn benutzt habe, und das ist mir schon echt schwergefallen.

Es sah so aus, als ob die Toilette gleich überlaufen würde, also habe ich lieber auf dich gewartet."

„Echt, das war sooo ekelig!", stimmte Clara ein.

„Das hast du gut gemacht", sagte ich zu Snoopy, nachdem ich die Toilette gespült und mit ihnen über unterschiedliche Methoden der Rohrreinigung besprochen hatte. Das war echt ein tolles Mädchengespräch. Wer will denn schon über Wimperntusche und Glätteisen reden, wenn man sich über Pömpel unterhalten kann …

Ich war ziemlich sicher, dass Jon das „Rohrreinigen" der Toilette verbieten würde (mit Sicherheit zur Erleichterung aller Beteiligten), wenn er von unserer abendlichen Tätigkeit erführe. Aber ich war begeistert, persönliche Initiative zu entdecken. Und ich bin überzeugt, dass es dazu in der Zeit vor unserem Experiment niemals gekommen wäre.

::::: **WAS SIE IN DIESEM MONAT GELERNT HABEN**
- Toiletten reinigen sich nicht auf wundersame Weise, genauso wenig wie Waschbecken, Spiegel und Badewannen.
- Zeit, die man vielleicht durch schlampiges Arbeiten gewinnt, geht wieder verloren, wenn man noch einmal zurückgehen und es ordentlich machen muss. Dann kostet es sogar noch mehr Zeit.
- Wenn man behauptet, mit einer Aufgabe fertig zu sein, ist es ratsam, alle Indizien für das Gegenteil zu beseitigen.

::::: **WAS ICH IN DIESEM MONAT GELERNT HABE**
- Es ist viel einfacher, den Kindern Verantwortung beizubringen, wenn sie noch kleiner sind, als im turbulenten Teenageralter.
- Sogar Teenager können die Anspruchshaltung ablegen, wenn sie von Mama und Papa ein bisschen Bestätigung bekommen.
- Ein einziger Satz positiver Verstärkung hat unglaublich positive Auswirkungen.

AUFGABE 6

Wasser marsch!

Schmutzige Wäsche waschen

Nur im Wörterbuch steht Erfolg vor Fleiß.
Vidal Sassoon

„Nein, nicht auch noch die Wäsche!"
 „Gehört das auch zu dieser Experiment-Geschichte?"
 „Das war bestimmt die Idee von Frau Silvas!"
 Sie wissen, dass ich Frau Silvas Einstellung zur Hausarbeit schätze. Sie und ich sind schon seit Jahren Freundinnen, und sie ist eine absolute Expertin darin, ihre Kinder zur Mithilfe im Haushalt zu bewegen. Ich bewundere die Qualität ihres Rasenpflegeservice in Gestalt ihres Sohnes! Außerdem bedauern wir uns gegenseitig wegen des ständigen Gejammers unserer Kinder. Ach, es tut so gut zu wissen, dass man nicht allein ist.
 Obwohl ich die Angst der Kinder vor diesem Sprung ins kalte Wasser teilte, bestätigte mir ihre Reaktion, wie dringend nötig sie es hatten, im Wäschesee schwimmen zu lernen. Also Taucherbrille aufgesetzt, Nasenklammer und Ohrstöpsel angelegt (aus Gründen, die auf der Hand liegen) und dann hinein!

Schritt 1: Aufräumen

Erkennen Sie hier ein Muster? Wie bei anderen Tätigkeiten im Haushalt müssen wir uns auch für diese erst ein bisschen Platz zum Arbeiten schaffen, bevor wir anfangen können. Ich bin zu dem Schluss gelangt, dass Jacks Neigung zum Sammeln und Horten durch den Hang in unserer Familie verstärkt wird, Sachen aufzutürmen, und zwar viele Sachen und überall. Das ist zum Teil einfach die unvermeidliche Folge des Umstandes, dass sieben Personen zwar auf genügend, aber bei Weitem nicht reichlich Raum leben.

Unsere Waschküche gleicht eher einem Waschschrank. Obwohl dieser „Hauswirtschaftsraum" im Vergleich zu dem in unserem vorigen Haus, wo die Waschmaschine und der Trockner aufeinandergestapelt waren und sich den Raum noch mit dem Warmwassertank und der Zentralheizung teilen mussten, schon ein gewaltiger Fortschritt ist, muss festgehalten werden, dass auch in unserem jetzigen Domizil das Platzangebot begrenzt ist. Weil wir im Untergeschoss keine Wandschränke haben, nutze ich jeden zur Verfügung stehenden Raum, um Dinge zu stapeln. Unser „Hauswirtschaftsschrank" befindet sich direkt neben der Küche, sodass ich dazu neige, alles, was nicht in die Küchenschränke passt, hier zwischenzulagern. Und dann schalte ich automatisch in den „Aus-den-Augen-aus-dem-Sinn"-Modus. Seit Monaten, vielleicht sogar Jahren, lagern hier mehrere alte Kunstprojekte der Kinder aus der Schule, der Pinguin-Eiskratzer, eine Schachtel mit 1 000 Luftballons für Wasserbomben, die hier aus für jede Mutter nachvollziehbaren Gründen irgendwo in der Versenkung schlummern – und noch vieles mehr.

Aufräumen, Sortieren und Entrümpeln ist einer der Schlüssel zum Erfolg unserer Bemühungen, die Kinder fit zu machen für den ganz normalen Alltag, denn ich stelle fest: Von je weniger Gerümpel die Kinder umgeben sind, desto ordentlicher und aufgeräumter ist ihr Umfeld.

Was die aktuelle Monatsaufgabe betraf, konnte bei all dem Zeugs, das außer den Wäschesachen dort geparkt war, nur noch eine Person in dem kleinen Hauswirtschaftsschrank Platz finden. Aufräumen und Entrümpeln war also von entscheidender Bedeutung, wenn ich die Kinder zu einem Wäsche-Kurs bewegen wollte.

> **Expertentipp: Entrümpeln**
> Tanzen Sie doch mal einen „Müllsack-Tango" zu Beginn Ihrer Entrümpelungsaktion. Jede Person bekommt zwei Mülltüten und zehn Minuten, um die eine Tüte mit Sachen zum Wegwerfen zu füllen und die andere mit Sachen zum Verschenken oder Spenden. Machen Sie das ein, zwei Mal pro Woche und Sie werden erleben, wie Gerümpel und Sachen, die Sie nicht brauchen oder nicht mehr haben wollen, einfach verschwinden. Denn mehr Sachen machen nicht glücklicher. Im Leben muss es um Erfahrungen und Erlebnisse gehen und nicht darum, Dinge anzuhäufen.[14]
> *Peter Walsh*, Organisationsfachmann einer erfolgreichen amerikanischen Show rund um Innenausstattung

Schritt 2: Eine Strategie überlegen

Dank des großartigen Rates einer Freundin konnten sich die Kinder zwischen zwei Möglichkeiten entscheiden, wie mit der Wäsche verfahren werden sollte. Beide beinhalteten, dass die Kinder einen Tag in der Woche die Wäsche waschen, in den Trockner stecken und später dann alles zusammenlegen und in die Schränke räumen. Die Bettwäsche wurde zunächst noch ausgespart, denn ehrlich gesagt habe ich bis heute nach all der langen Zeit, die ich jetzt schon einen Haushalt führe, noch meine liebe Mühe, ein Spannbetttuch ordentlich zusammenzufalten. Das also von meinen Kindern zu verlangen, wäre eine Provokation gewesen.

Nachdem wir die nicht verhandelbaren Fakten geklärt hatten, boten wir ihnen die Wahl zwischen zwei „Wäsche-Plänen" an.

Möglichkeit A: An dem Tag, an dem es an der Reihe ist, wäscht das Kind die gesamte schmutzige Wäsche der Familie. Dadurch

---

14 Peter Walsh, zitiert in *Nate: The Nate Berkus Show*, www.thenateshow.com/videos/detail/1371/peter-walsh.

sollte die Fähigkeit des Kindes verbessert werden, etwas für andere zu tun, und die Teamarbeit sollte gefördert werden. Diese Möglichkeit bot aber auch die Wahrscheinlichkeit endloser gegenseitiger Beschuldigungen. Ich höre schon förmlich Sätze wie „Wo sind meine schwarzen Shorts?" an ein Geschwisterkind gerichtet. „Es war *dein* Wäschetag! (*Pause*) Mama!!!"

Und nicht nur Beschuldigungen würden hin- und herfliegen wie Socken im Wäschetrockner, sondern es würde auch zu heftigen Selbstmitleidsanfällen kommen aufgrund von Vergleichen: „Er brauchte nur die Handtücher zu waschen. Ich hatte vier Maschinen mit Shirts, Shorts und *Unterwäsche*!"

Möglichkeit B: An einem festgelegten Tag wäscht jedes Kind nur seine eigenen Sachen.

Sie entschieden sich für Möglichkeit B. Vielleicht sind wir ja eines Tages auch reif genug für Möglichkeit A.

Schritt 3: Durchführung
Am Dienstag fangen wir an. Warum nicht noch ein ganz klein wenig Aufschub? Ich mühe mich doch schon an all den anderen Fronten so ab.

Schritt 4: Anreize bieten
Ich gerate ein bisschen unter Beschuss, als ich verkünde, dass es bei dem Verdienst von einem Dollar pro Tag bleibt, auch wenn immer mehr Aufgaben hinzukommen. Vielleicht lege ich an den Tagen, an denen sie waschen, noch einen Dollar drauf. Dadurch würde dann ihr mögliches Monatsgehalt auf kolossale 35 Dollar steigen – vorausgesetzt, sie erledigen alle ihre täglichen Aufgaben jeden Tag: Bett machen, Bad aufräumen, Bad putzen und Zimmer aufräumen.

Als ich heute Clara bei einer Freundin abholte, war ich ebenso überrascht wie erfreut zu erfahren, dass in deren Familie unser Hausarbeit-Konzept diskutiert worden war. Clara hatte ein wenig von unserem verrückten Projekt berichtet – von den Geldtöpfen übers Essenkochen bis hin zu unserem jüngsten Wäscheabenteuer. Die Mutter ihrer Freundin, auch eine liebe Freundin von mir, hatte mein Kind ermutigt, alles ganz genau zu erklären. Auch der Vater der Familie war dabei gewesen und hatte sich alles angehört.

Als ich bei der besagten Familie im Hausflur stand und darauf wartete, dass Clara nach unten kam, machte der Vater eine Bemerkung darüber, wie brillant die Idee mit dem mit 31 Dollar gefüllten Geldtopf sei, dass wir ein Prinzip der Börse als Strategie für unser Projekt übernommen hätten. Ist es nicht nett, dass er etwas so Intellektuelles und Durchdachtes hinter unserem Projekt vermutet? Er weiß ja nicht, dass wir da völlig aus dem Bauch heraus vorgegangen sind. Und wie bei den meisten Strategien in unserem Experiment stammt die Idee noch nicht einmal von mir, sondern von einer Freundin.

Aber wie auch immer, er war beeindruckt von unserer Zuhilfenahme von Börsenpsychologie, die in der Finanzwelt allgemein als Verhaltensökonomie bezeichnet wird. Eine der Grundlehren der Verhaltensökonomie besagt, dass Menschen keine Verluste mögen und diese daher zu verhindern versuchen. Rein gefühlsmäßig kommt einem ein bestimmter Verlust drei Mal so groß vor wie ein gleich großer Gewinn.

Was hat das mit unseren Geldtöpfen zu tun? Es geht um das Gefühl, mit dem der Verlust eines Dollars verbunden ist, im Vergleich zu dem Anreiz, den der Gewinn eines Dollars darstellt. Und ich kann Ihnen sagen, dass ich diese unterschiedliche Wirkung bei meinen Kindern tatsächlich beobachtet habe!

Zu Beginn unseres Experimentes bot ich als Anreiz Bargeld (einunddreißig Eindollarscheine bzw. -münzen). Die Idee dazu kam von meiner Freundin Lauren und sah vor, dass die Kinder jeden Tag, an dem sie alle ihre Aufgaben erledigt hatten, einen von den Dollars behalten durften. Sie schien einfach und kam zudem meinem schlechten Gedächtnis entgegen, dem Gedächtnis, das auch immer vergisst, Taschengeld auszuzahlen. Außerdem haben die Kinder das Geld die ganze Zeit vor Augen. Manche von ihnen zählen es, und zwar täglich. Wenn sie eine Aufgabe nicht erledigen, nehme ich einfach einen Dollar aus dem Topf heraus. Zack! Ohne Diskussion.

Da ich aber nicht für böse gehalten werden möchte, weil ich ihnen Geld wegnehme, wenn eine Aufgabe schlecht oder gar nicht erledigt worden ist, habe ich den Kindern am Anfang noch eine Alternative angeboten: Sie konnten entweder das Geld die ganze Zeit vor Augen haben und mussten dann damit fertig werden, wenn ich gegebenenfalls etwas davon wegnahm, oder sie konnten jeden Monat mit einem leeren Topf anfangen, der sich dann mit jedem Tag, an dem sie alle ihre Aufgaben erledigt hatten, füllte. So oder so durften sie aber das Geld erst ausgeben, wenn der Monat zu Ende war. Der Grund dafür war, dass der Fokus so nicht auf den negativen Folgen lag, wenn sie die Aufgaben nicht gemacht hatten, sondern sie von einem positiven Belohnungssystem aus handelten, wenn ihnen das lieber war.

Alle Kinder entschieden sich für den vollen Topf am Monatsanfang – außer einem. Sie können sich wahrscheinlich denken, wer das war: Unser Ältester wollte lieber, dass jeden Tag Geld hinzukam, statt am Anfang den ganzen Betrag zu haben, der dann möglicherweise abnahm. Für mich war die zweite Alternative viel schwieriger, weil ich nie Ein-Dollarscheine oder -münzen zur Hand habe, und es mir wirklich schwerfällt, später noch daran zu denken, wenn ich es nicht sofort erledige. Aber das war eigentlich auch nie ein Problem, weil nur eine Partei unserer Bettenmach-Aufgabe lediglich minimale Aufmerksamkeit geschenkt hat.

> **Müttertipp: Mit Geld umgehen lernen**
> Damit die Kinder lernten, mit Geld umzugehen, hatten wir beschlossen, ihnen Girokonten einzurichten, wenn sie dreizehn werden. Wir haben dann monatlich einen festen Betrag auf das Konto überwiesen, und sie konnten damit

> machen, was sie wollten. Dadurch hörten nicht nur ihre ständigen Bitten um Geld auf, sondern wir hörten auch auf, ihnen ständig über die Schulter zu schauen, wofür sie es ausgaben. Wir setzten einen Betrag fest, von dem dann aber auch Kleidung, Schulsachen, Naschereien etc. bezahlt werden mussten.
> Lucina Thompson

Meine gut gemeinten Versuche, sie selbst zwischen zwei Alternativen wählen zu lassen, sind gescheitert. Ich hatte es für eine gute Idee gehalten, sie selbst entscheiden zu lassen, wie sie bezahlt werden wollten, aber offenbar war das dann doch eine Fehleinschätzung.

Es war so ähnlich wie in dem Koch-Monat, als ich sie selbst entscheiden lassen wollte, ob sie selbst kochen oder fertiges Essen kaufen wollten. Boxster war der Einzige gewesen, der sich dafür entschied, nicht zu kochen, sondern fertiges Essen zu kaufen – ebenfalls eine alles andere als positive Erfahrung. Ich hatte ihnen wirklich in bester Absicht mehrere Alternativen angeboten, nämlich damit sie dadurch auch lernen würden, selbst Entscheidungen zu treffen und somit Selbstwertgefühl aufzubauen. Aber es passierte genau das Gegenteil.

Also alles zurück auf null. Boxsters Topf wird jetzt, genau wie der seiner Geschwister, ebenfalls am Monatsanfang gefüllt.

Abstecher vom Weg des geringsten Widerstandes

Wie Sie sich wahrscheinlich schon wegen der Beschuldigungen gegen die liebe Frau Silva gedacht haben, wurde die Nachricht, dass es sich bei der Aufgabe dieses Monats um die Wäsche handele, nicht mit uneingeschränkter Begeisterung aufgenommen. Als ich die Kinder aufforderte, sich jeweils einen Tag auszusuchen, an dem sie waschen wollten, meldete sich Boxster als Erster zu Wort.

„Ich nehme den Mittwoch!"

„Ich möchte den Dienstag", sagte Clara.

„Dann gebt mir den Donnerstag", meinte Snoopy.

Weil Fury gerade im Sommercamp war, teilte ich ihm den Montag zu.

Ich vernahm ein unterdrücktes, aber dennoch hörbares „Yes!", das von Boxster kam, wahrscheinlich begleitet von einer Siegesfaust. Ich gebe zu, dass ich manchmal ein etwas verlangsamtes Aufnahmevermögen habe, aber wenn ein Teenager im Zusammenhang mit Wäschewaschen eine Siegesfaust macht, dann ist definitiv etwas faul. Und es dauerte auch gar nicht lange, bis mir klar wurde, dass er sofort den Vorteil erkannt hatte, den es hatte, sich den Tag für seine Wäsche auszusuchen, an dem meine Freundin Clara zu uns nach Hause kam, um mir zu helfen. Also, wenn man von dem Kerl eines mit Fug und Recht behaupten kann, dann, dass er nicht dumm ist. Ach, wie sehr ich doch hoffe, dass er diese Beharrlichkeit und Gewitztheit auch einsetzt, um auf dieser Welt Gutes zu tun, statt sie nur zum Einsatz zu bringen, um den Weg des geringsten Widerstandes gehen zu können.

„Nur damit du es weißt", warf ich also schnell ein, „auch wenn du dir den Tag aussuchst, an dem meine Freundin Clara kommt, machst du trotzdem deine Wäsche selbst, und zwar nachdem sie wieder weg ist."

„Was? Das ist nicht dein Ernst, oder?"

„Doch, mein voller."

„Warum müssen wir denn überhaupt selbst unsere Wäsche waschen? Ich bin erst vierzehn", stöhnte er.

Hm. Der „Ich-bin-erst-vierzehn"-Spruch kann völlig unterschiedliche Bedeutungen haben. „Ich bin *vierzehn*" wird mit sarkastischem Unterton praktisch ausgespuckt, wenn auch nur andeutungsweise ein Film in die engere Auswahl gelangt, der ab 12 ist. Und dann gibt es das *„Ich bin vierzehn"* im Sinne von *erst* vierzehn und doch ganz offensichtlich noch nicht in der Lage, die Aufgaben von Erwachsenen zu bewältigen.

Ach, der Weg, den ich vor mir habe, ist doch noch sehr lang und steinig. Ich wünschte, ich hätte mit all dem schon angefangen, als sie noch klein waren. Das habe ich zwar eigentlich, aber irgendwo unterwegs habe ich mich dann doch für den Weg des geringsten Widerstandes entschieden und ihnen fast alles abgenommen.

Als ich jetzt wieder vor einem steilen Anstieg stand und mich fragte, ob ich wohl jemals den Gipfel erklimmen werde, war ich mir doch zumindest sicher, schon mal in der richtigen Richtung unterwegs zu sein.

Waschmaschinen, Trockner und Flusen. Du liebe Güte

Zu Beginn von Woche eins der Wäscheaufgabe habe ich meinen Kindern eine allgemeine Einführung in Waschmaschine und Trockner gegeben. Ich wusste, dass ich sonst jedes Mal, wenn ein neues Kind an der Reihe war, wieder alles von vorn würde erklären müssen. Ich zeigte ihnen die Bedienungsknöpfe, das Waschmittel, den Trockner und das Flusensieb.

Zum Abschluss unseres kleinen Kurses „Waschen für Anfänger" hörte ich ein einstimmiges „Ach, das ist ja einfach".

„Ja", sagte ich, „es ist einfach. Waschen und Trocknen kann sogar richtig Spaß machen, aber die Aufgabe ist erst beendet, wenn alles zusammengelegt und in den entsprechenden Schränken und Schubladen verstaut ist." Und wiederum ein einstimmiges „Ooochh!" erfüllte den Raum mit kollektiver Desillusionierung. Ehrlich gesagt empfinde ich genau wie sie. Ich könnte den ganzen Tag waschen und trocknen, aber Sachen zu falten und wegzuräumen hat noch nie zu meinen Lieblingsbeschäftigungen gehört.

Und dann ist da ja auch noch unser größtes Problem: Clara, die mir mittwochs und freitags immer hilft, ist viel zu tüchtig! Sie kommt zur Tür herein und hat alles schon in Ordnung und auf Hochglanz gebracht, bevor ich sie davon abhalten kann. Ich habe schon versucht, ihr zu erklären, was wir mit dem Experiment beabsichtigen, und sie hat sogar von der Arbeit der Kinder profitiert, aber ich glaube, es gefällt ihr ganz und gar nicht, dass die Kinder ihren Job übernehmen. Auch wenn ihre eigentliche Aufgabe darin besteht, unseren kleinen Extremsammler und -horter zu hüten, hat sie eine Arbeitseinstellung, durch die sie einfach nicht anders kann, als mehr zu tun.

„Geh nach oben und hol deine Wäsche. Heute ist dein Waschtag", sagte ich zu Boxster.

„Ich habe keine Wäsche."

„Doch, hast du wohl."

„Nein, hab ich nicht."

„Doch. Hast. Du. Wohl!"

„Ich habe wirklich keine."

„Doch, hast du auf jeden Fall."

„Ich sag die Wahrheit. Ich habe wirklich keine Wäsche."

„Geh nach oben und hol sofort deine Wäsche. Wenn du sie nicht in einer Minute hier unten hast, dann ..." Ich suchte nach einer angemessenen Drohung. „Dann kannst du diese *ganze* Woche das Fernsehen vergessen (das haste dann davon!)."

„Ich habe aber wirklich keine Wäsche", grummelte er und schlurfte los.

Manchmal schäme ich mich selbst für meine albernen Drohungen. Wieso kann ich diese albernen Dialoge nicht einfach lassen? Wir spielen fast jeden Tag dieses Verbalpingpong, und manchmal habe ich sogar das Gefühl, dass es ihm richtig Spaß macht. Vorhand, Rückhand, Vorhand, Rückhand. Volley. Lob. Vorhand. Er diskutiert und streitet im Grunde gern. Ich hasse es, kann mich aber anscheinend trotzdem nicht bremsen.

Aber heute hatte er recht.

Meine Freundin Clara war uns allen zuvorgekommen. Boxster hatte wirklich keine Wäsche. Sie hatte nicht nur alles schon gewaschen, sondern auch gefaltet und wieder eingeräumt. Um ehrlich zu sein, waren Boxster und ich beide ein bisschen erleichtert darüber, dass wir um die Wäschelektion an diesem Tag herumkamen. Vielleicht beherrsche ich ja schon bald die erste Regel im Umgang mit Teenagern: Spiel nicht ihre Spielchen mit.

Exkursion

Nach einem fürchterlich langen Tag voller Katastrophen – ein Bienennest wurde in unserem Garten entfernt und ich verlor beim Beißen in ein Sandwich eine meiner Zahnkronen, bekam ich einen Anruf von Clara: „Kay, der Trockner funktioniert nicht mehr. Er heizt nicht."

Ich konnte darüber nur noch den Kopf schütteln und mich fragen, was wohl noch alles kommen würde.

Ich kam also zu Hause an, sammelte die ganze Ladung nasser Sachen und die Kinder zusammen und machte mich auf den Weg ins Waschcenter. Trotz der Umstände, die das machte, und der Befürchtungen bezüglich der Reparaturkosten für den Trockner oder den Kosten für den Kauf eines neuen freute ich mich eigentlich auf die Exkursion in Sachen Wäscheabenteuer. Wir kamen am Spätnachmittag im Waschcenter an, was dort ja bekanntlich nicht die aufregendste Zeit des Tages ist – kein einziges der Geräte war in Betrieb.

Meine Kinder standen mit großen Augen da, weil sie so etwas noch nie gesehen hatten. Ein ganzer Laden nur für Wäsche. Jack war natürlich begeistert, eine ganze Reihe glänzender Waschmaschinen und Trockner vorzufinden, in denen er die Schätze, die er dabeihatte, verstecken konnte. Er schnappte sich einen Wäschekorb auf Rollen und vertrieb sich die Zeit damit, Türen zu öffnen und wieder zu schließen und seinen Kram von einem ins nächste Gerät umzuräumen wie ein paranoider Pirat, der seinen Schatz vor imaginären Plünderern in Sicherheit bringt.

Ich erklärte meiner Mannschaft rasch den Sinn und Zweck eines Waschsalons, überreichte jedem Kind einen Dollarschein und schickte sie zum Geldwechselautomaten, Kleingeld zu besorgen. Danach beluden sie die Trockner mit unseren Sachen, steckten Geld in die dafür vorgesehenen Schlitze, schauten zu, wie sich die Wäsche in den Trocknern drehte – und wussten jetzt endlich, dass Wäschetrocknen Geld kostet. Und ich erklärte ihnen, dass es bei uns zu Hause auch Geld koste.

Als sie sich in dem Waschcenter umschauten, wurde ihnen klar, dass es ein Privileg ist, selbst solche Haushaltsgeräte zu besitzen. Okay, es wurde ihnen nicht von selbst klar, sondern ich hielt ihnen einen Vortrag darüber.

Obwohl die Wäsche ziemlich schnell trocken war, hörte ich mehrere Male die Bemerkung „Ist das langweilig!". Ehrlich gesagt klang es so: „Das ist langweilig. Nicht ein bisschen, nicht ein kleines bisschen, nicht ein klitzekleines bisschen ... sondern *sehr* langweilig." Langweilig ist immer schlecht. Heute aber mussten sie diese eine Portion der Realität verkraften. Vielleicht sogar noch mehr Realität als mir lieb war, denn als wir unsere Sachen zusammenlegten, stand eine knurrige alte Dame hinter uns und ließ an ihrem Trockner ein paar Kraftausdrücke los, unter denen ein paar ganz besondere Schätzchen waren. Meine Tochter schaute beunruhigt zu mir auf.

„Hast du gehört, was sie gesagt hat, Mama?", flüsterte sie so laut, dass es überall zu hören war.

„Ja, das habe ich, mein Schatz. Ich glaube, sie ist sauer, weil sie Geld in den falschen Trockner gesteckt hat." Denn nachdem die Dame Münzen in den Geldschlitz des Trockners gesteckt hatte, war sie weggegangen und hatte nicht gemerkt, dass sich der Münzschlitz für die Trockner nicht auf der rechten, sondern der linken Seite der Geräte befand. Die Maschine, in die sie die Münzen geworfen hatte, war also wer weiß wie lange leer gelaufen, während ihre nasse Wäsche weiterhin nass in dem Trockner gelegen hatte, den sie glaubte, mit Münzen gefüttert zu haben.

„Kann ich ihr welche von meinen Münzen abgeben, Mama?", fragte mich meine Tochter.

Ich musste innerlich lächeln und nickte.

Die alte Dame war völlig verdutzt. Sie konnte nicht fassen, dass ein kleines Mädchen sie bemerkte und ihr dann auch noch Hilfe anbot. Und sie war jetzt auch richtig beschämt darüber, vor meinen Kindern ihre Schimpftirade losgelassen zu haben. Sie drehte sich zu uns um und entschuldigte sich sehr. Ihr hartes, knurriges Verhalten schmolz dahin.

„Es tut mir so leid, dass ich all diese Sachen gesagt habe", sagte sie. „Vor meinen eigenen Kindern hätte ich so etwas niemals gesagt. Es tut mir wirklich leid." Sie lächelte uns mit zahnlosem Mund entschuldigend an, während sie ihr zerschlissenes T-Shirt zurechtzupfte, damit es wenigstens ein bisschen vorzeigbarer aussah. Wenn sie sprach, konnte man ihren alkoholisierten Atem riechen. „Ich war nur ein bisschen sauer, als ich gesehen habe, dass meine Wäsche immer noch nass ist."

„Kein Problem", versicherte ich ihr. „Wir waren auch erst verwirrt, welcher Geldschlitz zu welchem Trockner gehört." Ich legte ihr die Hand auf die Schulter und sagte: „Lassen Sie uns das doch für Sie machen. Wir haben noch ganz viel Kleingeld übrig, und den Kindern macht es auf jeden Fall Spaß, das Geld einzuwerfen und den Trockner in Gang zu setzen."

Sie versuchte zwar zu protestieren, aber dazu war es schon zu spät. Meine Kinder stritten sich bereits darüber, wer den Trockner starten durfte. Die alte Dame erzählte uns, wie sie früher mit ihren Kindern zusammen Wäsche gewaschen hatte. Es war schön mitzuerleben, wie sie ganz in den offenbar glücklicheren früheren Zeiten versank. Wir hatten etwas gemeinsam. Es gab sie und wir hatten sie wahrgenommen und das hatte sie wahrscheinlich schon sehr lange nicht mehr erlebt.

Sie bedankte sich bei uns, entschuldigte sich noch einmal und wandte sich dann wieder ihrer Wäsche zu. Unsere Trockner piepsten und die Kinder begannen, ihre restlichen Sachen zusammenzulegen. Ja, sie gaben die erwarteten „Igittigitt-Unterwäsche"-Kommentare von sich, aber sie legten sie trotzdem zusammen.

Der kleine Abstecher in den Waschsalon sorgte für ein paar großartige Lektionen. Die wichtigste: Selbst Gestalten, die absolut verhärtet scheinen, sind Menschen, die innen zart und weich sein können, wenn man erst einmal durch ihre harte Schale durchgedrungen ist.

Am Ende des Tages war also mein Zahn repariert, es waren Hunderte von Bienen aus unserem Garten entfernt worden und ich hatte „Waschen in der Öffentlichkeit für Anfänger" überlebt. Und Wunder über Wunder, als wir alle Sockenpaare zusammengezogen hatten, fehlte kein einziger.

Meine kleine Macherin
Clara hat die Erwartungen an der Wäschefront diese Woche weit übertroffen. Dank der Frau meines jüngeren Bruders und deren großzügigen Eltern bekamen wir die Gelegenheit, der Hitze in Texas für eine kurze Frist zu entkommen und eine Woche in deren wunderschönem Haus in den Rocky Mountains in Colorado zu verbringen. Unsere Familie machte also Urlaub, aber die Hausarbeit nicht. Die Kinder hatten hier die Gelegenheit, einmal in anderen Töpfen zu kochen, in einem anderen Supermarkt einzukaufen und den Müll in einer fremden Mülltonne zu entsorgen. Es war gut für sie, die Erfahrung zu machen, dass Küchengeräte eigentlich immer ziemlich gleich funktionieren.

Als Clara sah, wie sich im Bad die Wäscheberge türmten, stürzte sie sich sofort auf die Aufgabe, ohne dass ich sie darum gebeten hatte. Sie brauchte allerdings ein bisschen Hilfe bei der Bedienung der Waschmaschine. Statt das Waschmittel wie bei unserem Toplader zu Hause von oben einzufüllen, musste sie bei dieser Maschine seitlich eine Schublade herausziehen. Und unsere Freunde verwendeten flüssiges Waschmittel statt Waschpulver wie wir. Auch die Einstellungen waren ein bisschen anders als bei uns. Es gab keine Knöpfe, die man drücken musste, sondern es wurde an einem Rad gedreht, das dann herausgezogen wurde, um den Waschvorgang zu starten. Das waren zwar alles Kleinigkeiten, aber dennoch sehr praktische Lektionen für Clara. Sie übernahm die Wäsche aller Familienmitglieder (nicht nur ihre eigene) und beschwerte sich kein einziges Mal darüber.

Dieses kleine Ferientraining brachte mich dazu, noch einmal unsere derzeitige Vorgehensweise, nämlich dass jedes Kind nur seine eigene Wäsche wäscht, zu überdenken. Als Clara die Wäsche fertig gelegt hatte, stellte ich fest, dass eines der Kinder nur zwei

Teile in der Wäsche gehabt hatte. Ich will den Namen des Kindes hier nicht nennen, das lieber schmutzig herumlief, als Wäsche zu waschen. Dasselbe Kind informierte mich später, dass es beim Duschen auch keine Seife benutzt hätte, seit wir angekommen waren, „weil keine da war".

Was um Himmels willen sollte denn das? „Erstens: Wenn keine Seife da ist, dann komm doch einfach und sag es mir! Zweitens: Es ist sehr wohl Seife da. Sie sieht nur anders aus als zu Hause, weil es Duschgel ist."

Sagt das überraschend angenehm riechende Kind: „Na, dann ist es ja kein Wunder, dass mein Haar so komisch ist, ich dachte, das wäre Shampoo."

Du meine Güte. Aber wir hatten es hier auch mit einem weiteren Indiz für meine Probleme mit der Beihilfe zur Unselbstständigkeit zu tun. Ich kaufe Shampoo und Seife für die Kinder ein und sorge auch immer rechtzeitig für Nachschub, bevor sie aufgebraucht sind. Was für ein Gedanke, dass Kinder ungewaschen herumlaufen, weil ihnen nicht danach ist, sich Seife zu holen, oder weil sie entschlossen sind, auf jemanden (mich!) zu warten, der es ihnen bringt. Ich nahm ein Stück Seife und schickte das betreffende Kind auf der Stelle zum Duschen.

Aber zurück zur Wäsche: Clara wusch nicht nur alles, sondern ich fand am Abend auch meine bereits fertig sortierte, saubere Wäsche auf meinem Bett vor. Ich konnte kaum glauben, dass sie sich diese Mühe gemacht hatte.

Da ist also ein Kind, das sich ganz auf die neu erworbenen Fertigkeiten einlässt und sie auch einsetzt. Die interessante Nebenwirkung: Durch ihre Einstellung zur Hausarbeit ist sie mir eine Stütze. Ich weiß, dass die anderen auch ihre Aufgaben erledigen, aber oft eben nur, wenn ich sie ermahne oder wenn ich ihr Genörgel „Warum denn?", „Das ist unfair!" oder „Keiner von meinen Freunden muss so was machen" ertrage. Das ist zwar nicht jedes Mal so, aber ich weiß nie so genau, wann sie sich wieder einmal wehren. Ich gebe nicht auf und betrachte sie auch nicht als zweite

Wahl; aber es erfordert ein bisschen mehr Mühe, sie zum Helfen zu bringen. Die Folge? Ich übertrage ihnen nicht so schnell mehr Verantwortung.

Andererseits stelle ich fest, dass ich mich auf Clara verlasse, weil ich weiß, dass sie ihre Arbeit gut macht und dass auch ihre Arbeitseinstellung stimmt.

Clara vertraut mir, sie hört mir zu und tut, was ich sage. Und ich wiederum beteilige sie deshalb gerne. Das verringert natürlich nicht meine Liebe zu den anderen und meinen Wunsch, dass sie etwas lernen. Aber Tatsache ist, dass Clara mehr lernt, dadurch selbstständiger ist (weil ich nicht ständig dabeistehen und ihr alles erklären muss), dass sie dadurch das Gefühl hat, wirklich etwas zu leisten, und wir dadurch eine engere und auch erwachsenere Beziehung zueinander bekommen.

Das bescherte mir ein Aha-Erlebnis, denn wieder einmal musste ich dabei an meine Beziehung zu Gott denken. Sollte ich einfach alles lassen, wie es ist, oder den Weg gehen, von dem ich weiß, dass er richtig ist? Als hätten mir die unzähligen biblischen Geschichten, die Gleichnisse und die Ermahnungen noch nicht genug einer Ahnung davon verschafft, bietet mir dieses Kind eine überzeugende Bestätigung dessen, was ich eigentlich weiß. Je stärker mein Glaube (der darauf beruht, was man weiß, und nicht, was man sieht), desto besser höre ich zu, je schneller ich tue, was ich gehört habe, desto weniger protestiere ich und wehre ich mich ... je intensiver meine Nähe zu Gott, desto häufiger bekomme ich Aufgaben von ihm und desto größer wiederum ist mein innerer Friede und meine Zufriedenheit.

Die Lektion daraus für mich persönlich und eine, von der ich möchte, dass auch meine Kinder sie begreifen: Sei ein stets abrufbarer, zuverlässiger Arbeiter, der sich nicht beklagt, sich unterordnet und lernfähig ist. Auch wenn es nicht gängigen Denkweisen entspricht, bringt der Weg des Einlassens und des Gehorsams Frieden und Freiheit.

:::: WAS SIE IN DIESEM MONAT GELERNT HABEN
- Wenn man freundlich zu anderen ist, bringt einem das auch selbst Freude.
- Hilfsmittel wie Elektrogeräte zu besitzen, ist ein Privileg und nichts, worauf man einen Anspruch hat.
- Aktiv zu werden und zu helfen, ohne dass man darum gebeten werden muss, bewirkt das großartige Gefühl, etwas geleistet zu haben und dadurch schon belohnt worden zu sein.

:::: WAS ICH IN DIESEM MONAT GELERNT HABE
- Mitzuhelfen und etwas für andere zu tun, ohne sich zu beklagen, ist etwas sehr Schönes – für sie wie für mich.
- Meinen Kinder so lange zuzusetzen, bis sie mir helfen, ist weniger effektiv, als sie mit den Folgen leben zu lassen, die es hat, wenn sie ihre Aufgaben nicht erledigen (der tägliche Dollar ist weg).
- Ein verlorener Dollar sorgt für mehr Motivation als ein verdienter Dollar. Wer hätte das gedacht?

AUFGABE 7

Dem Reparateur ist nichts zu schwör ... oder?

Do-it-yourself-Instandhaltung und -Reparaturen

> *Man braucht nur zwei Werkzeuge im Leben:*
> *WD-40-Öl, um Dinge zum Laufen zu bringen, und*
> *Isolierband, um Dinge zum Halten zu bringen.*
> G. M. Weilacher

Wir sind jetzt an einem Punkt unseres Experimentes angelangt, an dem wir manche Aufgaben im Haushalt schon nahezu selbstverständlich erledigen. Die festen Aufgaben wie beispielsweise das Bettenmachen, das In-Ordnung-Halten der Schreibtische und Aufräumen ihrer Fußböden, Schränke und Bäder klappt ganz gut. Ein paar meiner Kinder haben mit „absolut sauber" allerdings ihre Mühe, und deshalb akzeptieren wir auch „annehmbar", gemäß der Definition des jeweils kontrollierenden Elternteils. Ja, wir müssen das immer noch ziemlich konkret und in Einzelheiten definieren. Ich habe nämlich ein Kind, das unbedingt Anwalt, zumindest aber Jurist werden muss. Es kann gleichzeitig für absolut entgegengesetzte Positionen argumentieren und beide Plädoyers gewinnen. Für dieses Kind „sauber" zu definieren, ist Schwerstarbeit.

    Obwohl der Wäschemonat offiziell zu Ende ist, werden wir diese Aufgabe auch in der bisherigen Form und Aufteilung weiter fortsetzen. Was die Mahlzeiten angeht, sind wir dazu übergegangen, die

Kinder nicht mehr von Montag bis Donnerstag kochen zu lassen, sondern nur noch ein bis zwei Mal in der Woche. Da ja vier Köche und eine Reinigungsmannschaft zur Verfügung stehen, kochen sie dann jeweils zwei Mal im Monat. Ich hoffe, dass sie dadurch ihre Fertigkeiten in der Küche ausbauen, zumindest aber aufrechterhalten. Sie sollen wissen, dass es mit den Aufgaben weitergeht und ihr kreatives Denken dadurch gefördert wird, dass sie sich immer wieder neue, leckere Gerichte überlegen müssen. Und vor diesem Hintergrund haben die Mädchen einen solchen Spaß am Abenteuer Küche, dass sie mir bei den meisten Mahlzeiten helfen. Fast alle ihre Lieblingssendungen im Fernsehen haben momentan mit Essen oder Kochen zu tun, und wenn man sie fragt, was sie später einmal werden wollen, dann bekommt man als Antwort, dass sie einen Cupcake-Laden eröffnen wollen. Die Jungs ertragen die Regelung mehr oder weniger resigniert und übernehmen das Kochen wirklich nur an den Tagen, an denen sie an der Reihe sind. Und egal, ob sie kochen oder nicht, sie müssen auf jeden Fall den Geschirrspüler aus- und einräumen, wenn sie dazu aufgefordert werden.

Meine Kinder sperren sich gegen diese zusätzlichen Aufgaben, nun ja – sie wehren sich gegen *jegliche* Art zusätzlicher Aufgabe –, aber mir ist das egal. Wir brauchen eine Familienkonferenz, um darüber zu sprechen, wie wir all die neu erworbenen und eingeübten Kenntnisse in unseren Alltag integrieren. Vielleicht funktioniert es am besten, wenn bestimmte Arbeiten monatsweise übernommen werden, vielleicht wäre es aber auch besser, jede Woche zu fragen, wer welche anstehenden Arbeiten übernehmen möchte. Wenn ich ein bisschen strukturierter und organisierter wäre, dann hätte ich schon längst einen Plan erstellt, aber ich gehöre in diese lästige Kategorie von Menschen, für die Listen so ziemlich das Letzte sind, woran sie denken. Bei mir bewirken solche Pläne lediglich, dass ich mich schlecht fühle, weil ich immer erst hinterher bemerke, dass ich wieder etwas vergessen oder verpasst habe.

Manche meiner Freundinnen sind offenbar von Natur aus organisiert. Eine Mutter, die ich kenne, schreibt die täglichen anstehenden Aufgaben ihrer Kinder auf Listen, die an den Zimmertüren hängen. Also ist ihren vier Kindern ständig bewusst, dass sie helfen müssen. Jeden Tag hängt sie Zettel mit den Tagesaufgaben des jeweiligen Kindes an dessen Zimmertür, sodass es ganz genau weiß, was zu erledigen ist, bevor es seine eigenen Pläne weiterverfolgen kann.

Hier ein Beispiel, was an der Tür einer Zehntklässlerin hängen könnte:

Vorbereitung fürs Camp – Caroline
Aufgaben für den 23. Juni
Zimmer aufräumen und sauber machen
eine Ladung Wäsche
zu Ende packen fürs Camp
Arbeitsblatt über Erkenntnis zu Ende bearbeiten
45 Minuten lesen
Sport

Ja, diese Tochter packte völlig selbstständig ihre Sachen fürs Camp. Die Sonnencreme vergessen? Dann muss man sie eben später vom eigenen Geld im Camp-Kiosk kaufen. Nicht genug Unterwäsche mitgenommen? So lernt man, wie man sie unauffällig im Waschbecken wäscht. Jeder vergisst mal etwas. Wie schön, dass dieses Mädchen schon so früh lernt, wie man mit einer unerwarteten Situation fertig werden kann ... ohne nach Mama zu schreien. Und außerdem weiß sie dann fürs nächste Jahr, woran sie unbedingt denken muss.

Die besagte Mutter hängt auch den jüngeren Kindern im Alter von fünf und acht Jahren eine Aufgabenliste an die Tür. Auf dieser Liste steht unter anderem:

Zimmer aufräumen
anziehen
20 Minuten lesen auf dem Bett
nett sein zueinander
auf Taylor und Caroline hören
eine Seite im Mathebuch bearbeiten

Wie schön, darauf hinzuweisen, dass es auch eine Aufgabe sein kann, nett zu jemandem zu sein! Ich habe ein paar Kinder, denen ich auch gern diese Aufgabe an die Tür hängen würde.

An diesem Punkt unseres Experimentes bin ich überzeugt, dass Verantwortung ein Geschenk ist, das sich immer weiterverschenkt. Dieses Geschenk gibt unserer Familie ein verstärktes Gefühl von Teamwork und Zusammenarbeit, und der Einzelne profitiert davon mehr, als er je gedacht hätte. Die Kinder bekommen nicht nur Selbstsicherheit, weil sie all die Aufgaben, die ihnen gestellt werden, selbstständig erledigen, sondern sie gehen auch an neue Aufgaben mit einer zuversichtlichen Grundhaltung heran und nicht mit Angst davor, was wohl außerhalb ihrer Wohlfühlzone alles Schreckliches passieren könnte.

An den Tagen also, wenn ich mir Sorgen mache, dass ich vielleicht zu viel verlange oder zu viel Druck mache, an den Tagen, wenn ich selbst sehe, wie sie schon allein unter der Last der Pubertät beinah einknicken, an Tagen, an denen ich die Farbe der Warnflaggen nicht erkenne und mich dabei ertappe, dass ich bete, sie möge bitte nicht rot sein, an solchen Tagen klammere ich mich an die Botschaft, die ich von klugen Eltern bekommen habe, die das Elternsein überlebt haben: *Der Schlüssel zu allem ist Liebe.*

Eine andere Mutter hat mir einmal folgendes Zitat aus dem Buch *Biblical Parenting* (Biblische Erziehung) der Kinderpsychologin Dan Nyers zu lesen gegeben, das unsere Aufgabe als Eltern gut zusammenfasst.

Zusammenfassend kann man sagen, dass es in der Kindererziehung darum geht, die eigenen Kinder zu lieben, den gesunden Menschenverstand einzusetzen und sich nicht von weltlichen Maßstäben, sondern von der Bibel leiten zu lassen. Für die Erziehung reicht „Tu, was ich sage, und nicht, was ich tue" nicht aus. Man muss wirklich so sein, wie man es sich von den Kindern wünscht. Jesus sagt (*Matthäus 22,37–39*), dass man das kann, indem man erstens Gott von ganzem Herzen mit ganzer Seele und mit aller Kraft liebt und zweitens seinen Nächsten liebt wie sich selbst. [...] Denken Sie daran, dass das Ziel der elterlichen Erziehung nicht darin besteht, für eine schöne Kindheit zu sorgen, sondern unser Kind zu einem Erwachsenen aufwachsen zu lassen, der ein guter Mensch ist.[15]

Letztlich geht es nicht um die Aufgaben des Experimentes, sondern darum, meine Kinder zu lieben. Die Aufgaben sind lediglich Mittel zum Zweck. Das Ziel, das mit den Aufgaben verfolgt wird, sind junge Erwachsene, die aufs Leben vorbereitet sind und eine innere Sicherheit haben als Mensch, zu dem sie geschaffen sind.

Sie zu lieben, indem ich sie an der anstehenden Arbeit beteilige, unterstreicht meine Behauptung, dass ich an meine Kinder glaube. Die Zusicherung „Du kannst alles tun, was du dir vornimmst" hat jetzt, da ich mich mehr heraushalte, eine ganz neue Bedeutung bekommen. Ich sehe, wie sich diese Aussage bewahrheitet, und zwar sowohl bei einem Achtjährigen, der seiner Familie eine selbst gekochte Mahlzeit serviert, als auch bei einem Vierzehnjährigen, der morgens aufsteht, um zur Arbeit zu gehen. Obwohl diese Verhaltensweisen ganz eindeutig von einer „unvernünftigen" Mutter initiiert worden sind, ist dem jeweiligen Kind wirklich bewusst, dass seine Anwesenheit und Hilfe im Leben anderer Menschen etwas bewirkten. Der Große kann die Kinder ansehen, die an ihm hängen und ihn anbetteln, doch nur noch eine Geschichte mehr vorzulesen, und begreift, dass er auch noch von jemand anderem geliebt und gebraucht wird als von seiner Mutter.

Meine Kinder sitzen nicht mehr auf dem Sofa und warten darauf, dass jemand ihnen den Weg ebnet. Sie begreifen langsam, dass sie viel mehr können als sie wissen ... sogar Dinge, die sie eigentlich nicht tun wollen.

Kann es eine bessere Vorbereitung aufs Erwachsensein geben? Da bekommen wir es doch auch täglich mit Dingen zu tun, die wir

---

15 Dan A. Myers, MD, *Biblical Parenting: A Child Psychiatrist's View* (CreateSpace, 2010), 210–211.

eigentlich nicht tun wollen. Fragen Sie mich mal nach der verstopften Toilette, um die ich mich kümmern musste, oder nach den unzähligen Windeln, die ich gewechselt habe, oder nach den todlangweiligen „Diskussionen", die mir von streitlustigen Jugendlichen aufgezwungen werden, oder danach, wie ich es finde, immer diejenige zu sein, die Vereinbarungen durchsetzen muss. Ich möchte all diese Dinge eigentlich nicht tun, aber ich tue sie trotzdem.

Manchmal denke ich zurück an mein erstes Büro. Es war eigentlich der Kopierraum, und es war nicht unbedingt die Krönung der beruflichen Träume einer jungen, ehrgeizigen, entschlossenen berufstätigen Frau, in einem „Büro" zu arbeiten, in dem permanent Leute ein und aus gehen, um zu kopieren. Aber habe ich meine Sachen zusammengepackt und bin gegangen? Nein. Das tun erwachsene Menschen nämlich nicht. Und so habe ich es auch nicht von meinem Vater gelernt.

Jedenfalls taten Erwachsene damals so etwas nicht. Heutzutage beobachten Arbeitgeber beunruhigend oft genau das: Angestellte, die den Job einfach schmeißen, wenn sich die Arbeit als anstrengender und fordernder oder aber als nicht so interessant erweist, wie sie es sich vorgestellt hatten.

Neuere Untersuchungen haben ergeben, dass sich in der Gruppe von Menschen, die als Generation Y bekannt sind – das sind Menschen im Alter zwischen 11 und 25 Jahren –, eine neue Arbeitseinstellung ausbreitet. Eine Untersuchung bei 2500 Menschen, die nach dem Anfang der 1980er-Jahre geboren wurden, hat ergeben, dass sie sich gegen die Werte ihrer Eltern auflehnen und kein Leben führen wollen, in dem die Arbeit eine absolut beherrschende Rolle spielt.

Sie gaben an, sie würden lieber kündigen, wenn ihr Job unbefriedigend sei und keinen Spaß mache, wenn es zu wenig Urlaub gäbe und keine Möglichkeit, auch einmal längere Auszeiten für gemeinnützige Tätigkeiten oder längere Reisen genehmigt zu bekommen. Untersuchungen zu Folge haben Gehalt und Status einfach nicht mehr eine so hohe Priorität.

Bügelbrett

In Zeiten lockerer Mundwerke, stark ansteigender Hormonspiegel und mieser Einstellungen unserer Kinder können wir als Eltern vielleicht bei Verstand bleiben, wenn wir einen Schritt zurücktreten und solche Zeiten als Gottes Schmirgelpapier betrachten, mit dem er die rauen Stellen sowohl bei den Eltern als auch beim Kind glättet.

Hier ein paar Möglichkeiten, wie wir in schwierigen Zeiten eine konstruktive Perspektive behalten können, um bei Verstand zu bleiben.

- *Respekt*. Schauen Sie Ihr Kind mit Respekt vor seiner Persönlichkeit an. Die Kinder haben vielleicht unterschiedliche Träume, unterschiedliche Begabungen und eine völlig unterschiedliche Art, sich auszudrücken. Geben Sie ihnen in einem angemessenen Rahmen den Freiraum, ganz sie selbst zu sein. Sehen Sie in ihnen Menschen, die der Welt jetzt und künftig erst recht etwas zu geben haben.
- *Gemeinsame Interessen*. Finden Sie Aktivitäten, an denen Sie und Ihr Kind Spaß haben. Sie werden diese Gemeinsamkeiten genießen, und es eröffnet Ihnen die Möglichkeit, auch in Zukunft gemeinsame Zeiten zu erleben, in denen Sie zusammen sind und sich austauschen.
- *Liebevolle Gesten*. Finden Sie etwas, das Sie konkret für Ihr Kind tun können, etwas, das ihm etwas bedeutet, etwas Besonderes. Fragen Sie beispielsweise: „Wofür kann ich denn diese Woche beten?" oder „Gibt es heute etwas, das ich für dich tun kann?" Ein bisschen Sonderbeachtung kann viel zur Verbesserung einer Beziehung beitragen.

Denken Sie daran: Kinder sind wie Wackelpudding, in den unterschiedliches Obst hineingegeben wird; wir möchten so viel Gutes wie möglich hineintun, bevor er fest wird. In der Teenagerzeit beginnt der Pudding langsam fest zu werden,

> aber in der Mitte ist er immer noch weich. Es ist also noch Zeit, etwas hineinzugeben und das Aroma ihres Lebens zu verändern.
> *Jane Jarrell*

Etwas Großartiges an dieser Generation ist die Tatsache, dass sie nicht mehr so versessen darauf ist, um jeden Preis viel Geld zu verdienen wie die Generation davor. Statt aber diese Einstellung zu überwinden, dass die Welt sich nur um sie dreht, tauscht diese Generation offenbar das Ziel persönlichen Reichtums nur gegen eine andere egoistische Zielsetzung aus, nämlich nur das zu tun, was sich im Moment gerade gut anfühlt.

Wir haben in unserer Familie aber festgestellt, dass die Aufgaben des Experimentes genau das Gegenteil von einer solchen Ichbezogenheit bewirken. Nach der ersten Ab- und Auflehnung sorgen die Arbeitsaktivitäten der Kinder dafür, dass sie nicht mehr so ausschließlich sich selbst im Blick haben. Sie erleben also nicht nur die Befriedigung, etwas geleistet zu haben, sondern kommen auch noch in den Genuss der Freude, die es macht, etwas für andere zu tun.

Ich hoffe, dass sich die Kinder dadurch daran gewöhnen, auf ein momentan gutes Gefühl zu verzichten zugunsten langfristigerer Ziele, so wie ein Sportler den Muskelkater nach dem Training auch ein bisschen genießt. Ich würde zu gern erleben, dass ihnen harte Arbeit und Entschlossenheit zur zweiten Natur werden, und miterleben, wie sich daraus eine Einstellung entwickelt, die sie ihr Leben lang behalten: nämlich die Überzeugung, dass man Hindernisse nicht umgeht, sondern sie aus dem Weg räumen muss.

Diesen Monat ist die Hürde das Reparatur- und Instandhaltungsprojekt. Wir stehen bei der Aufgabe dieses Monats ganz klar vor einer etwas größeren Herausforderung. Reparaturen und Instandhaltung versprechen unsere größte Hürde zu werden, und zwar nicht, weil die anstehenden Projekte auf diesem Gebiet so schwierig wären, sondern weil zu den Reparaturprojekten in und um unser Haus Werkzeug nötig ist ... und da zögert Jon eher.

Eine echt haarige Situation

Nach einem frustrierenden Tag, bei dem ein verlegtes Portemonnaie eine Rolle spielte, ein nicht unbedingt hilfreiches Gespräch mit einem Callcenter in Indien, vertauschte Pausenbrote, verlegte Schlüssel, freiwillige Aktivitäten, für die die betreffenden Kinder ein zweites Mal zur Schule gefahren werden mussten, ein weiteres, nicht besonders hilfreiches Gespräch mit dem Callcenter in Indien, um das Problem in Ordnung zu bringen, das durch das erste Gespräch entstanden war, und zwei Touren in den Supermarkt (weil ich nicht gemerkt hatte, dass ich beim Losfahren mein Portemonnaie auf dem Küchentisch hatte liegen lassen) traf ich meinen Sohn gegen 21 Uhr abends zu Hause, als er gerade die Treppe herunterkam.

„Äh, also ich glaube, da ist Wasser in meinem Bad."

„Hä?"

„Also ... meine Dusche. Da ist Wasser auf dem Boden."

Weil dieser Monat ja unser Reparaturen-Monat war, hatte ich schon die ganze Zeit mit Adleraugen Ausschau nach Dingen gehalten, die repariert werden mussten. Bei der Wäsche, dem Kochen, dem Bettenmachen und dem Garten konnte ich sicher sein, dass immer genügend Arbeit vorhanden war, aber um den Kindern beizubringen, wie Dinge repariert werden, musste erst einmal etwas kaputtgehen. Ich muss gestehen, dass ich immer fast ein bisschen vor Freude kreischte, wenn sich wieder einmal eine Aufgabe ergab.

Als der Junge also diese Reparaturaufgabe beschrieb, war ich begeistert. Endlich hatten wir ein echtes Blaumann-Handwerker-Projekt direkt vor unserer Nase. Und eigentlich war „begeistert" noch untertrieben.

Ich sauste los, um Jon zu holen, der deutlich weniger begeistert war.

Als er und ich am Ort des Geschehens ankamen, um zu schauen, was los war, stellten wir fest, dass das Wasser in der Dusche mindestens zehn Zentimeter hoch stand.

„Wie ist denn das passiert?", fragte ich das verdutzte Kind angesichts des verstopften Abflusses.

„Ich weiß auch nicht."

Uns war allen klar, dass der Abfluss schon seit Wochen verstopft sein musste. Man konnte nur hoffen, dass es nicht schon Monate waren. Warum er uns nicht schon vorher Bescheid gesagt hatte, war uns schleierhaft. Vielleicht hatte er gedacht, es wäre ganz normal, dass das Wasser nicht richtig ablief, vielleicht hatte er auch Angst gehabt, Ärger zu bekommen. Was auch immer, ich war jedenfalls fest entschlossen, diese Chance zu nutzen, als ich Jon Bescheid gesagt hatte.

„Bitte, lass Boxster seinen Abfluss selbst wieder frei machen", bettelte ich Jon an.

„Ich lasse keines der Kinder allein einen Abfluss frei machen", sagte er. „In dem Bad herrscht eine einzige Sauerei, sie sind alle schon gebadet und bettfertig und müssen morgen zur Schule."

„Aber Schatz, es wäre doch …"

„Hör auf, mich zu bedrängen. Ich weiß, wie gern du möchtest, dass sie mithelfen und sich an solchen Aufgaben ausprobieren, aber ich habe dafür heute Abend keine Zeit", antwortete er. „Wirklich, lass es einfach. Ich zeige es ihm ein anderes Mal."

Schweren Herzens gab ich nach.

So eine tolle Chance direkt vor unserer Nase. Und weil ich so viel gelernt hatte über den Zusammenhang zwischen Arbeit und Selbstwertgefühl, befürchtete ich, dass der Kindsvater seinem Sohn unabsichtlich mehrere unausgesprochene, aber dennoch laute und eindeutige Botschaften vermittelt hatte:

- „Du hast es vermasselt und ich muss jetzt deinen Dreck wegmachen."
- „Ich muss es wieder in Ordnung bringen, weil du unfähig bist."
- „Du bringst nichts anderes zustande als Chaos."

Jon würde so etwas zwar nie über seinen sehr fähigen und tüchtigen Sohn denken, aber wenn man sich zu all dem noch ein pubertär bedingt negatives Selbstbild hinzudenkt, dann konnte man sich vorstellen, dass der Junge das bestätigt fand, was er über sich selbst dachte und für wahr hielt.

Alle Kinder versammelten sich um das Bad herum, um zu sehen, was dort los war. Das war natürlich meine Schuld, denn ich war so aufgeregt über diese tolle Chance einer echten Reparatur, dass ich nicht völlig ausschließen würde, vor Begeisterung gejauchzt zu haben, als Jon in die Garage ging, um das nötige Werkzeug zu holen – bevor meinem Wunsch dann ein abruptes Ende bereitet wurde.

Jon meckerte ein bisschen herum, während er sich mit der Spirale, der Enge in der Dusche und dem dreckigen Schleim dort abmühte. Die Kinder, zumindest die jüngeren unter ihnen, drängelten sich vor der Dusche um die besten Plätze, damit sie auch alles mitbekamen, was ihr Vater dort tat.

Ich stand hinter allen Kindern, auch hinter Boxster, der das ganze Geschehen eher niedergeschlagen beobachtete. Er ist in dem Alter, wo er am liebsten gar keine Aufmerksamkeit haben möchte. Die „Oohs" und „Aahs" waren schon weit mehr, als ihm lieb war.

Ich versuchte, ihm Mut zu machen. „Das ist doch nicht deine Schuld, mein Schatz. Es ist ein altes Haus und der Dreck im Abfluss hat sich wahrscheinlich jahrelang dort angesammelt." Und dann sagte ich als die ewige Manipuliererin genau das Falsche zu Boxster und genau das, was den Zorn meines Mannes heraufbeschwor. „Geh doch einfach da rein und frag deinen Vater, ob du ihm helfen kannst." Wenn ich jetzt daran denke, winde ich mich innerlich. Warum nur hatte ich mich nicht bremsen können?

Der Junge schob sich also langsam weiter vor, als wollte er wirklich fragen. Doch er stieß nur auf eine finstere Miene und einen wütenden Blick in meine Richtung, der besagte: „Wir hatten uns darauf geeinigt, dass das jetzt nicht der richtige Zeitpunkt ist."

Es war natürlich auch nicht besonders hilfreich, dass die anderen Kinder im Chor riefen: „Ja, lass es Boxster machen."

An diesem Punkt konnte ich sehen, wie die offenen Wunden in der Seele meines Sohnes zu eitern begannen. Er sah zu mir hin, dann zu seinen Geschwistern, und dann sagte er tatsächlich so laut, dass ich und auch die Geschwister es hören konnten: „Ach, das kann ich doch nicht. Das soll mal lieber der Papa machen. Ich bin ja erst vierzehn. Wenn ich sechzehn oder achtzehn wäre. Vielleicht, wenn ich ein Mann bin."

Es war einer dieser Augenblicke, die einem vorkommen wie in Zeitlupe, in denen alles um einen her knirschend zum Stillstand kommt. Die Worte bekamen ein Eigenleben und schlugen wie Blitze bei mir ein:

„Vielleicht, wenn ich ein Mann bin"; „Papa muss es machen"; „Ich bin ja erst vierzehn"; „Vielleicht, wenn ich ein Mann bin"; „Ich kann das nicht"; „Vielleicht, wenn ich ein Mann bin".

Es tat mir richtig weh, meinen Sohn mit solchen Selbstzweifeln zu erleben. Der Junge ist größer als ich, er ist klug und fähig. Das ist die Wahrheit. An seiner Reaktion war rein gar nichts wahr und richtig. In diesem Augenblick, als wir in dem überschwemmten Bad standen, sein Vater wütend vor sich hin arbeitete und die Kinder da herumstanden und zuschauten, wurde mehr als deutlich, was Boxster über sich selbst dachte. Ein junger Mann sagte das, was er über sich glaubte. Es waren Worte, die offenbar in dem Moment bestätigt wurden, als sein Vater ihm die ganze Sache aus der Hand nahm und sie erledigte, statt es seinen Sohn selbst versuchen zu lassen.

Ich spürte, wie mir der Zorn den Rücken hinauf- und in meinen Hals kroch, als ich hier Zeugin der destruktiven Kraft unausgesprochener Botschaften wurde, die meine Kinder jedes Mal zu hören bekommen, wenn ich ihnen eine Chance verweigere zu zeigen, dass sie etwas können.

Die Schultern meines Sohnes sackten nach unten, als wollte er sich in sich selbst verkriechen und möglichst ganz verschwinden, weg von den Blicken eifriger Geschwister und der Mutter, vor denen er sich so schämte, und vor dem Vater, der seinen Sohn für einen Versager hielt. Ich hätte Jon dort an Ort und Stelle am liebsten gewürgt. Und er hätte mit mir am liebsten dasselbe getan, weil ich ihm nicht vertraut und mich auf ein Territorium begeben hatte, das zu meiden wir vereinbart hatten.

Ein Haarklumpen von der Größe einer Ratte kam aus dem Abfluss heraus. „Iiiih", schrien alle im Chor und quietschten vor Ekel. Alle außer Boxster, der froh war, dass die Leute aus seinem Bad flohen – einschließlich meiner Person.

Wir gingen alle weg.

Und der Vater murmelte etwas davon, dass wir die Dinge nicht pfleglich genug behandelten, und scheuchte dann alle Kinder ins Bett, weil am nächsten Tag schließlich Schule sei.

Und vier Geschwister redeten aufgeregt miteinander und durcheinander über das Klempnereiabenteuer.

Eine Mutter war voller widerstreitender Gefühle von Zorn und tiefer Traurigkeit.

Und ein junger Mann glaubte seiner Mutter nicht, als sie auf seinen selbst verkündeten Verliererstatus mit den Worten „Aber du bist doch ein Mann, mein Schatz. Ein guter Mann" reagierte.

Was er darauf sagte? Er sagte: „Nein Mama. Das bin ich nicht."

Der Kampf um Kontrolle

Schon Augenblicke, nachdem ich das Bad verlassen hatte, hätte ich am liebsten meine Koffer gepackt, die Kinder ins Auto gesetzt und wäre gegangen. Ich wollte nichts zu tun haben mit dem Schmerz, der da in der engen Dusche herrschte. Aber ich hatte nun mal versprochen, „in guten wie in schlechten Zeiten" dazubleiben, und ich wusste, dass ich durch Weglaufen einem der größten Problemmacher bei der ganzen Geschichte eben nicht hätte entkommen können: mir selbst.

Jon und ich gestanden uns gegenseitig ein, wie schrecklich wir uns beide an dem Abend mit der überschwemmten Dusche gefühlt und verhalten hatten, aber wir brauchten trotzdem ein paar Tage, bevor wir auch nur anfangen konnten, einigermaßen objektiv und konstruktiv darüber zu reden. Für mich war es wichtig, dass Jon sah und eingestand, wie tief verletzt sein Sohn war. Und für Jon war es absolut wichtig, dass ich ihm vertraute und seinen Wunsch anerkannte, respektvoll behandelt zu werden – ganz besonders in Gegenwart der Kinder. Ich vertraue ihm. Er ist ein fantastischer Vater. Und natürlich wusste ich an dem besagten Abend schon in dem Augenblick, als die Worte aus meinem Mund kamen, ganz tief in meinem Inneren, dass ich alles nur noch schlimmer machte, indem ich manipulierte, um meinen Willen zu bekommen.

Tatsache ist, dass in dieser hässlichen Badezimmerszene Jon und ich beide mit demselben Problem zu tun hatten: Kontrolle. Er wollte die Freiheit, so mit der Situation umzugehen, wie er es für richtig hielt – und dazu gehörte nicht, einen Teenager mit einem Werkzeug hantieren zu lassen, mit dem er noch mehr Schaden hätte anrichten können, weil nicht genügend Zeit war, ihn gründlich in die Handhabung einzuweisen. Und ich wollte, dass er mit der Situation so umging, wie ich es wollte, indem er Boxster beteiligte. Und unser beiderseitiges Bestehen darauf, uns durchzusetzen und damit die Kontrolle über die Situation zu bekommen, schadete nicht nur unserer Beziehung, sondern vor allem auch dem Selbstbild unseres Sohnes.

Steckt nicht genau dieses Bedürfnis nach Kontrolle fast immer hinter dem Hang von Eltern, lieber alles selbst zu machen, und zwar genau so, wie sie es für richtig halten? Nehmen wir überhaupt irgendwann einmal genug Tempo aus unserem Leben, um zu merken, dass wir genau auf die gleichen Probleme zulaufen, wie einst Eva im Paradies durch ihre verhängnisvolle Entscheidung, indem wir das Ruder an uns reißen und diktieren, wie Dinge zu tun sind oder eben nicht? Ein Vorgehen, durch das wir uns an die Stelle Gottes setzen?

Wenn ich einschreite und davon ausgehe, dass meine Methode die einzig richtige ist, dann beschließe ich in dem Moment, im Leben meiner Kinder die Rolle von Gott zu spielen. Verstehen Sie mich bitte nicht falsch, manchmal müssen verantwortungsbewusste

Eltern eingreifen, um das Wohl und die Sicherheit ihres Kindes zu gewährleisten. Es scheint nur manchmal so, dass wir die Bereiche, in denen wir das für nötig halten, so weit ausdehnen, dass irgendwann alles eingeschlossen ist. Wir zählen irgendwann so gut wie alles zu den „Wohl- und Sicherheitsfragen": Schulnoten, Plätze in Sportmannschaften, Schulen, Freunde usw. All diese Bereiche erfordern vermeintlich unser Eingreifen mit der Begründung, das geschehe nur zum Wohl unseres Kindes und seiner Zukunft und zu seinem eigenen Schutz.

Im vorliegenden Fall war mein um Sicherheit besorgter Mann eingeschritten, um seinen Sohn davor zu bewahren, durch ein Werkzeug, mit dem er noch nicht vertraut war, Schaden anzurichten. Das war ja auch völlig in Ordnung. Aber er griff auch deshalb ein, weil er mit der Reparatur ohne die Hilfe seines Sohnes schneller fertig werden würde, weil er wusste, wie es ging. Und er bekam auch wirklich gleich beim ersten Versuch den Abfluss frei.

Was Effizienz und Fachkenntnis betraf, hatte er die Situation absolut unter Kontrolle. Und in meinem Bestreben, ihm zu beweisen, dass Mutter es nun mal immer am besten weiß, versuchte ich, ihm diese Kontrolle wieder zu entreißen.

Als wir mit dem Experiment begannen, lag das Hauptaugenmerk auf all den tollen Dingen, die meine Kinder dadurch lernen konnten und sollten. Die Lektionen, die vielleicht hinterfragen würden, wie ich ans Leben herangehe, hatte ich absolut nicht einkalkuliert. Und jetzt kommt's: Ich habe keine Kontrolle.

Als Gott die Welt erschuf, da hat er sie sich nicht als Diktatur gedacht, sondern er trat mit den Menschen in eine persönliche Beziehung, wie es das Vorstellungsvermögen von Theologen schon seit Jahrhunderten übersteigt. Es ist die Beziehung zwischen einem allwissenden und allmächtigen Gott und einem sterblichen Geschöpf mit einem freien Willen. Es zählt also nicht nur das, was ich will, sondern auch das, was mein Mann möchte – und das, was meine Kinder möchten, ebenso. Wieso sollte ich versuchen, ihnen das zu nehmen?

Also, Lektion Nr. 2 für mich: Ich bin so dankbar, dass Gott, der immer *alles richtig, effizient* und *zum richtigen Zeitpunkt* machen kann, nicht eingreift und immer alles für mich übernimmt. Ich gewinne dadurch nicht nur ganz praktisch Erfahrungen, indem ich im Tun etwas lerne, sondern ich gewinne dabei auch Vertrauen – in ihn und in meiner Rolle als sein Kind. Und mit zunehmendem Vertrauen werden dann auch meine Grenzen weiter gesteckt.

***

Neulich haben sich meine Kinder ihre Fahrräder geschnappt und sind in das Einkaufszentrum in unserer Nähe gefahren. Zufällig war auch meine Nichte gerade zum Spielen da. Sie rief ihren Vater an und bat ihn, ihr bitte ihr Fahrrad zu bringen, damit sie mit den anderen mitfahren könne. Wir hatten zwar Fahrräder, aber keines in ihrer Größe. Er erklärte sich bereit und brachte ein niedliches, winziges Mädchenfahrrad, das Fahrrad, auf dem sie Radfahren gelernt hatte, allerdings waren die Stützrädchen inzwischen abgebaut. Die Reifen des Rädchens waren etwa halb so groß wie die des Fahrrades ihrer gleichaltrigen Cousine. Was bedeutete, dass sie sich wirklich abstrampeln musste, um mit ihren Cousins und Cousinen mithalten zu können. Wenn die anderen einmal in die Pedale traten, musste sie fünf Mal strampeln. Für eine Fahrt, die normalerweise zehn Minuten dauert, brauchten die Kinder deshalb doppelt so lange, weil sie immer wieder anhalten und warten mussten.

Für meine Nichte war das eine ganz neue Erfahrung – und für ihre Eltern auch. Mein Bruder konnte es sich nicht verkneifen, ins Auto zu steigen und heimlich hinterherzufahren, um sich zu vergewissern, ob auch alles in Ordnung war, aber die Kinder merkten es natürlich.

„Weißt du was? Onkel Charles hat uns die ganze Zeit kontrolliert", erzählte mir Clara, als die Kinder wieder nach Hause kamen.

„Wie meinst du das?", fragte ich.

„Wir haben genau gemerkt, dass er nach uns gesehen hat, als wir in einer Bäckerei waren. Und dann noch mal, als wir Sachen für die Schule gekauft haben. Er hat wirklich gedacht, dass wir es allein nicht hinkriegen!"

Mit ihrer Vermutung, dass der Onkel ihnen eine kleine Shoppingtour alleine nicht zutraute, lag Clara allerdings falsch. Er hatte sich nur vergewissern wollen, ob alles in Ordnung war, weil das Fahrrad für meine Nichte erstens viel zu klein war und sie zweitens noch nie eine so lange Strecke ohne Begleitung Erwachsener gefahren war. Ist es nicht interessant, dass die Kinder glaubten, er traue ihnen die Fahrt nicht zu?

Nach dem kleinen Ausflug war meinem Bruder dann klar, dass seine Tochter ein größeres Fahrrad brauchte. Obwohl sie Angst davor hatte, schwang sie sich auf den Sattel eines Fahrrades, das so hoch war, dass sie mit den Füßen nicht mehr den Boden berühren konnte. Es war also nicht mehr ganz so mühelos, das Gleichgewicht zu halten wie bei dem kleinen, alten Fahrrad, und sie musste es auf diesem Rad ganz neu lernen. Weil ihre Eltern ihr aber zutrauten, auf einem größeren Rad zu fahren, auch wenn es vielleicht am Anfang ein bisschen gefährlicher war, weil es keine Stützräder hatte, es schwieriger zu lenken war, sie tiefer fallen konnte, wenn sie stürzte, und außerdem auch noch zusätzlich eine Gangschaltung ins Spiel kam, sorgten sie dafür, dass die Welt und der Erfahrungshorizont ihrer Tochter erweitert wurden. Sie gewann dadurch neues Selbstvertrauen, konnte weitere Fahrten unternehmen, fühlte sich erwachsener und noch vieles mehr.

Setze ich auch so viel ein, um den Erfahrungshorizont meiner Kinder zu vergrößern? Lasse ich zu, dass meine Kinder mit schwierigen Situationen fertigwerden müssen, um selbst zu sehen, was sie schon alles können, oder bleibe ich im Stützräder-Modus stecken, damit ihnen nur ja nichts passiert, verhindere dadurch aber, dass sie wichtige Erfahrungen machen?

Ganz ähnlich lerne ich auch, mich immer mehr auf Gott zu verlassen und meinen Wunsch loszulassen, selbst den Ausgang der

Dinge zu bestimmen, besonders im Zusammenhang mit den kaum vorhandenen Reparaturaufgaben in unserem Haushalt in diesem Monat. Nicht, weil es an unserem Haus nichts zu reparieren gäbe, nein. Die Anzahl der Projekte zur Verbesserung und Verschönerung unseres Hauses, die in diesem Monat möglich und nötig wären, hat schon beinah etwas Komisches. Aber jedes Mal ist unser Haushandwerker gekommen und hat die Sache selbst in die Hand genommen, ohne die jungen Handlanger zu beteiligen, die sich bereitwillig zur Verfügung stellten.

Unsere Eiswürfelmaschine ging kaputt.
Er reparierte sie selbst.
Eine Dusche musste abgedichtet werden.
Er dichtete selbst ab.
In unserem Garten musste eine Kante gezogen werden.
Er nahm die Sache selbst in die Hand.
Abgestorbene Sträucher mussten entfernt werden.
Er entfernte sie selbst.
Die Sprinklerdüsen mussten erneuert werden.
Er erneuerte sie selbst.
Es mussten Glühbirnen ausgewechselt werden.
Er wechselte sie selbst aus.
Eine Küchenschranktür hing schräg.
Er reparierte sie selbst.
Die Scheibenwischer am Auto brauchten neue Wischblätter.
Er wechselte sie selbst aus.

„Warum nur?", fragen Sie sich jetzt vielleicht. Die Antwort lautet, dass er sich einfach nicht bremsen kann. Es geht schneller, wenn er es selbst macht, und die Aufgabe wird korrekt und genau so erledigt, wie er es für richtig hält. Die Kinder werden auf diese Weise aus der Gefahrenzone ferngehalten. Es ist einfacher. Die Liste der Gründe ließe sich beliebig fortsetzen.

Und wissen Sie was? Ich kenne diese Liste von Gründen in- und auswendig, weil es die gleiche ist, mit der ich seit Beginn des Experimentes arbeite und die mir solche Mühe macht.

Ich denke meistens, dass wir Eltern Chancen versäumen, das Verantwortungsgefühl unserer Kinder zu fördern, weil wir glauben, es wäre sicherer, bequemer und nicht so zeitaufwendig, wenn wir es selber machen. Oder wir schieben es auf mit der Begründung: „Ich zeige es ihnen beim nächsten Mal." Jedes Mal, wenn wir uns fürs „Praktische" entscheiden, bekommen unsere Kinder dadurch die Botschaft, dass sie unfähig sind. Da ist es dann doch nicht weiter verwunderlich, wenn diese Generation solche Probleme hat mit kritischem Denken und Problemlösungen. Und das ist doch ein ziemlich happiger Preis, den man für Bequemlichkeit und Kontrolle bezahlt, oder?

Statt jedoch sauer zu werden oder Streit anzufangen, wobei alle in Mitleidenschaft gezogen würden, habe ich beschlossen, zu sagen, was ich dazu denke und dann die endgültige Entscheidung Jon zu überlassen.

Ich bettele immer noch: „Bitte, lass sie doch den Wasserhahn an meinem Waschbecken auswechseln. Biiiitte!" Er erträgt es und lacht manchmal über meine unablässige Suche nach Gelegenheiten für Reparaturaufgaben, und er teilt mir auch mit, wenn ich die Grenze vom Chancensuchen zum Manipulieren überschreite.

Es ist nicht alles verloren

Obwohl ich nur wenig von dem wirklich erreicht habe, was ich mir für diesen Monat vorgenommen hatte, habe ich durch die Aufgabe des Monats viel gelernt.

Das Wichtigste dabei war wohl, meinen Drang zu zügeln einzugreifen und Dinge selbst zu regeln, weil das vermeintlich leichter, schneller, und sicherer ist. Was das angeht, bin ich zwar noch nicht ganz geheilt, befinde mich allerdings auf dem Weg der Besserung und habe mein Bedürfnis nach Kontrolle an die erste Stelle der Liste von Problemen gerückt, mit denen ich mich unbedingt auseinandersetzen muss – neben den Problemen der Beihilfe zur Unselbstständigkeit und der „Aufschieberitis" ... und noch ein paar weiteren Dingen.

Ich bin dankbar, dass wir da auf der Suche nach den Schritten in die richtige Richtung sind. Lieber langsam und stetig dem Ziel näher kommen als gar nicht, oder? Was Kinder und Reparatur- und Instandhaltung angeht, da sind wir definitiv langsam. Ich halte aber die Augen offen für Projekte, an denen wir üben können.

Ich bin wieder auf die Tatsache gestoßen worden, dass eines der größten Hindernisse, mit denen meine Kinder konfrontiert sind, zu viel Nachsicht der Eltern ist. Bei der Aufgabe in diesem Monat hatte diese Nachsicht nicht die Form von Verwöhnung, sondern von Vermeidung. Dadurch, dass wir gute Chancen ausließen, ihnen etwas zu zeigen, bekamen die Kinder eine Riesenladung freie Zeit, und ihre Anspruchshaltung sowie die Erwartung, bedient zu werden, verschlimmerten sich wieder. Sie wurden wieder mehr in der Meinung bestärkt, dass sie an die Seitenauslinie des Lebens gehörten statt mitten hinein. Wir haben ihnen signalisiert, dass viele Aufgaben, die sie durchaus schon bewältigen könnten, außerhalb ihrer Fähigkeiten und ihrer Verantwortung lagen.

Und welches Gegenmittel gibt es gegen solche übertriebene Nachsicht? Wir müssen ihnen Arbeit geben, und zwar sinnvolle.

Die Freundin, die ihren Kindern die täglichen Aufgaben an die Zimmertür schreibt, erlebt, wie ihre Kinder von der sinnvollen Mitarbeit profitieren, und dabei war das ursprünglich noch nicht einmal ihr erklärtes Ziel. Ann schreibt die Aufgaben aus reiner Notwendigkeit auf. Die Kinder helfen verstärkt mit, weil es einfach nötig ist. Vor einiger Zeit musste die Familie nämlich ihre Ausgaben erheblich reduzieren, um finanziell über die Runden zu kommen, und im Rahmen dieser Sparmaßnahmen verabschiedete sich die Familie von der Haushaltshilfe, die bis dahin zwei Mal pro Woche gekommen war. Bei vier Kindern schafft meine Freundin den Haushalt nicht ganz allein, also mussten die Kinder mithelfen, und zwar aus reiner Notwendigkeit.

Und auch unsere Kinder sollten das tun, weil es notwendig ist. Nicht um einen Orden als „Helden der Arbeit" zu verdienen, sondern weil die Familie ihre Hilfe wirklich braucht und sich darauf verlassen können muss, dass jedes Familienmitglied mithilft. Wir sollten die tägliche Mithilfe im Haushalt als Notwendigkeit betrachten, weil die Kinder Arbeit brauchen.

Unsere Kinder müssen lernen, wie man durchhält. Sie müssen lernen, dass keine Aufgabe unter ihrer Würde ist. Sie müssen wissen, was es heißt, einen Haushalt zu führen. Sie müssen die Erfahrung machen, dass man sich manchmal schmutzig machen muss, wenn man es sauber haben will. Sie müssen lernen, wie man etwas für andere tut. Sie müssen lernen, wie die Familie als Einheit funktioniert, in der jeder seinen Beitrag leistet. Sie müssen wissen, dass sie dazugehören, dass sie Teil der Gruppe sind, dass sie gebraucht werden.

Weil es notwendig ist, müssen wir die Arbeitslast umverteilen, die Arbeit der Eltern oder bezahlter Helfer reduzieren und dafür die Arbeitslast arbeitsfähiger Familienmitglieder erhöhen. Weil wir sie lieben. Weil sie mithelfen können. Weil selbst scheinbar banale Aufgaben sie dafür ausrüsten, irgendwann auch Größeres zu bewältigen.

Sie werden irgendwann mit der Aufgabe konfrontiert sein, Therapiemöglichkeiten für unterschiedlichste Krankheiten zu entwickeln oder Möglichkeiten, fremde Galaxien zu erreichen und zu erforschen oder umweltfreundliche Energiequellen zu entwickeln. Wer weiß, was sie alles leisten könnten, wenn wir aufhören würden, zu nachsichtig zu sein und sie stattdessen fit zu machen und zu fordern.

Daran musste ich denken, als ich meinen Töchtern dabei zuschaute, wie sie die Wäsche dieses Tages zusammenlegten und wegräumten, und mich darüber amüsierte, wie der Dreijährige ihnen dabei „half" – indem er das tat, was er schon konnte, nämlich Wischtücher für die Küche zusammenzulegen. Später beobachtete ich unseren Achtjährigen dabei, wie er eifrig den Geschirrspüler ausräumte, und unseren Teenager, der sich überlegte, wie er sich Ersatz beschaffen konnte für das Buch, das er gelesen, aber verloren hatte. Ganz nach Art der technisch versierten Generation, zu der er gehört, lud er sich eine Hörbuch-Version herunter, um zu Ende lernen zu können. Und nur fürs Protokoll: Statt selbst mit dem Anbieter über unseren Kabelanschluss zu sprechen, gab ich das Telefon an Boxster weiter und ließ ihn die Sache regeln.

Es fühlte sich richtig gut an, als ich dem Mitarbeiter dort sagen konnte: „Ich gebe Sie an meinen Sohn weiter. Der versteht mehr davon als ich."

Gegenstände von Interesse
Welche Reparaturarbeiten die Kinder diesen Monat jetzt wirklich ganz praktisch durchgeführt haben? Nicht viele. Sie haben ein paar Glühbirnen und Batterien ausgewechselt (und ich finde, man muss sich schon sehr anstrengen, um das unter der Rubrik „Reparaturarbeiten" einzuordnen), ein paar Nägel in die Wand gehämmert und etwas Haar aus irgendwelchen Abflüssen gezogen.

Fast alle Handwerksaufgaben wurden von unserem Meisterhandwerker selbst erledigt. Er war nicht besonders wild darauf, die Kinder Dinge reparieren zu lassen, die dadurch vielleicht Schaden hätten nehmen können.

Von allen bisherigen Aufgaben hat mich diese am meisten mitgenommen. Es ist die einzige Aufgabe, an der wir gescheitert sind. Und das lag ehrlich gesagt nicht an den Kindern, sondern an uns selbst. Es sind nicht die Kinder, die in Bezug auf die Aufgaben versagt haben, sondern wir Eltern haben in Bezug auf die Kinder versagt.

Diese Erkenntnis fasste einer von ihnen auch in ziemlich schwer verdauliche Worte. Er formulierte, was er wahrscheinlich glaubt, auch wenn ich hoffte, dass es nicht so sei. Er sagte nämlich: „Ich kann das nicht." Ein echtes „Kann nicht". Es war keine Ausrede.

Wir werden daran arbeiten, und zwar gemeinsam.

Obwohl Jon sich immer noch nicht ganz auf mein verrücktes Experiment eingelassen hat, liebe ich ihn und bin so dankbar für ihn. Er erdet mich und all meine verrückten Ideen. Er sieht schon den Rand, wenn ich noch nicht einmal gemerkt habe, dass da eine

Klippe ist. Und er liebt unsere Kinder von ganzem Herzen und mit ganzer Hingabe. Er bemüht sich jetzt wirklich, den Werkzeugkasten nicht mehr ganz so ausschließlich an sich zu reißen. Gestern hat er Boxster zum Beispiel gebeten, ihm beim Einbauen von Fensterläden an den Schlafzimmerfenstern zu helfen. Das war eine Zwei-Mann-Aufgabe mit Betonung auf *Mann*.

Genauso wie es ein Vielfaches an positiven Kommentaren braucht, um eine einzige negative Bemerkung aufzuwiegen, so glaube ich, dass jede Menge solcher Zwei-Mann-Projekte von Jon und Boxster nötig sein werden, um den Duschabfluss-Schock zu verdauen. Aber Eltern können ja auch nicht mehr tun, als sich zu entschuldigen und dann zu versuchen, es besser zu machen.

Nachdem Vater und Sohn mich gefragt hatten, welche Farbe die Fensterläden haben und wie breit die Lamellen sein sollten, machten sie sich gemeinsam auf den Weg in den Baumarkt. Als sie mit Bohrer und Schraubenzieher bewaffnet zurückkamen, packten sie aus, vermaßen, lachten, halfen sich gegenseitig und bauten ganz tolle Fensterläden an. Sie zuckten mit den Schultern, als wäre das ja nun wirklich keine großartige Sache, aber die unzähligen „Ooohs" und „Aaahs" aus dem Geschwisterkreis taten dem jungen Mann doch sichtlich gut. Und es schadete auch nicht, dass, als die beiden Männer mit ihrer Aufgabe fertig waren, der jüngere Bruder um eine Chance bettelte, Papa auch einmal helfen zu dürfen. Er fand es unfair, dass nur Boxster mitmachen durfte. Mir wurde dabei das Herz warm, und ich glaube, ein anderes wurde dadurch angerührt.

:::: WAS SIE IN DIESEM MONAT GELERNT HABEN

- Ein Mann trennt sich nicht so leicht von seinem Werkzeug.
- Das Prinzip der Entropie: Die einzige Möglichkeit, den Prozess des Verfalls in einem Haus aufzuhalten, ist jemand, der etwas Energie einsetzt.
- Pömpel sind unsere Freunde.

:::: **WAS ICH IN DIESEM MONAT GELERNT HABE**
- Ich habe noch einen weiten Weg vor mir, um meinen Hang zur Kontrolle zu überwinden.
- Respekt vor meinem Mann zu haben und das auch zu zeigen, ist wichtiger, als zu erreichen, dass Dinge genau so gemacht werden, wie ich es will.
- Die Tatsache, dass Gott uns zutraut, ihm bei den Aufgaben in seinem Reich zu helfen, ist der Beweis dafür, wie sehr er uns liebt. Und ich möchte auch meine Kinder so lieben.

AUFGABE 8

Gastgeber sein

Gastfreundschaft und Partyplanung

> *Gastfreundschaft ist die Tugend, die es uns erlaubt, die Enge unserer eigenen Ängste zu durchbrechen und unsere Häuser Fremden zu öffnen mit dem intuitiven Gefühl, dass die Erlösung in Gestalt eines müden Reisenden zu uns kommt.*
> Henry J. M. Nouwen

Manchmal sagen mir Leute: „Du hast die Gabe der Gastfreundschaft." Wahrscheinlich finde ich das ganz normal, weil ich mein ganzes Leben von Gastfreundschaft umgeben war, aber wenn ich genauer darüber nachdenke, komme ich zu dem Schluss, dass es sich dabei weniger um eine Gabe handelt als vielmehr um bewusstes Einüben.

Jeden Sonntag wurde in unserer Familie zum Brunch eingeladen. Es durfte jeder kommen, der Lust und Zeit hatte. Meine Mutter wusste nie, wer kommen würde, und wie viele Gäste es werden würden, aber sie hatte für alle Fälle immer noch einen Auflauf als Reserve in der Kühltruhe. Unzählige Male habe ich vom College aus zu Hause angerufen – und sogar auch später noch, wenn ich dienstlich unterwegs war, und habe dann erfahren, dass meine Freunde dort zum Brunch waren. „Willkommen" war der Grundbegriff in meiner Familie.

Das, was uns meine Eltern wie auch meine Großeltern in Sachen Gastfreundschaft vorgelebt haben, versuchen Jon und ich weiterzuführen. Aber vor Kurzem ist mir klar geworden, dass Gastfreundschaft keine Gabe ist, die innerhalb einer Familie einfach so weitervererbt wird, sondern sie wird aus Taten bewusst gewählter Selbstlosigkeit Stück für Stück aufgebaut. Stetiges Praktizieren und Einüben und die Entscheidung dafür legen ein Fundament, dass Gastfreundschaft einen ganz eigenen Stil und eine eigene Atmosphäre widerspiegelt. Und jetzt ist es an der Zeit, dass unsere Kinder diesen Ball aufnehmen.

Die Aufgabe für diesen Monat: Ich möchte, dass sie selbst erleben, wie viel Spaß es macht, eine Party zu geben. Sie können sich die Größe, die Art und den Veranstaltungsort aussuchen und bekommen ein Budget von 50 Dollar, mit dem die Kosten für das Fest und die Einladungen gedeckt werden müssen. Wenn sie sich dafür entscheiden, die Einladungen per Post zu verschicken, dann geht das vom Budget ab.

Ich möchte, dass sie zwei wichtige Dinge lernen:
1. Gastfreundschaft sorgt dafür, dass wir unseren Blick von uns selbst weg auf andere lenken – und das ist etwas Gutes, egal wie alt man ist.
2. Gastfreundschaft wird immer wertgeschätzt. Manche Leute benutzen alle möglichen Entschuldigungen, um es zu vermeiden, Gäste einzuladen. „Ich habe nicht genug Platz." „Ich kann nicht kochen." „Ich weiß nicht, wie ich Gäste unterhalten soll." Ich bin davon überzeugt, dass alle Menschen gerne dazugehören und Spaß an Gemeinschaft haben.

Bügelbrett

Ich bin ein großer Fan davon, dass Jungs und Mädchen etwas gemeinsam unternehmen, aber nicht unbedingt in der Form von „Pärchen". Es muss vielmehr an einem Ort gesche-

hen, wo sie unter Menschen sind, wo sie sich darin üben können, ins Gespräch zu kommen und ein bisschen zu plaudern, und wo sie die Chance haben, herauszufinden, was funktioniert und was nicht. Also ganz nach der Devise:
- weniger Bildschirme – mehr persönlicher Umgang miteinander
- weniger Herumsitzen – mehr Herumalbern
- weniger förmlich – mehr bequem und locker
- weniger Geld nötig – mehr für jeden bezahlbar
- weniger Pärchen – mehr Gruppeninteraktion

Hier ein paar entsprechende Partyideen:
- *Talentshow:* Denken Sie doch mal an all die Klavierstunden, Geigenstunden, die neue Kür aus dem Turnunterricht oder die witzige Parodie aus der Freizeit. Eine Mutter und ihr Kind luden Jugendliche zu einer Talentshow ein, wo jeder Gast zur Unterhaltung der Gäste etwas vortragen musste. Ein Gast erzählte einen Witz, ein anderer führte Zaubertricks vor, und der große Hit des Abends war eine Gruppe von Mädchen, die einen verrückten Sketch vorspielten. Was die Jugendlichen eindeutig mitnehmen konnten, war der Spaß, den sie daran hatten, ihre unterschiedlichen Talente vorzuführen, und das Selbstvertrauen, das sie durch die Anerkennung für ihre Beiträge entwickelten.
- *Do-it-yourself-Dinner*. Eine andere Gruppe kam zusammen, um erst gemeinsam zu kochen und dann das köstliche Menü zu verzehren. Die Gastgeberfamilie hatte als Menü Spaghetti, bunten Salat, Knoblauchbrot und Brownies gewählt. Der Gastgeber schrieb die Zubereitung der einzelnen Gänge Schritt für Schritt auf Zettel, und bei der Ankunft der Gäste musste jeder einen Zettel aus einem Korb ziehen. Ein Mädchen zum Beispiel musste die Tomaten waschen und würfeln; ein Junge sollte den Teig für die Brownies rühren usw.

> Die Arbeitsstationen mit den Rezepten und den Zutaten waren bereits fertig ausgestattet und die Kochgruppen für die einzelnen Gänge wurden willkürlich zusammengewürfelt. An diesem Abend konnten etliche der Köche damit prahlen, richtig gut kochen zu können.
> Aber das Beste war, dass die Kinder nicht nur ihr Können, sondern auch ihre Fähigkeiten im Miteinander verbesserten, und beides konnte ihnen für ihre Zukunft nur nützen.
> *Kathleen Fischer*

Deshalb gehört zu meinem Plan auch, dass jedes Kind für etwas Unterhaltung sorgen muss. Das Ganze scheint vielleicht ein etwas komisches Thema zu sein, aber ich möchte wirklich, dass sie am eigenen Leib Freud und Leid der Gastgeberrolle erleben. Ich rechne damit, dass manchen von ihnen diese Aufgabe großen Spaß macht, anderen wird sie richtig schwerfallen. Die Herausforderung für mich besteht darin, zu erreichen, dass sie ihr Augenmerk nach außen richten, darauf, was den anderen Spaß macht, statt auf sich selbst und ihre Sorge, wie die anderen ihre Party wohl finden und ob sie nicht vielleicht ausgelacht werden könnten – eine Sorge, die bei Teenagern ebenso typisch wie heftig ist.

Ich habe so meine Zweifel, ob *alle* meine Kinder dieser Aufgabe gewachsen sein werden. Ich habe ehrlich gesagt sogar schon den Gedanken gehabt, dass der Fokus auf Gastfreundschaft vielleicht ein bisschen belanglos sein könnte, aber als ich dann weiter darüber nachdachte, welche Dinge meine Kinder meiner Meinung nach unbedingt können müssen, bevor sie aus dem Haus gehen, war dieses Thema auf jeden Fall unter den Top 12 – wahrscheinlich sogar unter den Top 2.

Was den „Coolnessfaktor" eines Jungen wirklich steigert

Wie bereits erwähnt, gehört zu den Zielen beim Thema Gastfreundschaft, meinen Kindern dabei zu helfen, nicht nur sich selbst, sondern die anderen im Blick zu haben. Das ist eine permanente Herausforderung, besonders in unserer konsumorientierten Kultur.

Als Boxster und ich kürzlich nachmittags einmal wieder zusammen im Auto saßen (es scheint wirklich so, als ob sich die Hälfte unseres Familienlebens im Auto abspielt), fragte er nonchalant:

„Und, findest du nicht, dass ich in einem Porsche wirklich gut aussehen würde?"

Weil sich seine Frage wie ein Déjà-vu anfühlte, schaute ich kurz zu ihm hinüber. War das nicht genau das Gespräch, mit dem alles angefangen hatte und das mir die Augen dafür geöffnet hatte, wie selbstbezogen und materialistisch meine Kinder geworden sind? Und genau wie beim ersten Mal, als er diese Frage gestellt hatte, waren wir auch jetzt wieder auf der Preston Road unterwegs.

Meine Verzweiflung unterdrückend sagte ich: „Streng dich an in der Schule, dann kannst du irgendwann alles haben, was du willst, aber ich hoffe natürlich auch, dass es dir bis dahin nicht mehr so wichtig ist, welches Auto du fährst."

„Ich will auf jeden Fall einen Porsche. Und eine Rolex."

„Ich glaube, du vertust dich da ein bisschen, was wirklich wichtig ist", sagte ich und dachte: *Hast du denn wirklich gar nichts gelernt in den vergangenen sechs Monaten?*

„Guck mal da, da drüben! Das ist genau der Wagen, den ich haben will. Und da."

Und tatsächlich teilten wir uns die Straße mit zwei schönen Porsches. Einer fuhr rechts und einer links von uns. Ein Porsche-Sandwich – na toll!

Er ist ein Junge. Das erklärt seine Autoverrücktheit wahrscheinlich zumindest teilweise. Außerdem könnte ihn so ein schicker

Wagen in der sozialen Skala der Gesellschaft, in der er sich bewegt, in der „Coolheitsskala" sicher ein Stück nach oben katapultieren. Das wird sich schon noch auswachsen. Oder?

Obwohl es mir besser gefallen hätte, wenn er sich mehr für andere Dinge interessieren würde, machte mir dieses Gespräch nicht so viel aus wie viele andere zuvor, und zwar wegen des Erlebnisses, das ich kurz darauf hatte. Wir waren auf dem Heimweg von einer missglückten Tour zum Supermarkt. Wer konnte denn schon ahnen, dass auch der ausgerechnet heute geschlossen hatte. Wir waren allerdings auch nicht die Einzigen, die dort auf den Parkplatz gefahren kamen, um festzustellen, dass der Supermarkt nicht geöffnet hatte. Als wir uns leicht frustriert wieder auf den Heimweg machten, bemerkten wir ein Pärchen, das offenbar Probleme mit dem Auto hatte.

Ich hielt an, kurbelte das Fenster herunter und fragte, ob wir irgendwie helfen könnten. Die beiden erklärten, dass ihnen das Benzin ausgegangen sei, also boten wir ihnen an, den Fahrer zur nächsten Tankstelle zu fahren und dann auch wieder zurück zu seinem Auto zu bringen. Der Mann und die Frau, die, wie wir später erfahren sollten, im dritten Monat schwanger war, nahmen unser Angebot dankend an und schoben den Wagen in Richtung Seitenstreifen. Und wer sprang aus dem Wagen, um beim Schieben zu helfen, damit die Frau sich in den Wagen setzen und lenken konnte? Sie haben's erraten: Es war Boxster. Ohne ein Wort oder auch nur ein leises Stöhnen geschweige denn eine Anweisung von mir half er, das Auto aus dem Weg zu schieben. Dann gaben sich die drei die Hand und er kam mit dem Mann zu unserem Auto.

Hach. Ich schwelge immer noch in diesem Moment.

Ich beschloss, meinen Impuls zu einem kleinen Vortrag über das Thema Porsche einfach zu unterdrücken und mich stattdessen auf die selbstlose Tat zu konzentrieren, die er gerade vollbracht hatte.

Ich wechselte das Thema von Luxus auf die Aufgabe des Monats, die vor uns lag.

„Vielleicht interessiert dich ja, dass ihr nächsten Monat etwas über Gastfreundschaft lernen sollt."

„Och nee, Mama ... ist das etwa auch für das Experiment?"

An dieser Stelle eine kleine Zwischenbemerkung: Ich stelle fest, dass viele meiner Teilaufgaben, die dazu dienen, die Kinder fit zu machen fürs Leben, auf eine neue Qualität von Widerstand stoßen. Die Kinder halten das Experiment offenbar für ein Spiel, das ich mir ausgedacht habe und das irgendwann zu Ende ist, sodass wieder alles „normal" läuft – will heißen, dass wieder alles für sie erledigt wird. Zugegeben, die monatlich wechselnden Aufgaben haben etwas von einem Spiel, aber die Kinder werden schon bald merken, dass dies ihr neues „normal" ist.

Doch zurück zu meinem Gespräch mit Boxster.

„Es ist zwar Teil des Experimentes, aber findest du es nicht auch wichtig zu lernen, wie man Gastgeber ist und wie Gastfreundschaft ganz konkret und praktisch aussieht?"

„Was meinst du denn eigentlich mit ‚Gastfreundschaft'?", fragte er. Dabei machte er mit den Fingern Anführungszeichen in die Luft und seine Miene drückte Argwohn aus.

„Na ja, am besten wäre es doch, wenn wir uns alle zusammensetzen und das besprechen, aber im Grunde möchte ich, dass ihr eine Party veranstaltet. Ich wartete auf den Proteststurm.

„Was denn für eine Party?"

„Das liegt an dir. Du hast ein Budget von 50 Dollar, das du für Einladungen, Getränke und Snacks ausgeben kannst."

„Kann ich auch einfach Brandon und Henry einladen?"

Gott sei Dank, er flippt nicht aus! „Klar", antwortete ich. „Du kannst einladen, wen du möchtest, aber du musst eine schriftliche Einladung schicken."

Und dann wie auf Stichwort: „Und warum kann ich sie nicht einfach per SMS einladen?"

Ich seufzte, und in diesem Fall war einmal ich diejenige, die die Augen verdrehte. Jetzt weiß ich, warum die Kinder das so oft tun, wenn ich etwas sage.

„Für Einladungen hast du ja dein Budget. Es gibt verschiedene Möglichkeiten, Gäste einzuladen, aber für unsere Zwecke wirst du ihnen entweder eine Einladung mit der Post schicken oder sie ihnen persönlich überreichen."

„Okay."

Er kapitulierte! Ich glaube, er merkte, dass ich wild entschlossen war und jeglicher Widerstand zwecklos sein würde.

„Ich werde eine LAN-Party veranstalten", sagte er. „Und danach können wir vielleicht noch im Pool schwimmen. Das finden sie bestimmt cool."

Ich merkte, wie sich schon jetzt Begeisterung bei ihm einstellte.

„Toll. Diese Woche kommt die neueste Version von *Halo* raus. Das wird toll. Dann lege ich noch ein bisschen von meinem eigenen Geld dazu und verwende das ganze Partybudget, um es zu kaufen."

Okay, kein Grund, jetzt über die positiven (wenn es überhaupt welche gibt) und die negativen Seiten von Konsolenspielen zu diskutieren. Auf jeden Fall fand Boxter es spannend, seine Freunde einzuladen – oder vielleicht wollte er auch nur ohne großen Aufwand an die 50 Dollar kommen, um sich ein Spiel kaufen zu können. Nein, ich will in diesem Punkt positiv denken.

Ich erklärte noch einmal, dass das Budget für alles reichen musse – für Getränke und ein kleines Geschenk für die Gäste als Dankeschön für ihren Besuch und Zeichen seiner Wertschätzung.

„Du meinst, was aus dem Ein-Dollarladen?", fragte er.

Ganz kurz dachte ich daran, noch einmal die Augen zu verdrehen, aber dann änderte er rasch den Kurs.

„Nein, ich gehe in diesen Süßigkeitenladen und besorge Mini-Jawbreakers. Die mögen sie am liebsten."

> **Expertentipp: Technik kontra Wirklichkeit**
>
> Es ist immer noch nicht eindeutig geklärt, ob neue Kommunikationstechnik und soziale Netzwerke Jugendlichen dabei helfen, miteinander in Kontakt zu treten und zu bleiben, oder ob es sie in ihrer seelischen Entwicklung eher beeinträchtigt. Bis es dazu eindeutige Ergebnisse gibt, ist es sicher am besten, unsere Kinder dazu zu ermutigen, sich mit Gleichaltrigen direkt, von Angesicht zu Angesicht, zu befassen. Eine Untersuchung des Pew Research Centers, auf die in einem Artikel in der New York Times Bezug genommen wird, hat ergeben, dass 54 Prozent der amerikanischen Teenager ihren Freunden mindestens einmal täglich eine SMS schicken, „aber nur 33 Prozent sagen, dass sie sich mindestens einmal pro Tag persönlich mit ihren Freunden unterhalten".[16] In demselben Artikel wird Professor Jeffrey J. Parker zitiert, der seit den 1980er-Jahren Kinderfreundschaften untersucht: „Diese guten, engen Beziehungen – wir können doch nicht zulassen, dass sie verkümmern. Sie sind von entscheidender Bedeutung für eine positive Entwicklung unserer Kinder und ermöglichen es ihnen, sich in ihren Gefühlen auszuprobieren, Gefühle auszudrücken, all das einzuüben, was es auch in erwachsenen Beziehungen gibt."

An dieser Stelle stieß ich einen zufriedenen Seufzer aus. Er kapiert es. Er hat tatsächlich einen Augenblick lang aufgehört, an sich selbst zu denken, und sich überlegt, wie er seinen Freunden etwas Gutes tun kann.

Ich nahm seine reflexartige Reaktion, die Einladung als SMS zu schicken, zur Kenntnis. SMS sind ein großartiges Hilfsmittel,

---

16 Hilary Stout, „Antisocial Networking?" New York Times, April 30, 2010, www.nytimes.com/2010/05/02/fashion/02BEST.html?pagewanted=all.

aber ich hoffe, dass ich den Kindern durch diese Übung auch noch andere Formen der Kommunikation vermitteln kann. Es ist für Jugendliche eine Versuchung, isoliert in der Welt der sozialen Netzwerke zu sitzen in der Annahme, dass sie dort sicher sind, weil sie sich nicht auf einen direkten Umgang mit anderen einzulassen brauchen. Sie können so gut wie alles sagen oder mitteilen, ohne an die Folgen denken zu müssen. Dabei ist ihnen aber offenbar meist nicht bewusst, dass unzählige Menschen alles mitsehen und mitlesen können – und wenn ihre Worte (oder Fotos) erst einmal im Netz sind, dann können sie sie nicht wieder zurückholen.

Parrrr-tyyyy!

Ich stellte fest, dass die Vorbereitung einer Party tolle Möglichkeiten bietet, mit meinen Kindern über Themen zu reden, die damit zusammenhängen, z. B. nicht schon zu früh und zu viel über die Party zu reden, damit Leute, die nicht eingeladen werden, nicht beleidigt sind. Die Planungsphase ist auch ein guter Zeitpunkt, um darüber zu reden, wie man sich benimmt, wenn man als Gast auf einer Party ist. Dazu gehört unter anderem, den Gastgeber zu fragen, ob man etwas helfen kann, zum Beispiel beim Aufräumen am Schluss, dass man ein kleines Geschenk für den Gastgeber mitbringt und dass man sich im Laufe einer Woche nach der Party mit einem Kärtchen bedanken kann.

Wichtiger als all diese Punkte war mir jedoch, meinen Kindern eines ganz deutlich zu machen: Wenn man Gastfreundschaft praktiziert, dann profitieren alle Beteiligten davon, sowohl die Gastgeber als auch die Gäste. Max Beerbohm hat vor Jahren einmal gesagt: Wenn Gastfreundschaft zu einer Kunst wird, dann verliert sie ihre Seele."[17] Beerbohm weist dabei auf etwas hin, was wir oft übersehen: Wenn Gastfreundschaft nicht allein das Ziel hat, den

---

17 Max Beerbohm, „Hosts and Guests" essay in *And Even Now* (New York: E. P. Dutton & Company. 1921), 144.

anderen in den Mittelpunkt zu stellen, dann verliert sie ihre Bedeutung. Wenn Menschen sagen, dass Gastfreundschaft eine Kunst ist oder eine Gabe, dann steht dabei der Gastgeber mit seiner Leistung im Mittelpunkt und nicht derjenige, dem eine Freude gemacht werden soll. Ich machte die Erfahrung, dass die gelungensten Feste nicht die sind, bei denen ich als Gastgeberin glänze, sondern die ich als Chance sehe, andere zu feiern. Und vor diesem Hintergrund kam die Persönlichkeit und Einzigartigkeit jedes Kindes in seiner Planung und den Vorbereitungen zum Ausdruck – oder eben das Fehlen selbiger. Eine der Einladungen entwickelte sich folgendermaßen:

Hey Leute!!
Diesen Monat veranstalte ich eine „Schrottwichtel-Party"!!!
Es wird der absolute Hammer!
Es wäre toll, wenn du kommen könntest!

Freitag 16:00 Uhr bei mir zu Hause.

Bitte bring ein verpacktes Geschenk im Wert
von höchstens 10 Dollar mit.
Wir werden die Geschenke dann bei der Party tauschen.
Das Geschenk kann cool oder auch verrückt sein!!!
Bis dann!!! Wenn du dich traust!
(Ich kann nicht so viele Leute einladen –
also redet nicht so viel darüber.)
Danke!!!! ICH ☺

Mir gefiel es, dass diese konkrete Gastgeberin nur zu mir kam, um den Termin und die Uhrzeit mir mir abzusprechen; den Rest plante sie völlig selbstständig. Dann suchte sie sich im Internet eine Seite heraus, auf der man vorgegebene Einladungen noch mitgestalten konnte, fügte dann die Adressen ihrer Freunde ein und hatte am Ende eine kreative und schöne Einladung.

Ich hatte ihr den Umgang mit dem Einladungsprogramm nie gezeigt, aber sie hatte es auch so hinbekommen. Eine „Schrottwichtel-Party" – was für eine lustige Idee! Und mir gefiel auch besonders gut, wie trendig, clever und sensibel sie war. Sie hatte ihre Sache viel besser gemacht, als ich es hinbekommen hätte, obwohl ich ein bisschen schmunzeln musste, weil sie auf der Einladung gar nicht ihre Adresse angegeben hatte. „Die wissen doch alle, wo ich wohne", meinte sie zur Erklärung. Und auch über ihre verschwenderische Benutzung von Ausrufezeichen musste ich schmunzeln. Und dann drückte sie irgendwann wirklich auch „Senden". Ich kann gar nicht sagen, wie oft ich schon etwas entworfen und dann nicht verschickt habe. Anscheinend bin ich zusätzlich zu allem anderen auch noch eine faule Socke auf dem Weg der Besserung! Es gibt noch so vieles, woran ich an mir arbeiten kann.

Also, der Einladungsteil der Partyaufgabe hatte großartig funktioniert, aber dann rückte der Partytermin doch sehr viel schneller näher, als Snoopy gedacht hatte. Entweder das oder sie war es einfach so sehr gewohnt, dass sich Dinge wie von Zauberhand selbst erledigten, und ihr war gar nicht klar, wie viel Arbeit es macht, eine Feier zu organisieren.

Partytipps

Die Kinder suchten sofort im Internet nach Tipps und Ideen für Partys. Mit den meisten Tipps waren sie jedoch überfordert. Auf einer Seite beispielsweise wurde die Planung in verschiedene Phasen unterteilt, erst wochen-, dann tageweise. Wir fanden das ein bisschen übertrieben. „Wir", weil sie zu mir kamen und um Hilfe baten, und wir wissen ja alle um meine Probleme mit Kalendern und dem Vorausplanen. Außerdem brauchten sie ein wenig Anleitung. Ich versuchte, sie durch ein paar Hinweise ein bisschen zu entlasten und ihnen die Sorge zu nehmen:

- *Gästeliste*. Wenn du das erste Mal ein Fest oder eine Party veranstaltest, dann entscheide dich eher für etwas Kleineres. Je länger die Gästeliste, desto besser ist es, wenn es mehr als zwei Gastgeber gibt.
- *Essen*. Es gibt Gerichte und Snacks, die einfach zuzubereiten sind, und auch solche, die viel Arbeit machen und schwierig sind. Für Kinder und Jugendliche sind kleine Snacks super. Entscheidend ist, sich immer wieder bewusst zu machen, dass die Leute nicht wegen des Essens kommen, sondern wegen der Gemeinschaft und der Geselligkeit.
- *Programm*. Da eignet sich eigentlich alles, was Spaß macht. Achtet darauf, Gäste im Blick zu behalten, die allein in einer Ecke stehen oder sich unwohl oder fehl am Platze fühlen. Stellt euch einfach zu ihnen und nehmt sie mit hinein in ein Gespräch. Wenn man diese Kunst beherrscht, hat man wirklich etwas fürs Leben gelernt. Außerdem lenkt es die Aufmerksamkeit von den Gastgebern selbst weg und von der Unsicherheit, ob sich auch wirklich alle amüsieren.
- *Logistik:* Versucht dafür zu sorgen, dass Essen und auch eventuelle Programmpunkte gut vorbereitet sind und dass eine Zeit lang, bevor die Gäste eintreffen, schon alles bereit ist. Ratsam ist es auch, dass vor dem Eintreffen der Gäste alle Spuren der Vorbereitung schon beseitigt sind.
- *Entspannen und Spaß haben*. Wenn sich der Gastgeber wohlfühlt, ist die Wahrscheinlichkeit groß, dass es auch seine Gäste tun.

Snoopy ignorierte im Grunde meinen Vorschlag, alles rechtzeitig vorzubereiten, und deshalb war es dann auch so, dass am Tag des Ereignisses die Heimfahrt von der Schule und die Zeit bis zur Party ziemlich hektisch wurde, weil wir noch ein paar Zwischenstopps einzulegen hatten, um Dinge zu besorgen. Es gibt doch nichts

Schöneres, als Gastgeber einer Party zu sein, die um 16:00 Uhr beginnt, und schon um 15:30 Uhr zu Hause zu sein. Die Gastgeberin bat mich jedoch, unterwegs, noch bei einem Supermarkt haltzumachen, um von ihrem Partybudget noch ein paar Leckereien zu besorgen. Sie sauste los und kam mit üblem, von Zucker triefendem Gebäck und Cola wieder zurück. Schon bei der bloßen Erinnerung daran bekomme ich Magenschmerzen. Aber sie hatte nicht nur diese Köstlichkeiten anzubieten, sondern außerdem auch noch das Angebot einer Nachbarin angenommen, die Reste von einer Feier, die dort am Vormittag stattgefunden hatte, zu übernehmen. Wahrscheinlich ist sie noch nicht in dem Alter, in dem Frauen vortäuschen, alles mühelos allein „wuppen" zu können und deshalb nie Hilfe annehmen. Die Deko für die Party war minimalistisch – oder besser gesagt, nicht vorhanden. Ob jemand es bemerkt oder die Deko vermisst hat? Nein. Das tat nie jemand. Das fand ich richtig gut. Und mir gefiel auch, dass sie sich den Spaß an der ganzen Sache nicht durch das Fehlen irgendeiner Eindruck schindenden Deko verderben ließ. Ich kann gar nicht sagen, wie viele meiner Freundinnen sich selbst total unter Stress setzen wegen eines perfekten Blumengestecks.

Ein kleines Problem hatte meine Tochter allerdings und das war ihr Zeitmanagement. Um 15:37 Uhr betrat sie den Supermarkt, um ihre vor Konservierungs- und künstlichen Farbstoffen strotzenden Snacks auszusuchen und zu kaufen. Als wir dort wieder vom Parkplatz fuhren und uns auf den Heimweg machten, war sie für ihre eigene Party, die um 16:00 Uhr beginnen sollte, bereits zu spät. Bei unserer Ankunft zu Hause warteten schon drei Gäste auf die Gastgeberin, aber Tatsache war auch, dass die Verspätung niemanden störte. Alle ihre Gäste waren gute Freunde, die wussten, wie es bei uns zu Hause zugeht. Es wäre aber doch schön gewesen, wenn die Gastgeberin schon zu Hause gewesen wäre, um ihre Gäste bei deren Eintreffen persönlich in Empfang zu nehmen.

Der Kern der Gastfreundschaft

Unsere anderen Kinder zogen dann mit ihren ganz eigenen Veranstaltungen nach. Für die Jungen war dabei die größte Herausforderung das Verfassen und Gestalten der Einladung. Mit dem Zeitmanagement hatten sie alle Probleme. Clara beispielsweise hatte Freundinnen eingeladen zu einer Party, auf der sie gemeinsam Cake-Pops herstellen wollten, aber die Dauer der Party reichte letzten Endes nicht aus, dass der Kuchenteig richtig gefrieren konnte, und so war es schwierig, aus der krümeligen Teigmasse Kugeln zu formen und mit Schokolade zu überziehen.

Es fiel den Kindern auch unterschiedlich schwer, in ihrer Rolle als verantwortliche Gastgeber bzw. Gastgeberinnen entspannt und locker zu bleiben. Doch die Gäste der Kinder waren unglaublich wohlwollend. Sie waren schon zufrieden damit, einfach nur zusammen zu sein und leckere Sachen zu genießen, auch wenn sich ihre Definition von lecker erheblich von meiner unterscheidet.

Für die Kinder war es großartig, wieder einmal zu erleben, dass Dinge nicht einfach von selbst passieren und genau dann, wenn sie es möchten, sondern dass bei einer solchen Partyplanung unterschiedliche Dinge koordiniert werden müssen. Für mich war es wichtig, einmal mehr meinen Drang zu bemerken, selbst einzugreifen und zu planen und ihnen viel zu viel abzunehmen. Ich musste die ganze Kraft meines untrainierten Muskels der Selbstbeherrschung aufbringen, um nicht einzuschreiten und alles für sie zu regeln! Ich mache nämlich nichts lieber, als eine Party zu organisieren. Egal, ob es sich dabei um eine Dinnerparty handelt, ein Kaffeetrinken mit der ganzen Nachbarschaft oder eine Riesenparty, um Spenden für einen guten Zweck zu sammeln. Ansammlungen von Menschen bringen mich richtig in Schwung.

Vor meiner Heirat und den Kindern hatte einer meiner Jobs sogar mit der Planung großer Events im Weißen Haus für das Büro des Vizepräsidenten zu tun. Ich lernte damals schnell, mich in die Planung solcher Zusammenkünfte von Menschen hineinzudenken, das große Ganze im Blick zu behalten und dafür zu sorgen, dass alles für die unzähligen Fernsehkameras schön aussah. Und mir gefiel einfach alles an meiner Tätigkeit dort – der Stress, das Tempo und die Leute.

Deshalb musste ich bei der Aufgabe der Gastfreundschaft wirklich all meine Beherrschung aufbringen, mich aus der Sache der Kinder herauszuhalten und es sie selbst machen zu lassen. Ich biss mir auf die Zunge und behielt die Fülle an Vorschlägen für mich, die unbedingt herauswollte. Es war schwer, mit anzusehen, wie sie ins Schleudern gerieten. Und es war noch schwerer, mich zurückzuhalten und nicht zu retten, in Ordnung zu bringen, zu tricksen, zu manipulieren – sie wissen schon, eben nicht überzuversorgen und Beihilfe zu leisten zu ihrer Unselbstständigkeit und Anspruchshaltung.

Zu den schmerzlicheren Augenblicken, in denen ich mich innerlich wand, gehörte unter anderem mitzuerleben, wie eines meiner Gastgeber-Kinder zu einer anderen Party aufbrach, bevor alle Gäste abgeholt worden waren. So ein Verhalten ist eigentlich ganz und gar untypisch für dieses Kind. Ist es falsch, so verrückte Entscheidungen immer nur auf die Hormone zu schieben? Ich habe zwar in dem Augenblick nicht eingegriffen, aber später dann dafür gesorgt, dass sie eine Regel wirklich verinnerlichte: Der Gastgeber verlässt seine Party niemals, bevor nicht der letzte Gast gegangen ist.

Als ich sie einfach machen ließ, bestätigten mir alle etwas, das ich schon seit Jahren glaube: Eines der Geheimnisse der Gastfreundschaft besteht darin, dass Leute sich fast immer über einen Grund freuen, um zusammenzukommen. Weder der Zeitpunkt noch das Essen noch ein Thema noch die Deko noch ... was auch immer ist von entscheidender Bedeutung. Sie mögen einfach gern dazugehören, willkommen sein und sich ein bisschen verwöhnen lassen.

Alle hatten eine gute Zeit
Die Übung dieses Monats war unerwartet ein Schub fürs Selbstwertgefühl. Ganz allein eine Party zu organisieren, erwies sich als bemerkenswert wirkungsvoll, um das Selbstvertrauen zu stärken, ganz besonders des Zwölfjährigen und der Zehnjährigen, deren Freunde so etwas noch nie gemacht hatten.

Sich vorzustellen, ganz allein und von Anfang bis Ende eine Party zu organisieren, bereitete ihnen allen Kopfzerbrechen, aber wenn sie dann erst einmal dabei waren, merkten sie, dass ihre Befürchtungen und Bedenken unbegründet waren. Nachdem sie sich erst einmal durch die Horrorvorstellung hindurchgearbeitet hatten, vor allen Freunden zu versagen – dass ihren Freunden vielleicht das Essen nicht gefallen könnte oder dass hinter ihrem Rücken über sie gelästert werden könnte –, wurden die Kinder sehr dafür belohnt, dass sie Menschen, die sie kannten, etwas Gutes taten. Und ich glaube, der Erfolg der Aktion wurde noch einmal dadurch deutlich, dass viele der Partygäste uns sagten, sie würden auch gerne einmal so eine Party veranstalten.

Die Folge war, dass jeder einzelne Gastgeber das Gefühl hatte, etwas geleistet zu haben. Wen interessierte es da schon, dass ich nach einer der Veranstaltung gefühlte zwei Stunden damit beschäftigt war, besenresistente Teigkrümel vom Küchenfußboden zu kratzen. Und ja, die Gastgeberin hatte schon mit ihren Freunden zusammen gefegt und aufgeräumt, aber es war dann trotz all ihrer Bemühungen doch noch weitere Hilfe nötig.

Unsere Mannschaft wurde mit Lob überschüttet. Unsere Gäste wurden mit Liebe überschüttet. Also ein Gewinn für beide Seiten.

:::: **WAS SIE IN DIESEM MONAT GELERNT HABEN**
- Vor dem tatsächlichen Beginn der Feier ist die Zeit etwas besser zu planen.
- Die Gäste brauchen es nicht superschick; sie sind einfach gerne zusammen.
- Es ist ratsam, wenigstens eine halbe Stunde vor Beginn

der eigenen Party an Ort und Stelle zu sein. Manche Gäste kommen ein bisschen früher.

:::: **WAS ICH IN DIESEM MONAT GELERNT HABE**
- Auch wenn Gastfreundschaft manchen Menschen leichter fällt als anderen, übt man sich darin im Tun. Sie ist keine Gabe, die weitervererbt wird.
- Wenn sie ein bisschen Freiheit haben, sind meine Kinder unglaublich kreativ.
- Mitzuerleben, wie Kinder allein zurechtkommen, ist sehr viel befriedigender, als einzugreifen und es selber zu machen.

AUFGABE 9

Teamplayer

Die Vorteile von Zusammenarbeit

Niemand kann ganz allein eine Symphonie pfeifen. Dazu ist ein Orchester nötig.
H. E. Lubbock

Keine großartige Leistung wird ganz allein von einer Einzelperson vollbracht. Sogar die Siege von Athleten in Individualsportarten wie Golf oder Tennis sind nicht die Leistungen einer Einzelperson, sondern das Ergebnis gemeinsamer Anstrengungen von Trainern, Managern und Teammitgliedern. Jeder kann davon profitieren, wenn er seine Fähigkeiten als Teamspieler verbessert. Und mal ehrlich: Wenn man es schafft, mit den eigenen Geschwistern zusammenzuarbeiten, dann kann man mit jedem zusammenarbeiten.

Wer möchte denn schon alles allein schaffen müssen. In Prediger 4,9–12 steht:

„Zwei haben es besser als einer allein, denn zusammen können sie mehr erreichen. Stürzt einer von ihnen, dann hilft der andere ihm wieder auf die Beine. Doch wie schlecht steht es um den, der alleine ist, wenn er hinfällt! Niemand ist da, der ihm wieder aufhilft! Wenn zwei in der Kälte zusammenliegen, wärmt einer den anderen, doch wie soll einer allein warm werden? Einer kann leicht überwältigt werden, doch zwei sind dem Angriff gewachsen. Man sagt ja auch: ‚Ein Seil aus drei Schnüren reißt nicht so schnell!'"

Unsere Familie ist sogar ein Seil aus sieben Schnüren! Denken Sie doch nur mal an die vielen Möglichkeiten, die sich daraus ergeben können – vorausgesetzt, wir sind uns einig.

Im Team unterwegs zu sein, hat entscheidende Vorteile:
- *Effizienz.* In einem Team wird man schneller mit der Arbeit fertig. Vielleicht weil große Projekte sich in Einzelaufgaben unterteilen lassen. Vielleicht weil es sich um eine gemeinsame Anstrengung handelt. Vielleicht weil andere hartnäckige Stimmen dafür sorgen, dass man sich wieder konzentriert, wenn man einmal kurz mit den Gedanken woanders ist. Vielleicht weil es nicht so einschüchternd ist, eine kleinere Teilaufgabe zu übernehmen, als das gesamte Projekt allein stemmen zu müssen.
- *Vereinte* Fähigkeiten. Selbst der begabteste Einzelne verfügt nicht über all die vielen Fertigkeiten, die in einer Gruppe vorhanden sind.
- *Starke Beziehungen.* Auf ein gemeinsames Ziel hinzuarbeiten, schafft eine Einheit und ein Zusammengehörigkeitsgefühl. Der Einzelne bekommt Gelegenheit, mit seinen Stärken zu glänzen und auch die anderen mit ihren jeweiligen anderen Stärken wertzuschätzen und glänzen zu lassen. Selbst wenn sich Uneinigkeit und Streit zusammenbrauen, bietet ein Team die Chance, etwas über Konfliktlösung zu lernen. Beziehungen gehen aus gelösten Konflikten so gut wie immer gestärkt hervor. Und es kommt noch hinzu, dass sich aus Ideen, die vielleicht zu Konflikten geführt haben, oft bessere Lösungen ergeben.
- *Kreativität.* Wenn wir es allein versuchen, neigen wir dazu, uns auf die paar wenigen Ideen zu konzentrieren, die wir selbst haben. Mit ein paar zusätzlichen Ideengebern können wir auf viele mögliche Lösungen kommen.
- *Selbstwertgefühl.* Teil eines Teams zu sein, gebraucht zu werden, zu einer Gruppe zu gehören, beinhaltet eine positive Botschaft – besonders für unsere Jugendlichen, die sehr oft das Gefühl haben, dass alle Welt gegen sie ist.

Eine Familie bietet die Chance, um zu erfahren, dass Zusammenarbeit lohnender ist als allein zu kämpfen. Ich sage daher meinen Kindern ständig, dass die Geschwister, die sie jetzt nonstop in den Wahnsinn treiben, irgendwann ihre besten Freunde sein werden – und zwar für den Rest ihres Lebens. Die Geschwister werden es sein, die alles stehen und liegen lassen, um zu kommen, wenn Hilfe nötig ist. Sie werden diejenigen sein, die bedingungslose Liebe geben. Sie werden diejenigen sein, die einem aufhelfen, wenn man gefallen ist. Das ist jetzt vielleicht schwer zu glauben, aber es ist wahr. Der Schlüssel dazu liegt darin, diese potenziell besten Freundschaften nicht zu ruinieren, indem man sich bei seinen Entscheidungen von jugendlicher Sturheit, Konkurrenzdenken und Stolz leiten lässt.

Ich habe allerdings den Verdacht, dass die Kinder erst noch lernen müssen, wie Teamwork im Leben funktioniert, ehe sie mir glauben können. Sie müssen die Stärken der jeweils anderen schätzen lernen und vielleicht sogar erkennen, wie sie den anderen Geschwistern helfen können, deren Schwächen zu überwinden, statt sich von diesen Schwächen in den Wahnsinn treiben zu lassen.

Insofern ist das übergeordnete Ziel unserer Familie, sich in Bezug auf Weisheit, Format und Gunst bei Gott und den Menschen weiterzuentwickeln. Okay, vielleicht habe ich diese Formulierung irgendwo geklaut (vgl. Lukas 2,52), aber weil sie mit jemandem zu tun hat, der es wert ist, ihm nachzueifern, glaube ich, dass wir es auch weiterhin verfolgen werden.

Und hier jetzt das Ziel für diese Organisation in Bezug auf die anstehende Aufgabe des Monats:

Die Kinder sollen sich ein Projekt überlegen, bei dem sie alle zusammenarbeiten müssen. Sie sollen das Problem definieren und die Mittel benennen, die erforderlich sind, um es zu lösen. Sie sollen die einzelnen Aufgaben verteilen – entsprechend den Fähigkeiten – und die Aufgabe auch zu Ende bringen.

Jetzt aber genug über Teamwork geredet. Lassen Sie uns schauen, wie es passt, wenn sie es ausprobieren.

Die Projekte

Mit ein bisschen Unterstützung entschieden sich die Kinder für ihre Projekte. Ich wünschte, ich könnte „bisschen" betonen. Sagen wir einfach, sie gaben sich Mühe! Jedenfalls ergab eine spontane Familienkonferenz (dieses Mal eine spontane im Auto) zwecks Auswahl eines Projektes nicht nur ein Projekt, sondern gleich zwei: Die Kinder wollten bei uns zu Hause zusammen Tischtennis und Volleyball spielen können. Wir haben eine Tischtennisplatte und ein Volleyballnetz, aber beide Plätze, auf denen diese Spiele gespielt werden könnten, sind von unterschiedlichsten Gegenständen zugestellt. Unsere Tischtennisplatte von einer Garage voller Zeugs und unser Netz von einem Garten mit einem gewaltigen Steinweg.

Projekt Tischtennis: Wir haben im Haus keinen Raum, in dem Spiele wie Tischtennis oder Billard stattfinden können, also ist unsere Garage der einzige Ort, wo Tischtennis gespielt werden könnte. Unsere Tischtennisplatte verbirgt sich allerdings irgendwo zwischen all dem Krempel, mit dem unsere Garage vollgestopft ist. Nur damit Sie jetzt nicht glauben, unsere Garage wäre so groß, dass darin eine Tischtennisplatte verloren gehen könnte – nein, es passt kaum ein Auto hinein. Ganz recht, es gibt also da anscheinend ein Muster.

Projekt Volleyball: Um zu unserer Haustür zu gelangen, können Besucher entweder die Auffahrt benutzen oder sie riskieren ihr Leben, indem sie auf einem gefährlichen Steinweg durch unseren Garten gehen. „Es sieht wunderschön aus, ist aber gefährlich" – beschreibt angemessen die Platzierung der Steine und die tiefen Furchen am Rande des Weges. Und nicht nur das, die blöden Steine erschweren es darüber hinaus ungemein, ein Volleyballnetz aufzustellen. Weil Jon grünes Licht für das Volleyballfeld-Projekt gegeben hat, werden die Steine jetzt schon bald im Garten von jemand anderem wohnen dank unserer hauseigenen Steinentfernungsmannschaft. Jon wäre es allerdings lieber, wenn Raymundo und seine Leute die Erdarbeiten durchführen würden, sodass sich die Kinder nur noch um die Steine zu kümmern bräuchten. Fury, der für schwere Arbeit immer zu haben ist, stürzte sich sofort auf diese Chance, sich schmutzig zu machen.

Aber heute wird daraus nichts mehr, denn der Vater hat angeordnet, dass das Projekt erst am Wochenende stattfindet, damit er ein Auge darauf haben kann. Darüber bin ich froh, denn die Kinder arbeiten gern mit ihrem Vater zusammen, und meistens gestaltet er solche Aktionen so, dass alle Spaß dabei haben. Und so bringt er ihnen auch gleich mit bei, bis zum Schluss durchzuhalten, bis wirklich alles fertig ist. Die Kinder finden nämlich schon gern einmal, dass sie vorzeitig fertig sind. Dann werden zum Beispiel Besen, Harken und Ähnliches einfach liegen gelassen als Denkmal für die getane Arbeit – allerdings nicht, wenn Jon dabei ist.

Jetzt, wo unsere „Problemzonen" definiert waren, veranstalteten die Kinder ein Brainstorming über mögliche Vorgehensweisen. Mir gefiel es, dass sie sich auf zwei Projekte geeinigt hatten. Ich wäre schon über eines glücklich gewesen, aber als sie erst einmal angefangen hatten, sich Gedanken zu machen, wollten sie an mehr als nur einem Projekt arbeiten. Zugegeben, es waren nicht alle Kinder mit derselben Begeisterung bei der Sache, aber bei einer so großen Gruppe wie der unseren kann man es nicht immer allen Beteiligten gleichermaßen recht machen.

Ich war auch begeistert von der Vorstellung, dass nach Beendigung dieser Aufgabe unseres Experimentes Spiele gespielt werden würden, und zwar Draußen-Spiele. Außerdem sind es Spiele, bei denen mindestens zwei Spieler beteiligt sind. Und ein weiterer Punkt war, dass bei beiden Projekten Sachen weggeschleppt werden mussten. Ich war gespannt, wie sie das bewerkstelligen würden. Ich traute ihnen zu, dass sie es schaffen würden, aber ich hatte ja keine Ahnung wie schnell und wie gut.

Operation Tischtennis

An diesem Wochenende wurden die Teamworktheorien praktisch. Worin die größten Vorteile von gemeinsamen Anstrengungen bestehen? Dass sie Zeit sparen. Projekte, die bei einem Einzelnen einen Monat gedauert hätten, konnten an einem Wochenende erledigt werden. Die Kinder erstaunten mich mit ihrem Durchhaltevermögen und ihrer Entschlossenheit nicht nur beim Aufstellen und Inbetriebnehmen der Tischtennisplatte, sondern auch beim Aufräumen und Herrichten des Vorgartens, um dort eine Volleyball- und Fußballoase einzurichten.

Ich war mir nicht sicher, ob sie in ihrer Rechnung berücksichtigt hatten, wie lange es dauert, bis aus frisch gesätem Gras Rasen geworden ist, auf dem man echte Spiele oder Wettkämpfe austragen kann. Aber das, was meine Mannschaft da leistete, war vorbildlich.

Mit der Garage fingen sie an. Bevor sie sich tatsächlich an die Arbeit machten, baten sie mich um ein bisschen Anleitung. Das ist bei allen Aufgaben des Experimentes immer möglich. Ich muss mich allerdings ständig bremsen, nicht einzugreifen und zu viel für sie zu übernehmen, aber ich berate und helfe immer gern, wenn es nötig ist.

„Was sollen wir denn mit all dem Zeug machen, das wir aus der Garage herausräumen?", fragten sie am Freitag in Vorbereitung auf die Arbeit, die für den Samstag geplant war.

Sie planten voraus! Vielleicht wäre es besser gewesen, wenn sie diese Frage schon ein paar Tage eher gestellt hätten, aber einen Tag vor Beginn des Projektes war ja immer noch besser als gar nicht.

„Ruft doch ein paar Firmen an, die solche Sachen abholen."

„Echt? Du meinst, es kommt wirklich jemand und holt unseren alten Krempel ab?"

„Ja klar. Wenn wir genug haben, dann kommt vielleicht eine Wohltätigkeitsorganisation vorbei, die die Sachen dann weitergibt oder verkauft."

Wir unterstützen den Trödelladen einer solchen Organisation schon seit Jahren. Sie kümmert sich um Frauen, die häusliche Gewalt erlebt haben. Bei einer Freundin, die wir dorthin verwiesen hatten, haben wir erlebt, welch wertvolle Arbeit dort geleistet wird. Sie hat darüber praktisch wieder zurück ins Leben gefunden – in ein Leben, von dem sie schon fast vergessen hatte, dass es so etwas gibt.

Ein Durcheinander von Gesprächsfetzen ergab, dass keines der Kinder dort anrufen wollte. Sie kamen wieder zu mir zurück mit der typischen Erklärung Jugendlicher in einem solchen Fall: Es ist zu peinlich.

„Bitte Mama. Bitte, bitte, bitte, kannst du nicht für uns anrufen?"

Als ich zögerte, seufzte Snoopy. „Ich kann anrufen, aber ich weiß nicht, was ich sagen soll."

Ich überlegte kurz und kam dann zu dem Schluss, dass das wirklich ein Anruf war, den ich selbst übernehmen sollte. Ich war mir nämlich nicht so sicher, ob die Leute am anderen Ende der Leitung eine solche Anfrage von einem Kind wirklich ernst nehmen würden, und vielleicht würde ich auch erklären müssen, was wir anzubieten hatten. Ich wusste, dass der Trödelladen die Sachen, die es bei uns abzuholen gab, gut würde verkaufen können. Ich wusste nur nicht, ob es genug Sachen waren, dass sich der Aufwand lohnte, sie bei uns abzuholen. Normalerweise brachten wir den Trödel zur Sammelstelle der Organisation, wenn wir etwas abzugeben hatten.

„Hört mal zu", sagte ich also. „Ich übernehme den Anruf, aber ihr sucht die Nummer heraus und hört das Gespräch mit, damit ihr beim nächsten Mal wisst, wie es geht."

Offenbar gibt es einen tollen Typen namens Billy, der ein Umzugsunternehmen betreibt und immer samstags einen seiner Lastwagen und seine Zeit der Organisation kostenlos zur Verfügung stellt, um Möbel und andere große Teile, die von Leuten gespendet werden, abzuholen und in den Trödelladen zu bringen. Zum Glück passten wir noch in seine Route und den Zeitplan am Samstagnachmittag. Für die Kinder war das ein gewaltiger Anreiz, die Garage fertig aufgeräumt zu haben, ehe der Lastwagen kam.

Dass sie jetzt eine Frist hatten, brachte die Kinder richtig auf Trab. Ich half ihnen beim Sortieren der Sachen (sagte ihnen, was weg konnte und was nicht) und half ihnen, wenn sie Hilfe brauchten. Die Kinder verteilten die Aufgaben untereinander und berücksichtigten dabei auch die Größe und das Alter der einzelnen Helfer. Und dann räumten sie gemeinsam die Garage aus. Viele Sachen, die herausmussten, waren so schwer, dass einer allein sie nicht schleppen konnte. Fury arbeitete emsig wie eine Ameise. Irgendwie konnte er Dinge bewegen, die so schwer waren wie er selbst oder sogar noch schwerer.

Genau als der Berg von alten Schätzchen abholbereit vor der Garage stand, kam Billy mit seinem Riesenlaster. Punktlandung. Es machte wirklich Spaß zuzuschauen, wie die Kinder zusammenarbeiteten, sich an den abgesprochenen Zeitplan hielten und das angestrebte Ziel auch wirklich erreichten. Als die Garage leer war, stellte der Vater die Tischtennisplatte auf. Tischtennisbälle und das Netz hatten wir zuvor beim Aufräumen gefunden. Zu schade, dass die Schläger nicht aufzutreiben waren. Aber ich glaube, auch darin steckte eine Lektion. Vielleicht können die Kinder lernen, sich zu merken, wo sie Sachen verstaut haben, selbst wenn sie an einem so normalen Ort wie in einer Garage untergebracht sind.

Bisher haben sie also gelernt, dass ein Team um ein Vielfaches effektiver arbeiten kann als eine Einzelperson. Wenn man jeder Person im Team eine Aufgabe zuteilt, die ihren Gaben entspricht, dann funktioniert es sogar noch besser. Eines der Mädchen hatte ein Händchen für die Organisation der Ausräumaktion. Fury wollte einfach nur Sachen schleppen. Mein kleines Arbeitstier hätte noch stundenlang so weitermachen können, aber er verließ sich dabei ganz und gar auf die Anweisungen seiner Schwester, was wann an der Reihe war. Auch Jack wollte unbedingt mitmachen und dazugehören. Statt ihn auszuschließen, weil er noch zu klein ist (was ja tatsächlich der Fall ist), gaben sie ihm leichte Sachen zu tragen und ließen sich von ihm mit Wasser versorgen … immer ein kleines Glas. Dadurch fühlte auch er sich nützlich, denn bei der schweren Plackerei wurden sie alle ziemlich durstig. Und auf der anderen Seite der Skala machte es auch Spaß mitzuerleben, wie sie alle ihren großen Bruder bewunderten, der tatsächlich größer und stärker ist als alle anderen.

Und sie lernten auch, dass Aufgeben keine Option ist. Wenn einer von ihnen das Handtuch geworfen hätte, dann wäre das Projekt längst nicht so reibungslos verlaufen. Eines der Kinder war mit sehr viel weniger Elan bei der Sache als die anderen, was für die Mutter ziemlich schwer mit anzusehen war. Die anderen arbeiteten dafür ein wenig mehr, um das etwas schwächere Glied in der Kette auszugleichen. Ich fand es ziemlich ermutigend zu beobachten, wie das Team stark blieb. Sie weigerten sich einfach, sich darüber zu beklagen und zu jammern, dass jemand keinen vollen Einsatz zeigte, sondern die arbeitenden Kids machten sich gegenseitig Mut und waren nett zueinander. Und dabei wurde ihr Schritt ein bisschen federnder, und ich sah, dass sie sich noch mehr anstrengten. Sie zeigten dem Geschwisterkind, das sich bei dem Projekt am wenigsten engagierte, Mitgefühl statt Geringschätzung, und wenn man einmal überlegt, hat wohl fast jedes Team so ein Mitglied.

Ich war jedenfalls begeistert, was wir mittlerweile bei diesem Projekt schon gelernt hatten. Ich hoffe, dass die Kinder das auch weiterhin in ihrem Alltag umsetzen. Okay, wir wissen alle, dass das nicht unbedingt Normalität werden wird, aber wenigstens haben sie von der wunderbaren Frucht des Mitgefühls und der Anteilnahme gekostet. Und die schmeckt sehr viel besser als die der Empörung und Geringschätzung.

Codewort Volleyball
Nachdem die Kinder all das Zeugs aus der Garage geräumt hatten und wir auf Billy warteten, dass er alles abholte, kam Boxsters Freund samt Familie vorbei, um ihn zu einem Kinobesuch abzuholen. Als die Familien während der Wartezeit ein bisschen miteinander plauderten, erkundigte sich der Vater von Boxsters Freund natürlich auch, was wir da gerade machten. Die jüngeren Kinder erzählten begeistert und ganz aufgeregt von unserem Projekt, während unser Teenager nur die Augen verdrehte, um seinem Freund

zu signalisieren, wie unmöglich und verrückt er seine Familie fand. Nur Minuten, nachdem sie abgefahren waren, rief der Vater der anderen Familie wieder an, um zu fragen, was wir mit all den Steinen aus unserem Vorgarten vorhätten, die wir noch aufnehmen und entfernen wollten.

„Möchtest du sie haben?", fragte ich.

„Ja, das wäre toll. Wir haben nämlich gerade gestern Abend darüber geredet, einen Steinweg am Haus entlang zu legen. Ich habe einen Anhänger und könnte morgen vorbeikommen und die Steine abholen."

Wenn man schon mal dabei ist, wieso dann nicht gleich weitermachen? Ich erzählte den Kindern also von dem Anhänger und dem Zeitrahmen für den nächsten Tag. Man hätte meinen können, dass wir im Lotto gewonnen hatten. Die Kinder klatschten sich gegenseitig ab, und die ganz coolen zeigten die Siegerfaust. Hab ich schon erwähnt, dass wir Streber sind?

Am Sonntagnachmittag kam also Nick mit seinem Anhänger und seinem Sohn. Und jetzt hatten wir nicht nur eine Mannschaft eifriger Kinder (im Alter von elf Jahren und darunter), sondern auch ein paar richtig starke Teenager als Arbeiter zur Verfügung. Komisch, wie sich diese Teenagertypen oft erst einmal über eine Arbeit beklagen, während die Jüngeren sofort loslegen. Den Jüngeren machte es wirklich Spaß zu sehen, wie sie vorankamen mit der Arbeit, und dadurch wurde wieder einmal deutlich, wie wichtig es ist, unseren Kindern schon so früh wie möglich Verantwortung zu übertragen. Wie bei so vielen Dingen ist es einfacher, die Kinder davon zu überzeugen, dass sie mithelfen sollen, wenn sie noch jünger sind, als später in der Pubertät.

Bei dieser Aufgabe hatte ich allerdings das Gefühl, dass die Teenager das Beklagen irgendwie nur vortäuschten, um nicht als uncool dazustehen. Sie machten ihre Sache wirklich großartig – genau wie die jüngeren Mitstreiter.

Mit ein bisschen Anleitung von Papa, wie man widerspenstige Steine im Boden lockert, stürzten sie sich in die Arbeit. Manche machten sich auch etwas zögerlicher ans Werk, andere suchten nach Möglichkeiten, sich irgendwie vor der Arbeit zu drücken, und wieder andere taten nur so, als wollten sie die Arbeit vermeiden, schafften dafür aber erstaunlich viel. Innerhalb von ein paar Stunden waren alle Steine aufgenommen, mit einer Schubkarre zum Anhänger transportiert, verladen und dann abtransportiert worden. Wir hatten einen wunderschönen, steinlosen Erdweg, der die Hälfte der Gartenfläche einnahm und den Raymundo und seine Leute jetzt mit Rollrasen belegen konnten.

Es war wundervoll, auf der Veranda zu sitzen und meinen Kindern bei der Arbeit zuzuschauen. Die Väter konnten gar nicht anders, als sich zu der bunten Mischung aus Helfern zu gesellen, und ich zwang mich, auf einem der frisch gestrichenen Holzstühle sitzen zu bleiben und an meinem Glas Eistee zu nippen, der mit Zitrone und einem Minzblatt garniert war. Das war ein schwerer Job, aber irgendjemand musste ihn ja machen. Der Tee war nicht annähernd so süß wie das Bild, das sich mir da bot. Es war einfach nur schön. Und schwuppdiwupp hatten wir ein ausgesprochen produktives Wochenende.

Haben Sie schon einmal darum gebetet, dass sich Zeit vermehren möge? Nun, wahrscheinlich ist das Geheimnis dabei geteilte Verantwortung. Zwei Familienprojekte haben wir erfolgreich zum Abschluss gebracht – jedenfalls so weit wir sie selbst bewältigen konnten –, und zwar in Rekordzeit. Gelegentliche Gefühlsausbrüche (von der Art, bei der jemand beschuldigt wird, oder der Art, bei der die offensichtliche Ungerechtigkeit Thema ist, wenn ein Jugendlicher vier Stühle schleppt, während ein anderer nur einen tragen will) traten ebenfalls auf, aber insgesamt zeigten sie großartiges Teamwork.

Den Lohn ernten

Das war also eine Aufgabe, die eigentlich *einen* Monat hätte dauern sollen. Als Lohn für die Mühe und den Einsatz der Kinder hielten Jon und ich Wort und fügten der Teamwork-Aufgabe nichts mehr hinzu, sondern beließen es bei dem, was wir ganz am Anfang des Monats konkret geplant hatten. Das klingt zwar vielleicht nicht nach einer Belohnung, aber sie nahmen es doch ziemlich erleichtert auf.

Übrigens: Wir warten immer noch auf unser Volleyballnetz. (Das liegt an Jons und meiner „Aufschieberitis". Es ist ein echtes Wunder, dass wir überhaupt irgendetwas geregelt bekommen!) Aber ein Garten ohne Steine lädt schon viel mehr zum Spielen ein als ein Garten mit Steinen. Im Augenblick ist Fußball der Renner. Außerdem: Wer braucht denn schon ein Volleyballnetz? Die Mädchen sind fast den ganzen Tag draußen und prellen den Ball über ein anderes Netz, das außerdem noch als Fußballtor dient.

Wir haben diesen Monat Teambildung in der Praxis erlebt. Die Geschwindigkeit, die Einigkeit, die Kreativität, das Sich-aufeinander-Verlassen und das gewachsene Selbstwertgefühl waren erstaunlich. Immer wenn jemand etwas über die Veränderung unseres Gartens sagt, können sich das ein paar sehr stolze Kinder auf die Fahne schreiben. Und sie tun das nicht angeberisch, indem sie sich selbst auf die Schulter klopfen, sondern eher auf die „Wir-sind-eine-Familie"-Weise, weil alle dazu beigetragen haben.

Und wir haben dabei auch ein paar sehr wichtige Stärken in den Persönlichkeiten der Kinder zu sehen bekommen. Fury zum Beispiel hat bei diesem Projekt sein wahres Ich gezeigt. Der Junge kann wirklich arbeiten. Unsere Herausforderung besteht jetzt darin, diese Leidenschaft, die so typisch ist für ihn, konstruktiv zu lenken, damit er lernt, wie er positiv bleiben kann, und nicht wieder in der Halsstarrigkeit versinkt, die sich manchmal ebenfalls als Teil seiner Persönlichkeit zeigt.

:::: **WAS SIE IN DIESEM MONAT GELERNT HABEN**
- Die manchmal nervigen Geschwister haben auch überraschende Fähigkeiten und Stärken.
- Wenn alle zusammenarbeiten, kommt mehr zusammen als nur die Summe der einzelnen Beiträge. Und die Zeit, die

nötig ist, um ein Projekt zu Ende zu bringen, wird mehr als halbiert.
- Unsere Garage hat wirklich einen Boden.

:::: **WAS ICH IN DIESEM MONAT GELERNT HABE**
- Diese Kinder sind sehr viel reifer, als ich geglaubt habe.
- Ich kann es schon mehr genießen, mit etwas Abstand zuzuschauen, statt immer mittendrin zu sein und mitzumischen.
- Im Team gibt es keinen Bildschirm. Fernsehen, Computer- und Handybildschirme wurden nicht vermisst, wenn die Kinder die Köpfe zusammensteckten, um zu planen, Vorgehensweisen zu diskutieren und dann ihre Ziele zu erreichen.
- Jon ist ein ehrgeiziger, konkurrenzbetonter Tischtennisspieler. Unsere Nachbarn können vielleicht von spätabendlichem Gebrüll berichten. Okay, vielleicht bin ich ja auch diejenige, die konkurrenzbetont ist!

Aufgabe 10

„Das Klopapier ist alle und Shampoo auch ...!"

Jugendliche fit machen für die kleinen Besorgungen des Lebens

> *Jedes Kind wird einen Botengang für Sie übernehmen, wenn Sie es zur Bettzeit darum bitten.*
> Red Skelton

„Nicht die Tür zumachen!", schrie ich.

Boxster sah mich mit diesem klassischen „Hä?"-Blick an und in dem Moment fiel die Tür hinter ihm ins Schloss.

Ich schluckte ein paar deftige Ausdrücke herunter, die mir auf der Zunge lagen, rannte zur Tür, allerdings nur, um wie erwartet festzustellen, dass sie wirklich zu war.

Und da stand ich nun, in meinem unansehnlichen, aber unglaublich bequemen zehn Jahre alten Flanellschlafanzug, einer Hose mit einem ziemlich dünnen und deshalb transparenten Oberteil. Schuhe hatte ich nicht an, aber ich trug zum Glück anständige Unterwäsche.

Es war 7:38 Uhr morgens. Ich war noch schnell vor die Tür gerannt, um Jon zu sagen, dass er bitte schon die Kinder mit zur Schule nehmen solle, die pünktlich fertig waren. Boxster war nämlich an diesem Morgen spät dran wegen einer kleinen „Diskussion", die er und ich über eine Hausaufgabe hatten. Genau genommen handelte es sich dabei um eine nicht gemachte Hausaufgabe. Jon war losgefahren, und ich war jetzt nicht nur in dieser misslichen Lage und nicht nur extrem frustriert darüber, dass ich das missratene Kind selbst zur Schule fahren musste, sondern wir waren außerdem auch noch beide ausgesperrt. Wir hatten noch fünfundzwanzig Minuten bis zur Schulglocke, von denen schon eine Viertelstunde für die Fahrt zur Schule draufging. Ich linste durch den Briefkastenschlitz. „Jack? Komm doch mal zur Tür, Jack", rief ich dem Kleinkind zu, das unabsichtlich eingeschlossen war. „Es ist Mami, mein Schatz. Kannst du mir bitte helfen?"

Im Innern des Hauses, wo er emsig damit beschäftigt war, so viel Raum wie möglich mit Playmobil und Lego in Beschlag zu nehmen, zeigte Jack keinerlei Interesse an der Stimme, die ihn da von draußen rief.

„Warum hast du denn auch die Tür zugeschlagen?", fuhr ich den Schuldigen auf der Veranda an. Er hatte eigentlich gar nichts falsch gemacht, als er die Tür zuschlug, sondern im Gegenteil, er hatte sich verantwortungsvoll verhalten. Besonders auch angesichts der Tatsache, dass ich die Kinder schon unzählige Male angeschrien hatten, sie sollten gefälligst die Tür hinter sich zumachen, wenn sie hinausgingen. Aber ich war nicht in der richtigen Verfassung oder Bekleidung, um mich ernsthaft mit seinen Motiven zu befassen.

In Gedanken war ich schon bei unseren Nachbarn, bei denen wir einen Haustürschlüssel deponiert haben, aber ich brachte es einfach nicht fertig, in meinem Aufzug bei ihnen zu klingeln. Also setzte ich alle Hoffnung auf den Reserveschlüssel, den wir für solche Fälle irgendwo versteckt haben. Wie Sie sich wahrscheinlich vorstellen können, müssen wir oft von ihm Gebrauch machen, und nicht weniger oft vergessen wir danach, ihn wieder zurück in das Versteck zu legen – eines der Symptome der „Aufschieberitis". Warum es sich einfach machen, indem man Sachen sofort wieder dorthin bringt, wo man sie hergeholt hat? Es ein wenig hinauszuzögern macht das Leben doch viel spannender. Aber an diesem Tag, einem Tag, an dem keine Zeit zum Warten war, hatte ich Glück. Der Schlüssel lag genau da, wo er sein sollte.

Ich ging rasch ins Haus, schnappte mir meinen Jüngsten und die Autoschlüssel und schrie dann den Teenager an, sich auf der Stelle ins Auto zu begeben. Dort setzte ich dann die „Diskussion" über seine Hausaufgabe fort, und das war dann der Punkt, an dem ich bei ihm gegen die Wand lief. Die Art von Wand, die er errichtet, wenn er in die Null-Toleranz-Zone kommt und meine Worte nur noch an sich abprallen lässt.

Und dann sah ich, dass das orangefarbene Lämpchen am Armaturenbrett aufleuchtete, das der eigentliche Grund dafür gewesen war, weshalb ich Jon gebeten hatte, die Kinder zur Schule zu fahren. Mein Tank war leer. Und als ob das noch nicht gereicht hätte, hatte ich auch kein Bargeld dabei, denn meine Handtasche mit dem Portemonnaie war seit ein paar Tagen unauffindbar – wodurch die „Diskussion" nicht gerade freundlicher wurde.

„Dir ist doch hoffentlich klar, dass du jetzt nicht nur zu spät zur Schule kommst, sondern dass *der Tank leer* ist und ich *im Schlafanzug* bin! Und das alles nur, weil bla-bla-bla-bla-bla." Ich hörte mir nicht einmal mehr selbst zu. Aber was hätte das auch schon geändert? Wir hatten den Punkt, an dem wir noch hätten umkehren können, schon vor einer Viertelstunde überschritten.

Ich fuhr an der Tankstelle vor, die praktischerweise auf dem Weg zu Schule liegt, peinlicherweise für mich wegen meines Aufzugs aber auch an der Kreuzung zweier stark befahrener Straßen. Es ist dort also immer viel Betrieb, viele Menschen tanken dort – Menschen, die angezogen sind. Und das war dann der Grund, weshalb ich beschloss, dass Boxster zum ersten Mal in seinem Leben ein Auto volltanken würde. Eine höchst passende Aufgabe, da es ja auch zufällig der Monat der Besorgungen war.

Unsere Familienkonferenz zwecks Festlegung der Aufgaben und Ziele für diesen Monat stand zwar noch aus, aber das Ziel für diesen Monat ist Sachverstand in und Kenntnis über all die vielen Besorgungen und Gänge, die allwöchentlich nötig sind, um einen

Haushalt in Gang zu halten. Ich möchte, dass die Kinder in der Lage sind, in einen Supermarkt, eine Zoohandlung oder eine Reinigung zu gehen und dort die benötigten Sachen einzukaufen bzw. zu erledigen. Es ist wichtig, dass sie lernen, die benötigten Sachen zu finden (was manchmal auch bedeuten kann, um Hilfe zu bitten) und dann zu bezahlen (wobei wiederum der Umgang mit anderen Menschen eine Rolle spielt). Ich möchte, dass sie höflich und freundlich zu Kassiererinnen und anderen Angestellten sind, dass sie sie ansehen, wenn sie mit ihnen sprechen und ihre Angst vor Dingen überwinden, die ihnen noch nicht vertraut sind. Und außerdem ist es für die Kinder gut zu lernen, dass Dinge nicht einfach so vom Himmel fallen.

Die völlig unerwartete Situation an diesem Morgen sollte die erste Gelegenheit dazu bieten und war für Boxster so eine Art Feuerprobe.

Als ich also auf die Tankstelle raste, unterstrich ich meine Verärgerung noch, indem ich mit quietschenden Reifen an der Zapfsäule zum Stehen kam. Tja, ich bin eben reif und erwachsen. Ich nahm Boxster mit einer dramatischen Geste die vier Dollar, die ich ihm zu Hause für das Essen in der Schule gegeben hatte, wieder weg, schob ihm die Dollarnoten hin und sagte: „Bring die da rein und sag ihnen: ‚Für vier Dollar an Zapfsäule sieben.'"

„Hä?" – Wie er mich mit großen Augen ansah, hatte ich das Gefühl, ich spräche in einer fremden Sprache mit ihm.

„Wir müssen bezahlen. Bring das Geld da rein und sage ihnen: ‚Für vier Dollar an Zapfsäule sieben.'"

„Wer, ich?"

„Ja du. Und jetzt raus. Steig. Aus. Dem. Wagen. Und. Geh. Da. Rein!" – Ich war mittlerweile so erledigt, dass ich grob und unhöflich zu meinem Kind war. Dann nahm ich noch einmal Fahrt auf – „Und sag ihm: ‚Für vier Dollar an Zapfsäule sieben.'"

Er wollte nicht, aber schließlich stieg er doch aus dem Wagen und ging langsam und zögerlich zum Eingang der Tankstelle.

Ich kurbelte das Fenster herunter. „Könntest du bitte ein

bisschen schneller machen? *Beeilung*!" Er drehte sich nicht um und zeigte auch sonst keinerlei Reaktion, aber alle anderen Leute, die tankten, schauten jetzt in meine Richtung. Wie schön, dass ich es jetzt trotz all meiner Bemühungen, mich vor den Augen der Öffentlichkeit zu verbergen, geschafft hatte, alle Blicke auf mich und meine Unterwäscheherrlichkeit zu ziehen. Ich kurbelte mein Fenster wieder hoch.

Der Junge bezahlte und kam dann wieder zum Wagen zurück. Ich zeigte mit Nachdruck auf die Fahrerseite des Autos und auf die Zapfsäule. Er reagierte wiederum mit einem „Hä?" und Schulterzucken. Vom Wageninneren aus öffnete ich den Tankverschluss, und da wurde ihm klar, dass *er* den Wagen betanken sollte.

„Was soll ich denn machen?"

„Was?" Weil ich mich nicht von meinem eigenen Wutanfall verabschieden konnte, tat ich so, als könnte ich ihn nicht verstehen.

„Was ich machen soll."

Ich öffnete das Seitenfenster einen klitzekleinen Spalt. „Schraub den Tankdeckel ab."

„Hä?" – wieder begleitet von einem Achselzucken.

„Du sollst den Tankdeckel abschrauben!"

Der Mann an der nächsten Zapfsäule hatte inzwischen aufgegeben, so zu tun, als bekäme er unseren unschönen Umgang miteinander nicht mit. Er zeigte dem Jungen mit einer unauffälligen Geste, wo sich der Tankdeckel befand. Ich bin sicher, er freute sich jetzt schon darauf, später in der Frühstückspause seinen Kumpels von diesem Erlebnis zu erzählen.

Nachdem mein Sohn in aller Seelenruhe den Tankdeckel abgeschraubt hatte, versuchte er, ihn mir durch den kleinen Fensterspalt in den Wagen hineinzureichen (Nein!), legte ihn dann auf dem Boden ab und bettelte: „Kann ich jetzt wieder einsteigen?"

„Nein! Du nimmst jetzt die Zapfpistole und hängst sie in die Tanköffnung!", kreischte ich durch den Fensterspalt.

„Hä?"

„Du meine Güte. Nimm die Zapfpistole und häng sie in die Tanköffnung!"

Was er schließlich auch tatsächlich tat.

„Und jetzt drücke auf den ‚Normal'-Knopf."

„Hä?"

„Aaaarrrghhh! *Drück* den ‚Normal'-Knopf!"

Und schließlich drückte er tatsächlich. Und dann brauchte er noch einmal richtig viel Zeit, bis er merkte, dass er den Feststeller gedrückt halten musste, damit Benzin in den Tank lief. Er füllte den Tank, hängte dann die Zapfpistole wieder an die Zapfsäule und schraubte den Tankdeckel zu. Jedenfalls hoffte ich, dass er den Tank wieder zugeschraubt hatte. Vielleicht sollte ich aber doch sicherheitshalber lieber noch einmal nachschauen.

Auf dem Weg zur Schule sprachen wir nicht viel. Als er ausstieg, bot ich ihm ein ziemlich lahmes „Hab dich lieb". Das Grunzen, das ich als Erwiderung bekam, hatte ich wirklich verdient.

Ich bin mir sicher, diese Einführung ins Tanken wird er niemals vergessen. Sie war nicht unbedingt so, wie ich sie mir immer vorgestellt hatte, aber mir wurde wieder einmal klar, dass, wenn ich nicht selbst so viel Beihilfe geleistet hätte, er schon vor ein paar Jahren gelernt hätte, einen Wagen vollzutanken. Bei den anderen Kindern werde ich jedenfalls früher damit anfangen.

Der arme Kerl. Es ist nicht leicht, der Älteste zu sein.

Besorgungen ohne Ende

Besorgungen. Wir müssen sie alle machen. Na ja, alle, außer Kindern und Jugendlichen, die glauben, dass das, was im Haushalt nötig ist und gebraucht wird, einfach wie auf Knopfdruck auftaucht und dann zur Verfügung steht. Hier ein paar Szenen aus dem Hause Wyma:

„Hey! Ich brauche Toilettenpapier!", kommt eine Stimme aus dem Bad im Erdgeschoss. „Wer war als Letzter hier und hat keine neue Rolle draufgemacht? Hey! ... HÖRT MICH JEMAND?"

Für denjenigen, der das letzte Stück Klopapier von der Rolle benutzt hat, ist der Rollenhalter wie ein magischer Süßigkeiten-Spender, der niemals leer wird. Es kommt doch immer eine neue Rolle, oder?

„Was soll ich bloß machen? Da ist kein Waschpulver mehr für meine Wäsche, die ich ja für dich unbedingt selbst waschen soll."

Hm. „Erstens sind das ja auch deine Sachen. Und zweitens musst du mir einfach sagen, wenn du den letzten Messbecher davon verbraucht hast. Ich kann nicht jeden Abend einen Kontrollgang durchs Haus machen, um festzustellen, was fehlt."

Und damit komme ich zu folgendem unglaublichen Dialog:

„Hast du in letzter Zeit mal dein Haar gewaschen?"

„Kann sein. Weiß nicht so genau."

„Wieso weißt du nicht, ob du dein Haar gewaschen hast?"

„Na ja, ich habe keinen Kalender in der Dusche, in den ich die Tage eintrage, an denen ich Haare wasche."

„Hast du sie den in den letzten paar Tagen mal gewaschen?"

Keine Reaktion.

„In den letzten Wochen?" Pause. „Bitte sag mir, dass du sie in den letzten paar Wochen mal gewaschen hast", flehe ich.

„Keine Ahnung. Kann sein. Mein Shampoo ist alle."

„Wie lange hast du schon kein Shampoo mehr?"

„Also seit mindestens einer Woche."

„Und warum sagst du mir das nicht?", stöhne ich auf.

Der Chor der „Bedien mich"-Erwartungen erreichte an einem Nachmittag im Kino noch einmal ein Crescendo. Ich hatte beschlossen, dass es nicht nur ein perfekter Tag für einen Kinobesuch war, sondern dass ich außerdem noch etwas gegen meinen Sparsamkeitstick tun wollte, indem ich jedem Kind noch Popcorn, Getränke *und* Süßigkeiten spendierte. Was hatte ich mir dabei nur gedacht?

Die Entwicklung von Spaß zu Fiasko nahm ihren Anfang, als der nette Kinoangestellte namens Zach meine Zehnjährige fragte: „Was möchtest du denn trinken?"

Statt zu antworten, sah sie mich an. „Äh …"

„Na, was du trinken möchtest?", fragte ich und wies sie darauf hin, dass es nur zwei Sorten Slush zur Auswahl gab und nur eine, die alle Kinder mochten.

„Hmmm …"

„Nun komm schon. Was möchtest du?", fragte ich sie – jetzt ein bisschen eindringlicher.

Wieder sah sie mich an. „Na, dann nehme ich wohl einen Kirsch-Slush."

Okay, die Tatsache, dass sie das in meine Richtung sagte, zeigte mir erneut die Unfähigkeit meiner Kinder, Dinge selbst zu regeln. Sie sagte ihre Bestellung mir, damit ich sie dann an Zach weitergab. Dabei stand er ihr direkt gegenüber auf der anderen Seite des Tresens.

„Sag's *ihm*", entgegnete ich und deutete mit dem Kopf auf Zach.

Zögerlich wandte sie sich ihm zu. „Ich … also … äh … dann … ich … äh … nehme einen Kirsch-Slush."

Ich, jetzt schon ein bisschen ungeduldig, fragte dann: „Und was für eine *Süßigkeit* möchtest du?"

„Weiß nicht."

„Na dann geh und guck, was es gibt", murmelte ich ihr zu, „oder muss ich *das* auch noch für dich tun?"

Das war gar nicht gut. Wir waren zu sechst – und so konnte das ja *ewig* dauern!

Der achtjährige Fury, der als Nächster an der Reihe war, hatte sich in Murmel-Man verwandelt.

„Was möchtest du trinken?", fragte ich ihn.

„Mmmbblmmmb…mmmflmsmfll…mmmbmmg."

„Wie bitte?"

„Mmmmbmmmnnn…mmnllmbbll."

Nicht zu fassen. Meine Zehnjährige erwartete nicht nur von mir, dass ich für sie bestellte, sondern der Achtjährige hatte offenbar auch noch beschlossen, dass ich für ihn reden und irgendwie sein Gemurmel in für Zach verständliche Sprache übersetzen sollte.

Ziemlich heftig sagte ich deshalb: „Bitte sprich so, dass ich dich verstehen kann. Welche Sorte möchtest du?"

„Mbllmmmll...bla-bla-bla-bla."

Ich musste den Impuls, ihn zu würgen, heftig unterdrücken, während Zach geduldig wartete.

„Möchtest du Dr. Pepper?"

„Ja ... Dr. mbllmmmbl."

„Was? Hat er Dr. Pepper gesagt?", fragte ich das nächste Geschwisterkind in der Reihe. Nach einem bejahenden Nicken sagte ich zu Zach: „Er nimmt Dr. Pepper."

„ICH MÖCHTE EINEN DR. PEPPER SLUSH", schrie Fury.

(*Jetzt* beschloss er, dass man ihn verstehen soll.)

„Sie haben keinen Dr. Pepper Slush." Ich klammerte mich an die allerletzten Reste meines Verstandes ... „Sie haben hier nur Kirsche oder Blue. Und Blue magst du nicht."

Seine Süßigkeitenauswahl zu treffen, erwies sich als ebenso zeitintensiv und frustrierend. Ich verdonnerte Fury schließlich zu einer provisorischen Auszeit, während Zach sehr nett war und versuchte, deeskalierend einzuwirken. „Ist schon okay. Kein Problem. Alles in Ordnung."

Als dann Boxster an der Reihe war, versuchte er, mit einer Bestellung von Popcorn und Karamelbonbons durchzukommen, für ihn allerdings beides absolute No-Gos wegen seiner Zahnspange. Jetzt bin ich nicht nur die Dolmetscherin, sondern auch noch die Zahnpolizei. Warum denn auch selbst ein bisschen nachdenken, wenn eine Mutter da ist, die sich um alles kümmert?

Der Achtjährige weinte mittlerweile, während mich die anderen mit ihren Bestellungen bestürmten. Ich brauchte nach diesem Ausflug offiziell einen Urlaubstag.

Und dann kam die Krönung. Als ich schließlich bezahlt hatte und wir im Kino unsere Plätze gefunden hatten, hörte ich gegrummelte Unmutsbekundungen am Ende der Reihe. Ich wollte eigentlich nicht nachfragen, aber das hartnäckige Murren zwang förmlich dazu.

„Was ist denn los?", flüsterte ich genervt.

Mit Achselzucken und nach oben gedrehten Handflächen, der Standardgeste des entnervten Teenagers, formte Boxster tonlos mit den Lippen die Worte: „Wo sind die Trinkhalme?"

Er hatte sich nicht nur nicht selbst um einen Trinkhalm für sein Getränk gekümmert, sondern er erwartete in vollem Ernst von mir, dass ich aufstand und ihm einen holte. Ich fragte mich langsam, ob wir überhaupt irgendeinen Fortschritt gemacht hatten durch unser Projekt, Verantwortung in unserer Familie umzuverteilen. Aber jetzt sind mir die Augen geöffnet worden – nicht nur für meinen Hang zur Beihilfe zu ihrer Unselbstständigkeit, sondern auch für das reflexartige Verhalten der Kinder, sich ganz auf mich zu verlassen, statt sich selbst zu kümmern.

Die Situation wurde dadurch gerettet, dass eine der Schwestern schnell von ihrem Platz aufsprang und anbot: „Ich geh schnell welche holen", was sie dann auch wirklich tat und auch gleich ein paar Servietten mitbrachte.

Ich seufzte aus Dankbarkeit darüber, dass wir doch Fortschritte gemacht hatten, dass wir endlich doch auf dem Wege der Besserung sind, dankbar, dass wir nicht die Einzigen sind, denen es so geht. Die Tatsache, dass Zach so entspannt blieb, war nämlich wahrscheinlich ein Indiz dafür, dass ich nicht die erste Mutter auf der anderen Seite seines Tresens war, die ihren Kindern Beihilfe zur Unselbstständigkeit leistete.

Als wir wieder zu Hause waren und ich Jon von unserem Kino-Fiasko erzählt hatte, wurde mir klar, dass es eine Situation gewesen war, die eine Vielzahl von Lektionen bereitgehalten hätte. Ich sah jetzt, dass ich im Zusammenhang mit dem Kinobesuch etliche Chancen verpasst hatte, ihr Selbstvertrauen zu stärken:
- Ich hätte meinem ältesten Sohn Geld geben und ihn die Eintrittskarten kaufen lassen können. Ich hätte ihn ermutigen

können, sich auszuprobieren, indem er mit jemandem sprechen musste, den er nicht kannte. Vielleicht hätte ich ihn auch ein bisschen mehr fördern können, seine Rolle als Ältester besser auszufüllen.

- Ich hätte die Kinder nachschauen lassen können, wie teuer die Tickets waren und wie viele wir brauchten, statt alles selbst in die Hand zu nehmen.
- Sie hätten ihre neuen Teamwork-Fähigkeiten ausprobieren und die Unternehmung gemeinsam entsprechend ihren Fähigkeiten planen und umsetzen können. Der eine kann gut recherchieren, er kann sich schlaumachen, wie wir am besten zum Kino kommen. Eine andere mag Menschen, sie hätte mit Zach die Bestellungen klären können. Wieder eine andere kümmert sich gern. Sie hätte organisieren können, wer was wollte und die bestellten Sachen dann an die entsprechenden Personen verteilen.
- Oder umgekehrt, hätte ich ja auch einmal jedem eine Aufgabe zuteilen können, die er von Natur aus *nicht so gerne tut,* hätte sie dadurch ermutigen können, sich darin in einem geschützten Raum auszuprobieren, um auch zu lernen, mit schwierigeren Situationen umzugehen.
- Jeder hätte für seine Kinokarte und den Verzehr selbst bezahlen können, und zwar vom eigenen Geld! Vielleicht wäre es dabei zu so wichtigen Überlegungen wie einer Abschätzung von Kosten und Nutzen gekommen.
- Ich hätte die Gelegenheit beim Schopf packen können, ihnen ganz viele Fertigkeiten zu vermitteln wie beispielsweise Manieren, Gastfreundschaft, etwas für andere zu tun, Organisation … die Liste ließe sich beliebig fortsetzen.

Einmal mehr war eine Riesenchance vertan, den Kindern das Gefühl zu geben, wichtig und fähig und eine Hilfe zu sein und gebraucht zu werden, weil ich mich wieder einmal einmischte und alles für sie regelte, statt die Verantwortung ihnen zu überlassen.

Ich bin ziemlich sicher, dass ich ihnen sogar *das Denken abgenommen* habe. Meine Rolle hätte auf die der Chauffeurin beschränkt sein können. Ich hätte sie nur rechtzeitig an den Veranstaltungsort zu bringen brauchen. Moment, nein, das stimmt gar nicht. Auch das Zeitmanagement hätten sie selbst in die Hand nehmen können. Wieso gehe ich eigentlich immer davon aus, dass ich die Zeit im Blick haben und sie erinnern muss? Sie können die Uhr lesen und auch selbst abschätzen, wann sie aufbrechen müssen, um pünktlich zu sein. Du meine Güte! Anscheinend kann ich mich ja gar nicht bremsen! Statt es ihnen zu überlassen, die Situation zu durchdenken, Probleme zu lösen, einander zu helfen, behielt ich die Verantwortung und den Frust für mich allein.

All diese Punkte scheinen so klein und nebensächlich, besonders in dem konkreten Augenblick, aber das sind sie nicht. Genauso wenig wie all das, was wir im Haus und ums Haus herum für sie tun, klein und nebensächlich ist. Wenn Sie das nächste Mal eine Familienunternehmung starten, dann schauen Sie sich einfach einmal um. Wer hantiert so geschickt mit Popcorn und Getränken, hat die Nachkommen im Griff wie ein Zirkusdirektor und gibt dabei noch Bestellungen auf, während er gleichzeitig versucht, nichts zu verschütten? Höchstwahrscheinlich ich ... und wahrscheinlich noch ein paar andere Eltern, die ihre Bedien-mich-Kinder versorgen.

Sie können, sie sollten und sie werden

Die erste Aktion in der Abteilung Besorgungen besteht darin, den Kindern deutlich zu machen, dass die Dinge, die sie tagtäglich benutzen und verbrauchen, nicht wie von Zauberhand auftauchen, sobald ihnen der Gedanke daran in den Kopf kommt. Wenn ich zu den etwas organisierteren Menschen gehören würde, dann hinge wahrscheinlich eine Einkaufsliste an unserem Kühlschrank oder einer anderen allgemein zugänglichen und deutlich sichtbaren Stelle im Haus, um im Blick zu behalten, was im Haushalt fehlt. Aber das ist nicht der Fall. Tatsache ist, dass, wenn es so eine Liste gäbe, ich sie wahrscheinlich zu Hause vergessen oder verlieren würde. Vielleicht sollte ich genau aus diesem Grund mir selbst und meinen Kindern vermitteln, wie wichtig und hilfreich das Erstellen von Listen und auch deren Benutzung sein können. Vielleicht bleibt ja bei einem von ihnen etwas davon hängen, und dieses Kind könnte dann die Organisation in unserer Familie übernehmen!

Der zweite Punkt der Aufgabe dieses Monats besteht darin, den Kindern zu zeigen, wie und wo sie einkaufen können. Sie wissen ja inzwischen, wo im Supermarkt die meisten Lebensmittel zu finden sind, und jetzt ist es an der Zeit, dass sie auch lernen, wo all die Sachen sind, die nicht zu den Lebensmitteln gehören.

Das dritte Ziel dieses Monats besteht darin, es sie allein und selbstständig machen zu lassen. Na ja, zumindest ohne mich. Wenn sie sich eine Freundin oder einen Freund zur Unterstützung mitnehmen, ist das völlig in Ordnung.

Ich mache seit Jahren alle Besorgungen und Einkäufe allein. Ich informierte daher die Kinder – „Nur damit ihr's wisst, der November ist unser Monat der Besorgungen" –, die zu dem Zeitpunkt gerade wieder einmal alle mit mir im Wagen saßen und deshalb nicht weglaufen konnten.

„Was!"

„Das ist unfair!"

„Mama. Bitte. Nein."

In den vergangenen Monaten habe ich es mir zur Gewohnheit gemacht, ihre erbärmliche Bettelei völlig zu ignorieren. Und dann bog ich auf das Tankstellengelände. Boxster, der es sehr eilig hatte, weil er mit einem Freund zu einem Kinobesuch verabredet und schon spät dran war, stöhnte schon laut auf in Erwartung dessen, was ich gleich sagen würde.

Froh darüber, dass ich dieses Mal passender gekleidet war als bei unserem ersten gemeinsamen Tankerlebnis, hielt ich neben einer Zapfsäule und sagte: „Okay, bitte steig aus und tank den Wagen voll."

„Aber wir kommen zu spät, Mama!"

„Na, dann solltest du vielleicht jetzt möglichst schnell machen, denn der Tank ist so gut wie leer, und ich werde nicht tanken."

„Ich hab es doch erst neulich gemacht, Mama", versuchte er, mich von meinem Plan abzubringen, obwohl ihm im Grunde bereits klar war, dass er es in seiner unmittelbaren Zukunft mit einer Zapfpistole zu tun bekommen würde. Und außerdem glaube ich, dass er es insgeheim eigentlich ganz gern tut. Ja, ganz mein Kind, das gern Neues lernt. Ich bin ziemlich sicher, dass er beim Betanken unseres Wagens überlegt, wie das alles funktioniert, dann, woher das Benzin wohl kommt, dann, welche Länder Benzin liefern, dann die historischen Konflikte in der betreffenden Region, dann ... das ist kein Witz. Er kann so schnell denken, dass ich ihm oft nicht folgen kann!

„Je schneller du dich in Bewegung setzt und anfängst, desto schneller sind wir bei deinem Freund. Und herzlich willkommen beim Thema Einkäufe und Besorgungen. Lektion eins: Die Besorgungen und Erledigungen hören nie auf. Sie sind wie die Wäsche. Wenn man eine Ladung fertig hat, wartet bereits die nächste. Oder wie Geschirr. Man hat gerade den Geschirrspüler ausgeräumt, da steht die Spüle schon wieder voll. Oder wie ..."

„Schon gut. Ich hab's ja kapiert." Sogar seine Kapitulation war weniger dramatisch als bei unserem Erlebnis in der Woche zuvor.

Wie gewöhnlich schlenderte er gemächlich zur Zapfsäule. Ich kurbelte das Seitenfenster herunter, gab ihm meine Kreditkarte und erklärte ihm so laut, dass alle es hören konnten, wie er sie handhaben musste.

Irgendwie hatte ich dabei die betont gedämpfte Stimme eines Sportkommentators beim Springreiten, der die Szene für ein nicht anwesendes Publikum beschreibt. „Achten Sie auf die Haltung des Jungen, wie er sich der Zapfsäule nähert. Den Blick fest nach vorn gerichtet, das unablässige Gerede seiner Mutter ignorierend, die sich aus dem Fenster lehnt. Merkt sie denn nicht, dass junge Männer solche in aller Öffentlichkeit geschnauzten Befehle ihrer Mütter über Dinge, mit denen sie vielleicht noch nicht ganz so vertraut und routiniert sind, nicht mögen? Hat sie jetzt seine Fassade des „Kenn-ich-schon-alles" zerstört? Wir werden sehen. Aber seine Körpersprache zeigt deutlich, dass der einzige Wunsch dieses Jugendlichen darin besteht, einfach zu verschwinden, irgendwo weit weg zu sein von dieser Mutter, die für alle Welt hörbar in Befehlstonfall das fehlende Wissen des jungen Mannes auf diesem Gebiet herausposaunt."

„Ich weiß, Mama." Er schob die Karte mit einem Ruck in den Schlitz an der Tanksäule.

„Machst du es auch richtig? Da sind auch Bilder an der Seite von der Zapfsäule, auf denen man sehen kann, wie ..."

„Mama ... ich *weiß* wie das geht!"

Rein und wieder raus. Rein und raus. Irgendetwas funktionierte da nicht, und ich machte mir langsam Sorgen, dass meine Karte wegen der vielen Fehlversuche nicht mehr akzeptiert wurde. Und ja – ich hatte wieder einmal kein Bargeld dabei.

Er steckte die Tankpistole in die Tanköffnung und drückte, ohne dass ich es ihm sagen musste, auf „Normal" (wenigstens daran konnte er sich erinnern). Es passierte aber immer noch nichts.

„Ich bin mir nicht sicher, ob du die Karte wirklich richtig eingesteckt hast."

„Ich habe es richtig gemacht!", flüsterte er jetzt heftig zurück.

An diesem Punkt stieg ich aus dem Wagen. „Äh, ich glaube nicht." („Transaktion fehlgeschlagen" auf dem Display war der erste Hinweis darauf.) „Guck doch mal, der Magnetstreifen auf der Karte muss so herum. Das kann man doch auf dem Bild hier an der Zapfsäule deutlich erkennen." Ich zeigte auf das entsprechende Bild.

„Ach so."

„Du machst das wirklich toll", fügte ich dann noch mit gewollt munterer Stimme hinzu. Aber das nahm er mir jetzt verständlicherweise nicht mehr ab.

Er tankte. Ich stieg wieder in den Wagen.

***

Im Schnellvorlauf weiter zu Tag vier unseres Monats der Einkäufe und Besorgungen. Snoopy und ich sind auf den Weg in den Supermarkt. „Du weißt ja, dass dieser Monat der Monat der Einkäufe und Besorgungen ist", erinnerte ich sie.
„Ich gehe aber nicht allein in den Supermarkt, Mama!"
„Jetzt hör mal zu: Du kannst das. Ich weiß, dass du es kannst."
„Nein! Ich gehe nicht gerne in den Supermarkt!"
„Also ich auch nicht, aber ich hab da keine Wahl, oder?"
„Andere Mütter ja auch nicht. Und genau die sind da drinnen. Mütter! Und vielleicht noch Sechzehnjährige. Aber keine Leute in *meinem* Alter."

Da konnte ich ihr nicht widersprechen; es sind wirklich nicht viele Kinder und Jugendliche im Supermarkt anzutreffen, die tatsächlich Besorgungen machen. Also stieg ich aus und ging *mit ihr*. Dadurch hatte ich noch einmal Gelegenheit, sie daran zu erinnern, wie die Waren angeordnet sind, und konnte ihr zeigen, wie man unsere Kundenkarte in den dafür vorgesehenen Automaten steckte und dann Hinweise auf Sonderangebote bekam. Mir wurde dadurch noch einmal ganz neu bewusst, dass ich nicht immer auf die harte Tour vorgehen muss. Der Ansatz, die Kinder ins kalte Wasser zu werfen und einfach damit zu rechnen, dass sie dann losschwimmen, ist nicht immer der beste. Mit ihnen zusammen zu schwimmen, ist wahrscheinlich sogar besser.

Natürlich konnte ich mir nicht verkneifen, ihr noch einen kleinen Vortrag zu halten. „Vielleicht bist du die einzige Zwölfjährige, die allein einkaufen und bezahlen kann, aber eigentlich ist das keine großartige Sache. Du schaffst es nicht nur, sondern du wirst es sogar gut machen. Und ich glaube, dass es für dich ein tolles Gefühl sein wird, wenn du es geschafft hast – genau wie bei all den anderen Dingen, die du schon neu gelernt hast.

Es geht nicht darum und wird auch nie darum gehen, was ‚die anderen' machen. Du kannst das, mein Kind."

Ob sie mir zugehört hat? Wer weiß. Wenigstens hat sie nicht dieses empörte „Mama!" ausgestoßen.

Wenig Nachteile, großartiges Potenzial

Ob es einem gefällt oder nicht, Besorgungen sind ein integraler Bestandteil des Lebens. Was können wir unseren Kindern also Besseres mit auf den Weg geben, als ihnen beizubringen, wie die Welt funktioniert? Das ist wirklich nicht immer glamourös. Und es hat auch nicht den Zweck, uns Befriedigung zu verschaffen, auch wenn wir die dabei trotzdem hin und wieder einmal empfinden. Das Komische ist, dass Arbeit – sogar Besorgungen – bereichernd sein können. Produktive Tätigkeiten sind meistens tendenziell aufbauend, wenn wir uns von der falschen Vorstellung lösen können, dass bestimmte Arbeiten unter unserer Würde oder unserem Niveau sind.

Ganz zu schweigen davon, dass wir ja zur Arbeit geschaffen sind.

Das ist eine weitere Tatsache, die sich durch jede der Aufgaben unseres Experimentes gezeigt hat: Arbeit dient als Grundlage unseres Lebenszweckes. Gott hat den Mann und die Frau zur Arbeit geschaffen, und er macht dabei auch keine Ausnahmen, wenn jemand in materiellem Überfluss lebt, besonders intelligent ist oder besondere sportliche Fähigkeiten hat.

Arbeit ist das Instrument, mithilfe dessen Gott für seine Schöpfung sorgt (siehe 1. Mose 2,15). Die Befriedigung, die daraus entsteht, selbst etwas geleistet zu haben oder Verantwortung für etwas übernommen zu haben oder auch nur etwas Kleines auf dieser Welt positiv verändert zu haben, ist auf unserer DNA gespeichert. Meine Aufgabe als Mutter besteht darin, meine Kinder zu lieben, zu nähren, zu fördern und sie zu lehren, wie sie sich wirklich auf das einlassen können, wozu sie geschaffen sind.

Was sich aber zunächst so einfach anhört, wird schon komplizierter, wenn ein bisschen Teenagerapathie und pubertäre Stimmungsschwankungen hinzukommen und ein paar elterliche Sorgen darüber, was andere wohl über ihre Familie denken könnten. Fügt man dann noch einige von der Gesellschaft geschürte Ängste zu dieser Mischung hinzu – die Art von Ängsten, die Eltern dazu

bringen, auf ihren Kindern zu hocken, ihnen stets und ständig zur Rettung zu eilen, Schmerz und Schweres von ihnen fernzuhalten, ihnen durch Tricks und Manipulation Chancen zuzuschanzen, damit das arme Kind nur ja nicht zu kurz kommt –, dann sieht der Weg vor uns schon nicht mehr ganz so sicher aus. Hier ein paar Fragen, die ich mir oft stelle:
- Liebe ich sie genug, um sie auch einmal versagen oder sogar scheitern zu lassen?
- Bringe ich sie dazu mitzuhelfen und sich zu beteiligen?
- Erwarte ich von ihnen, die eigenen Flügel auszuprobieren, auch wenn die Ergebnisse nicht so besonders ansehnlich und manchmal richtig peinlich sind?
- Liebe ich sie so sehr, dass ich beiseitetrete, statt einzugreifen?

Vielleicht wirkt es albern, wenn ich Besorgungen in die Rubrik Arbeit einordne, aber solche simplen Aufgaben bilden das Fundament für Größeres. Und meistens sind sie relativ sicher und berechenbar. Sie haben absehbare und begrenzte Auswirkungen. Wenn man bei einer Besorgung versagt, dann kann das nur ein gewisses Maß an Unannehmlichkeiten mit sich bringen. Außerdem haben Besorgungen einen klar zu definierenden Umfang mit einem klar erkennbaren Anfang und einem ebensolchen Ende. Und so wenig Nachteile, wie sie haben, so toll sind die Vorteile, von denen einer darin besteht, dass eventuelle künftige Ehepartner sich ganz sicher bei uns dafür bedanken werden, wenn wir ihre Männer bzw. Frauen mit allen wichtigen praktischen Fähigkeiten zur Bewältigung des Alltags ausgerüstet haben.

Zur Reinigung gebracht

Heute habe ich mich gezwungen, einem der Kinder gut zuzureden, fertig gereinigte Sachen aus der Reinigung abzuholen und schmutzige abzugeben. Okay, ich habe sie wohl eher aus dem Wagen geschubst. Sie brauchte nicht mehr zu tun, als ein paar schmutzige Sachen dort abzugeben und ein paar fertig gereinigte abzuholen.

Man hätte meinen können, ich schicke sie allein auf die Bühne im Rockefeller Center. Ihre Fingerknöchel waren praktisch weiß vor Anspannung, als sie sich mit aller Macht am Autositz festkrallte.

„Was ist denn schon groß dabei?", fragte ich sie. „Du gehst da einfach rein, gibst dem sehr netten Mann den Beutel mit Oberhemden und nennst dann noch unsere Telefonnummer, und das musst du dir noch nicht einmal merken, weil er dich danach fragen wird. Sag ihm ‚ohne Stärken'..."

„Was? Was soll denn *das* sein – ‚ohne Stärken'? Ich ... das kann ich nicht!" Sie sah aus, als bräuchte sie ganz dringend eine Tüte, damit sie nicht hyperventilierte.

„Es ist alles in Ordnung, mein Schatz", redete ich ihr beruhigend zu. „Du schaffst das, und ich bin doch gleich hier draußen." Der Wagen stand keine zwei Meter vom Eingang der Reinigung entfernt und keine zehn Schritte vom Tresen, hinter dem unser netter Reinigungsmann geduldig wartete. Er hatte uns schon zwei Mal zugewinkt. „So, und jetzt nimm einfach die Hemden und geh."

Sie schaute mich mit dem mitleiderregendsten Welpenblick an, den man sich nur vorstellen kann in der Hoffnung, dass ein schweigender, langsamer, leidender Augenaufschlag Wirkung zeigen würde.

„So, und jetzt rein da", forderte ich sie hartnäckig auf. „Ach ja, und das hier ist der Abholschein für die gereinigten Hemden."

„Was? Ich muss auch noch Sachen abholen?"

„Äh ja." Wieso wunderte sie das? Sie ist doch schon unzählige Male mit mir dabei gewesen. „So machen wir das. Wir schlagen zwei Fliegen mit einer Klappe. Es wäre doch dumm, später noch mal herzukommen, um fertige Sachen abzuholen, wenn wir das in einem Abwasch erledigen können. Und außerdem magst du doch dieses Karussell so, an dem die sauberen Sachen im Kreis herumfahren."

„Ja, das gefällt mir." Pause. „Glaubst du, dass er mich mal auf den Knopf drücken lässt?"

Das hat sie doch jetzt nicht wirklich gesagt, oder? Aber genau das hatte ich mir als Kind auch immer gewünscht.

„Nein. Und bitte frag auch nicht. Steig jetzt einfach aus und geh da rein. Wir müssen noch weiter, wir haben noch einiges zu erledigen."

Sie zog die Nase kraus, ein sicheres Zeichen dafür, dass sie sauer war. Aber dann ging sie in die Reinigung, immer noch murrend, aber mit einem Lächeln. Ich konnte es zwar nicht sehen, aber das breite Grinsen des Reinigungsmannes sah ich genau, ebenso wie seine freundlichen Gesten, mit denen er ihr Mut machte. Und wie es bei fast all diesen kleinen Aufgaben ist, merkte sie, dass sie auch mit Dingen fertig wurde, die ihr unangenehm waren. Ob sie diese Besorgung noch einmal wiederholen will? Vielleicht. Wahrscheinlich nicht.

Aber sie wird es.

Bei dieser Aufgabe mag es zwar den Anschein haben, dass sie in die Rubrik Aufgaben um der Aufgaben willen gehört, aber das stimmt nicht. Ich möchte, dass die Kinder sich selbstsicher mit Erwachsenen unterhalten können, um ihre eigenen Angelegenheiten zu regeln, statt sich dabei ganz und gar auf mich zu verlassen. Und außerdem möchte ich gerne, dass sie auch mit Situationen zurechtkommen, in denen ihnen nicht freundlich und zuvorkommend begegnet wird, sondern grob oder aggressiv. Gehen Sie auf jeden beliebigen Schulhof oder irgendeine Sportveranstaltung von Jugendlichen, wie die Mädchen sich da Zettel schreiben (okay, sie schreiben keine Zettel, sondern SMS), und es wird mit großer Wahrscheinlichkeit jemand dabei sein, der oder die die Gefühle Ihres Kindes verletzt. Wird das Kind daran kaputtgehen, wird es mit gleicher Münze zurückzahlen, oder wird es den betreffenden schwierigen Menschen trotzdem mit Respekt behandeln und den Mund halten, um die eigene und auch die Würde des anderen zu wahren? Ich möchte, dass meine Kinder möglichst frei sind von Unsicherheit, damit sie über dieser Art von Gemetzel stehen können, egal, auf welche Gemeinheit sie stoßen.

Aber Claras Auftrag in der Reinigung erforderte ja nicht einmal annähernd ein solches Maß an Mut. Ich bin schon seit Jahren Kundin in dieser Reinigung. Der Eigentümer ist ein ganz besonders netter Mann, der schon oft extrem hilfsbereit war und mir unzählige Male geholfen hat, Sachen im Auto zu verstauen. Ich wusste, dass er für ihre erste Erfahrung mit der Aufgabe der Besorgungen der perfekte Einstieg war. Er zeigte großes Verständnis für das Zögern und die wahrscheinlich sehr leise gesprochene Bitte meines Kindes. Es war wie Welpenfutter bei einem Hund. Wenn sie gleich von Milch zum Steak hätte übergehen müssen, wäre das wahrscheinlich eine Überforderung gewesen. Ich bin so dankbar, dass Persönlichkeiten wie unser Reinigungsmann einen behutsamen Übergang ermöglichen.

Als Clara wieder aus der Reinigung kam, warf sie mir einen „Mama!!!"-Blick zu, der begleitet war vom Lächeln des Reinigungsmannes. Er trug die Ladung Hemden zum Wagen, weil sie die große Menge allein nicht tragen konnte.

Sie machte die Autotür auf. „Ich hab's geschafft", sagte sie stolz und lächelte.

„Hast du toll gemacht", erwiderte ich und stieg aus, um dem Reinigungsmann zu zeigen, an welchem Haken im Wagen er die Bügel mit Jons Hemden aufhängen konnte.

Ich war wirklich stolz auf sie. Sie ist ein Mensch, der zugibt, wenn er unrecht gehabt und etwas dazugelernt hat. Und das hatte sie wirklich.

Nicht mehr nur Zuschauer, sondern Beteiligte

Wie durch viele andere Aufgaben auch, sind die Kinder durch das Übernehmen von Besorgungen mit einer Welt in Kontakt gekommen, die sie zuvor nur vom (Auto-)Fenster aus gesehen haben. Obwohl sie aus ihren jeweiligen Komfortzonen herausmüssen und manchmal sogar aus ihrer Altersgruppe – was sie als äußerst unangenehm empfinden – haben die Kinder auch entdeckt, wie viel von ihrem Alltag sie als selbstverständlich betrachten.

Mit jedem Mal, das sie ihr erstes Unbehagen und den Widerstand überwanden, um eine sogenannte blöde und potenziell peinliche Besorgung zu erledigen, nahmen ihr Selbstbewusstsein und ihre Sicherheit zu. Das Selbstwertgefühl der Bewohner unseres Hauses nimmt definitiv zu, vor allem die innere Gewissheit, dass sie etwas können. Eine Selbstachtung, die dafür sorgt, dass sie die Bodenhaftung auch dann nicht verlieren, wenn die Stürme des Lebens sie von ihrem Kurs wegzupusten drohen. Die Art von Selbstwertgefühl, die ihnen hoffentlich eines Tages helfen wird, all das zu erreichen, was sie auf der Grundlage der Gaben, die sie von Gott mitbekommen haben, und hoffentlich auch unter der Leitung Gottes erreichen wollen.

Und außer dem Selbstvertrauen merken wir auch, dass sie immer mehr Ausdauer und Durchhaltevermögen bekommen. Ein so großer Teil des Lebens besteht doch aus Dingen, zu denen man nicht unbedingt große Lust hat, die man aber trotzdem tun muss.

Diese Tatsache war in diesem Monat ganz sicher ein Thema.

::::: **WAS SIE IN DIESEM MONAT GELERNT HABEN**
- Was im Haushalt gebraucht wird, kommt nicht automatisch angeflogen, wenn man es braucht.
- Es werden ständig Dinge benötigt. Das hört nicht auf. Sogar die Jumbopackung Toilettenpapier ist irgendwann aufgebraucht, und es muss neues besorgt werden.
- Sofort an alles zu denken, ist sehr viel angenehmer, als noch einmal extra wegen des Badputzmittels zurückfahren zu müssen, und dann noch einmal, weil man das Knäckebrot vergessen hat, und dann später noch ein drittes Mal, weil man ohne Butter keine Cookies backen kann.

::::: **WAS ICH IN DIESEM MONAT GELERNT HABE**
- So sehr ich sie verabscheue – Listen können sehr hilfreich sein.
- Eine Aufgabe zusammen mit den Kindern zu absolvieren,

ist manchmal besser, als es sie ganz allein machen zu lassen.
- Ein Kind mit sanftem Druck aus seiner Wohlfühlzone heraus zu bugsieren führt zur Steigerung des Selbstvertrauens.

AUFGABE 11

Es geht um andere

Mit einem Lächeln anderen helfen

> *Handelndes Gebet ist Liebe und handelnde Liebe ist Dienen. Versuchen Sie bedingungslos zu geben, was auch immer ein Mensch in diesem Moment braucht. Der entscheidende Punkt besteht darin, etwas zu tun, so klein es auch sein mag, und durch das eigene Handeln zu zeigen, dass man sich kümmert, indem man seine Zeit verschenkt ... Wir empfinden unsere kleine Tat vielleicht nur wie einen Tropfen im Meer, aber ohne diesen Tropfen wäre das Meer weniger.*
> Mutter Teresa

Die Aufgabe dieses Monats halte ich für die wichtigste Übung unseres gesamten Experimentes. Es geht darum, anderen zu helfen und Gutes zu tun. Warum ich diese Aufgabe so wichtig finde? Meine Antwort auf diese Frage beginnt mit Jesu Antwort auf die Frage: „Was ist das größte Gebot von allen?" Er antwortete darauf ohne zu zögern: „Du sollst den Herrn, deinen Gott, lieben von ganzem Herzen, mit ganzer Hingabe und mit deinem ganzen Verstand!" Das ist oberste und wichtigste Gebot. Ebenso wichtig ist aber das zweite: „Liebe deinen Mitmenschen wie dich selbst!" Alle anderen Gebote und alle Forderungen der Propheten sind in diesen Geboten enthalten" (Matthäus 22,36–40).

Auch schon vor Beginn des Experimentes habe ich versucht, die Kinder so oft wie möglich zu beteiligen, wenn es darum ging, etwas für andere zu tun und zu helfen. Nicht nur, weil es eben richtig ist, sondern auch, weil es ihrer geistigen und seelischen Gesundheit zugutekommt. In der Welt unserer Kinder liegt der Fokus so oft auf ihnen selbst – auf ihren Wünschen, ihren Aktivitäten, ihren kleinen Komplexen und bedeutungsvollen Träumen. Sie kreisen pausenlos um sich selbst. Teils liegt das an den Hormonen, teils aber auch einfach an der Tatsache, dass sie eben Menschen sind. In der Schule geht es darum, wie sie leistungsmäßig oder auch im Vergleich zu den anderen dastehen und die Erwartungen erfüllen. Im Sport geht es darum, wie man im Vergleich mit anderen dasteht und wie groß ihr Beitrag für das Team ist.

Jedes Mal, wenn ich es schaffe, die Gedanken der Kinder von ihnen selbst wegzulenken, ist das ein dringend benötigter Realitätscheck – ein unbedingtes Muss in dieser von Drama bestimmten Phase zwischen zwölf und zwanzig.

Es kann Jahre dauern, bis sie merken, dass es ihrer eigenen seelischen Gesundheit zugutekommt, wenn sie etwas für andere tun. Bis es so weit ist, möchte ich, dass sie möglichst oft die süße Befriedigung der Großzügigkeit und des Mitgefühls anderen gegenüber erleben, damit sie den vergleichsweise bitteren Beigeschmack eines Lebens erkennen können, das nur um sich selbst kreist. Wenn sie die frische Luft des Helfens und Dienens einatmen, dann wird Egoismus ausgeatmet. Es können nicht beide denselben Platz einnehmen. Ob sie nun den tieferen Sinn hinter der Aufgabe erkennen können oder nicht, diesen Monat möchte ich, dass die Kinder bewusst und gezielt den Grundsatz praktizieren, „die anderen über sich selbst stellen".

Wir besprachen in unserer Familienkonferenz, wie dieser Monat aussehen könnte und fanden mehrere Möglichkeiten, wie man nicht nur außerhalb der Familie anderen helfen kann, sondern wie man auch innerhalb der Familie etwas füreinander tun kann. Wir waren alle ziemlich gespannt auf diese Aufgabe. Zum Teil hatte das wohl auch damit zu tun, dass Weihnachten vor der Tür stand und in dieser Zeit ja alle Menschen ein bisschen eher bereit sind, zu helfen und Gutes zu tun. Bei mir rief das allerdings auch gemischte Gefühle hervor und die Frage, ob der Zeitpunkt für diese Aufgabe optimal gewählt war. Anderen zu helfen und Gutes zu tun, bedeutet ja, etwas einzusetzen, um gegen den Strom der herrschenden Kultur zu schwimmen, aber ich möchte nicht, dass unsere Familie das Geben nur mit einer bestimmten Zeit im Jahr in Verbindung bringt.

Positiv an der Aufgabe ist, dass unsere Kinder allgemein gern geben und anderen Gutes tun. Wir haben sie auch ganz bewusst so erzogen und deshalb wissen sie, wie gut es sich anfühlt. In den vor uns liegenden Wochen werden sie allerdings noch ein bisschen über unseren normalen Level des Helfens und der guten Taten hinausgehen.

Wir einigten uns auf eine wichtige Grundregel: Eine gute Tat muss nicht besonders groß oder spektakulär sein, um die Bedingung zu erfüllen, andere über sich selbst zu stellen. Ich glaube, dass wir manchmal resignieren, weil die Not und Bedürftigkeit der Menschen so groß ist und wir glauben, dass wir einfach nicht genug Zeit und Geld haben, um überhaupt etwas verändern zu können. Oder wir verkrümeln uns lieber wieder, weil wir glauben, dass das, was wir tun könnten, ohnehin nicht genügt. Also stellen wir unsere Bemühungen erst einmal zurück, bis wir etwas wirklich Großartiges tun können. Tatsache ist, dass wir nicht alle Not und Bedürftigkeit um uns her beheben können, aber jeder Einzelne kann etwas tun, um Gottes Licht der Liebe in das Leben eines Menschen hineinleuchten zu lassen.

Weil wir jeden Tag etwas Gutes tun wollen für andere, haben wir beschlossen, dass es manchmal auch ganz kleine gute Taten sein werden. Im Grunde zählt alles, solange es darum geht, jemand anderen im Blick zu haben und ihm zu helfen, statt uns auf uns selbst zu konzentrieren!

Nicht ganz so zufällige gute Taten
Unsere Reihe von Aktionen, bei denen andere im Mittelpunkt stehen sollten, begann mit etwas so Einfachem wie ein paar Karten an Menschen zu schreiben, die es gerade schwer hatten oder krank waren. Snoopy schrieb eine Karte an meinen Vater, dessen bester Freund und Geschäftspartner plötzlich und unerwartet gestorben war. Das war eine großartige Gelegenheit für mich, den Kindern zu erklären, wie man jemandem mitteilen kann, dass man in einer für ihn schweren Zeit an ihn denkt. Man braucht nichts schönzureden, sondern nur ein Zeichen seines Mitgefühls zu schicken, und dadurch den anderen trösten.

Am Sonntag erfuhr ich dann von meinem Vater, wie gut ihm die Karte getan hatte. Mir war schon vorher klar gewesen, dass ihn die Worte seiner Enkelin trösten würden, aber ich hatte keine Ahnung gehabt, wie sehr.

Eine kleine Mühe kann oft so viel bewirken. Wohl jeder kennt Menschen, die krank sind oder Kummer haben. Manchmal sind es ganz kleine Dinge, die als besonders tröstlich und hilfreich empfunden werden und in Erinnerung bleiben. Eine ehemalige Nachbarin erzählte mir beispielsweise, dass es während einer Chemotherapie, der sie sich unterziehen musste, immer das Highlight ihrer Woche gewesen sei, jeden Freitag eine einzelne rote Rose auf ihrer Fußmatte zu finden. Mit einer ganz einfachen Geste erinnerte da jemand meine Freundin daran, dass sie nicht allein war. Eine andere Freundin, deren Kind an Leukämie erkrankt war, fand ebenfalls Trost in einer ähnlich freundlichen Geste. Jede Woche stand ein Rucksack mit Spielsachen und Dingen vor der Tür, mit denen sich der Junge beschäftigen und Spaß haben konnte bei all dem Schweren und auch den Schmerzen, die seine Krankheit und die Therapien mit sich brachten.

Die Aufforderung, unseren Nächsten zu lieben wie uns selbst, ist so weit gefasst, dass sie uns oft erschreckt und einschüchtert. Aber die Menschen aus den Beispielen zeigten Liebe auf eine ebenso schlichte und einfache wie ganz praktische Weise. Genau wie die

Karten, die wir als Familie schreiben, sind solche scheinbar kleinen guten Taten für die Menschen, an die sie gerichtet sind, eine bleibende Erinnerung, dass sie nicht allein sind, dass sie wichtig sind und dass an sie gedacht wird. Wohl jeder kann Gelegenheiten zu solchen kleinen guten Taten in seinem Umfeld finden, wenn er/sie sich die Zeit nimmt, sich ein bisschen umzuschauen oder einfach einmal über den eigenen Tellerrand zu schauen ... und dann aktiv zu werden und zu machen.

Malbücher für andere
An einem Tag gingen wir in den Ein-Dollar-Shop, wo die Kinder ihr Geld zusammenwarfen und ich auch noch etwas hinzutat, um Malbücher zu kaufen, die von einer Organisation vor Ort an Patenkinder verschenkt werden sollten. Jedes Jahr zu Weihnachten verwandelt sich die Räumlichkeit in eine Werkstatt des Weihnachtsmanns, damit die Kinder, die sonst zu Weihnachten gar nichts bekämen, wenigstens ein Geschenk auspacken könnten.

Meine Kinder lieben den Ein-Dollar-Shop. Sie sparen gerne Geld, um dann dort Bastelsachen, Schulbedarf, Kappen oder Süßigkeiten zu kaufen. Während ich einen Einkaufswagen holte, rief mir eines der Kinder zu: „Clara und ich schauen noch nach Haarbürsten."

„Wir sind aber nicht euretwegen hier, sondern um Sachen für die Hilfsaktion zu besorgen."

„Ach Mama, ich habe extra mein eigenes Geld mitgenommen."

„Ich weiß, aber heute nicht. Vielleicht ein anderes Mal." Obwohl ich ihren Wunsch gut nachempfinden konnte, blieb ich dabei, unser Projekt durchzuziehen, das sich nun mal um andere drehte. „Wir sind gekommen, um Malbücher zu kaufen. Ihr könnt mir suchen helfen. Sucht einfach aus, was ihr den Kindern gern schenken würdet."

Die Kinder waren tatsächlich froh, den Gang mit den Kosmetikartikeln verlassen und ganz nach hinten in den Laden rennen zu können, wo sich die Malbücher befanden. Sie schauten sorgfältig das gesamte Angebot durch und achteten darauf, dass bei ihrem

Einkauf eine etwa gleich große Auswahl an Mädchen- wie auch Jungenmalbüchern enthalten war.

„Kein Junge möchte doch so ein Prinzessin-Malbuch, Mama", kam die entnervte Erklärung. Das hätte ich doch nun auch wirklich wissen müssen. Sie packten über einhundert Malbücher in den Einkaufswagen, und dabei wurde ihnen dann erst richtig bewusst, dass jedes dieser Bücher das Weihnachtsgeschenk für ein Kind sein würde.

„Ist das alles, was die Kinder zu Weihnachten bekommen?", fragte Snoopy, nachdem sie stehen geblieben war, um diesem Gedanken nachzugehen.

„Das weiß ich nicht, mein Schatz. Ich weiß nur, dass durch die Organisation jedes Kind zu Weihnachten wenigstens ein Geschenk zum Auspacken bekommt."

Die anderen versuchten, sich vorzustellen, wie das wohl sein mochte, und dann meldete sich einer von ihnen zu Wort und sagte: „Dann müssen wir ihnen aber auch noch Stifte kaufen."

Ich schaute zu, sog diesen Augenblick förmlich auf, und betete innerlich für alle Menschen, die an dieser Aktion beteiligt waren, und zwar sowohl für die Geber als auch für die Empfänger. Mit zwei randvoll beladenen Einkaufswagen fuhren wir zur Kasse.

Als wir wieder vom Parkplatz des Geschäftes fuhren, sagte das Kind, das auf dem Beifahrersitz saß und laut über das nachdachte, was wir gerade gemacht hatten, etwas, das Musik in meinen Ohren war: „Weißt du, Mama, eigentlich brauche ich gar nichts zu Weihnachten."

„Wie meinst du das?", fragte ich.

„Na ja ... es ist einfach ... ich brauche nichts."

So weit wollte er gehen. Ich wollte ihn aber nicht drängen, das auch laut auszusprechen, denn wir wussten beide, was er gemeint hatte. Wir hatten beide verstanden. Er war betroffen von der Tatsache, dass viele Kinder schon begeistert waren, wenn sie nur ein Malbuch und Stifte bekamen, und dadurch war das erhoffte iPad zu Weihnachten ein bisschen weniger begehrenswert geworden.

Ja, die Aufgabe dieses Monats ist eine gute Aufgabe, weil sie ihnen die Augen dafür öffnet, wie privilegiert sie sind und was ein ganz einfaches Geschenk für jemand anderen bedeuten kann. In diesem Fall würde ein Kind wie sie unglaublich aufgeregt etwas auspacken, was andere Kinder vielleicht gar nicht beachten würden.

Schwesterliche Hilfe

„Denkt dran, der Dezember ist der Monat, in dem man als Erstes an andere denkt und dann an sich selbst. Was wollt ihr heute machen?", fragte ich.

Die Mädchen schauten einander an und grinsten beide.

„Es muss nichts Riesiges sein, oder?", fragte eine von ihnen nach.

„Nein, solange ihr etwas für jemand anderes tut. Ich finde es wirklich toll, wenn ihr unter euch etwas füreinander tut."

„Toll", zwitscherte daraufhin die andere. „Ich mache dein Bett für dich", schrie sie der Schwester zu, während sie schon die Treppe hinaufrannte.

„Und ich mache deins."

Polter, polter, polter.

„Bitte mach mein Bett ganz schön ordentlich", bat die erste Schwester, denn die beiden haben einen extrem unterschiedlichen Stil beim Bettenmachen. Aber am Ende sahen dann beide Betten gleich schön aus. Ein großes Geschenk von der eher entspannten und daher nicht ganz so detailversessenen Schwester an die leicht zwanghafte Schwester, die nach dem Motto vorgeht: Wenn du den Job schon machst, dann mach ihn ordentlich.

So klein diese Mühe auch schien, sie taten der jeweils anderen wirklich etwas Gutes. Es ist erstaunlich mitzuerleben, was für positive Auswirkungen auch schon die kleinste selbstlose Tat hat. Von dem Punkt an, an dem sie beide mit ihrer Aufgabe fertig waren, spielten und lachten sie den Rest des Tages miteinander. Ich bekam auch mit, wie sie noch andere kleine Dinge füreinander taten, zum Beispiel die Schmutzwäsche in den Wäschekorb zu werfen, ein nasses Handtuch vom Boden aufzuheben, ja sogar nach dem Abendessen beim Tischabräumen zu helfen und ein paar Teile Geschirr zu spülen.

Helfen ist ansteckend
Auf der Rückfahrt von einem Kinobesuch hörten wir im Autoradio einen Bericht darüber, dass bestimmte Zuwendungen für Arbeitslose gestrichen würden.

„Was sind denn Arbeitslose?", fragten die Kinder fast wie aus einem Munde.

Ich erklärte es ihnen.

„Das ist ja schrecklich", sagte einer von ihnen.

„Ja, das ist sehr traurig", bestätigte ich ihm.

„Und wieso suchen sie sich dann nicht einfach einen neuen Job?", fragte ein anderes Kind und sprach damit aus, was wahrscheinlich viele Zuhörer des Radioberichtes gedacht hatten. Diese Reaktion meines Sohnes machte deutlich, dass er glaubte, ein Job wäre so etwas Ähnliches wie ein Slush-Getränk: Wenn man einen möchte, bekommt man auch einen. Und jetzt erfuhren wir, dass das nicht stimmt.

Und dann sagte der Nachrichtensprecher, dass die Tafeln in Nordtexas besorgt seien über die Zunahme der Anzahl Bedürftiger. Der Bedarf könne durch das derzeitige Spendenaufkommen bald nicht mehr gedeckt werden.

„Hey Leute", sagte ich, „wie wäre es denn, wenn wir heute mal mit dem Bollerwagen durch die Nachbarschaft fahren und Konserven sammeln, um sie dann für die Obdachlosenunterkunft zu spenden. Auf dem Parkplatz des Einkaufszentrums gibt es eine Sammelstelle für Konserven."

Einen Moment lang war es ganz still im Auto, während die Kinder anscheinend überlegten, ob Widerstand gegen meine Pläne irgendetwas bringen würde; sie machten nämlich die Erfahrung, dass, wenn eine Idee erst einmal auf dem Tisch ist, das Ergebnis der Diskussion ziemlich unausweichlich ist.

„Okay", kapitulierte Snoopy. „Kann ich Claire anrufen?"

„Klar." Es ist immer gut, einen Freund oder eine Freundin dabeizuhaben.

Sobald wir zu Hause waren, setzten sich die Mädchen mit Claire in Verbindung, wobei Fury sich an ihre Fersen heftete, weil er nichts von dem verpassen wollte, was jetzt ein Riesenspaß zu werden schien. Dann holten sie den Bollerwagen und machten sich brav auf den Weg. Schon ihr Halt beim ersten Haus war ausgesprochen lohnend. Sie bekamen dort so viele gute Lebensmittelkonserven, dass der Wagen schon halb voll war. Innerhalb von einer halben Stunde war der Bollerwagen so voll, dass wirklich nichts mehr darauf passte und sie wieder zurück nach Hause kamen.

„Das war *toll*, Mama!"

„Unglaublich, wie gut sich das anfühlt."

„Denk doch mal an all die Leute, die jetzt etwas zu essen haben!"

Ja, genau, das sagten sie, als sie zu Hause wieder zur Tür hereingepoltert kamen. Und das war eindeutig das Risiko wert gewesen, spontan eine Idee geäußert zu haben, die sie auch als fixe Idee hätten abtun können. Genau wie meine Kinder muss auch ich noch lernen, solchen Impulsen für gute Taten einfach zu folgen und sie sofort umzusetzen, wenn sie mir in den Sinn kommen. Man kann sich dann diesem Energieschub kaum entziehen, den solche Aktionen bei ihnen auslösen. Diese Aktion für andere erwies sich als besser als jeder Energydrink, das wurde auch an den Kommentaren deutlich, die sie bei ihrer Rückkehr mit der reichen Ausbeute machten.

Die Kinder tranken nur schnell etwas, und ich bot ihnen an, mit ihnen zum Parkplatz des Einkaufszentrums zu fahren, um dort die Sachen bei der Sammelstelle abzugeben. Jon half uns, die Beute im Auto zu verladen, und wir fuhren alles zur Sammelstelle. Als wir dort ankamen und unsere Sachen in die dafür vorgesehene große Metallkiste legten, stellten wir fest, dass sie noch völlig leer war. Die Kinder schauten sich gegenseitig an und tauschten

Bemerkungen aus, wie froh sie wären, dass sie an diesem Nachmittag die Sammelaktion veranstaltet hätten.

Aber die positiven Ergebnisse waren mit dem guten Gefühl, etwas für andere getan zu haben, noch nicht zu Ende. Als die Kinder die Konserven in die Kiste räumten, wurden ein paar Damen auf sie aufmerksam, die in der Nähe standen. Nachdem ich ihre Frage beantwortet hatte, was denn die Kinder da machten, sagte eine von ihnen tatsächlich zu ihrer Freundin: „Hey, das sollten wir auch machen."

Anscheinend ist es wirklich ansteckend zu helfen und Gutes zu tun.

Mit einem Lächeln Gutes tun
Ich bin heute Morgen zu dem Schluss gekommen, dass es genauso gefährlich ist, beim Autofahren Kinder zu bemuttern wie SMS zu schreiben. Angesichts der Tatsache, dass wir Frauen gern „multitaskingmäßig" unterwegs sind, kann das Autofahren schon eine riskante Angelegenheit sein. Während wir auf den Verkehr achten, geben wir noch kurz eine Nachhilfestunde, halten Vorträge, reichen einen Snack nach hinten auf den Rücksitz, halten wieder Vorträge, kümmern uns um ein jammerndes Kind, halten nochmals Vorträge, beantworten diverse Fragen über all die Fahrzeuge, die außer uns noch auf der Straße sind, und habe ich das Vorträgehalten schon erwähnt? Ach, was tun wir nicht alles für die Familie!

Als ich bei Boxsters Schule ankam (Stopp Nr. 1), wurde mir klar, dass ich quasi per Autopilot dorthin gelangt war. Ich hatte die Kinder den ganzen Weg für diverse Tests abgefragt. Ich konnte mich zwar nicht mehr erinnern, an welchen Straßen wir abgebogen waren, an die Autos, an denen wir vorbeigefahren waren, an den Polizisten, der uns durch eine der vielen Schulzonen gewinkt hatte, aber dafür wusste ich, welche Länder Flaggen mit roten, schwarzen und gelben Streifen haben.

Nachdem ich meinen mittlerweile für den Test gut vorbereiteten Sohn abgesetzt hatte, sagte ich zu den übrigen Kindern: „Denkt daran, dass dieser Monat der Monat ist, in dem wir anderen helfen und Gutes tun."

Ausdruckslose Blicke. Schweigen.

„Lasst uns also heute mal versuchen, jemandem in der Schule etwas Gutes zu tun, und zwar ohne darüber zu reden.

Noch mehr Schweigen.

„Okay, wenn euch nichts einfällt, was ihr tun könnt, dann könnt ihr ja wenigstens nach dem Lunch in der Schule für die anderen die Abfälle zusammensammeln und entsorgen."

Noch verbisseneres Schweigen.

„Klingt das nicht gut?"

Auf der Rückbank des Wagens sah Snoopy erst ihre Schwester an und dann zu mir nach vorn. „Auf die Frage antworte ich nicht mal."

Nachdem ich leise in mich hineingelacht hatte, bot ich jedem eine Belohnung, der an diesem Tag mindestens fünf Leuten etwas Gutes täte, ohne darüber zu reden. Es bräuchten gar keine großen Taten zu sein, sondern nur Kleinigkeiten."

Als dann später die Kinder wieder aus der Schule nach Hause kamen, fragte ich jedes einzeln, was es für jemand anderen getan hätte.

Fury: „Oh, hab ich ganz vergessen."

Snoopy: „Nichts."

Boxster: „Hä?" Ach ja, er war ja gar nicht dabei gewesen, als ich den Vorschlag machte.

Clara: „Ich habe vier Leuten etwas Gutes getan. Eigentlich wollte ich erst gar nicht, aber es hat sich wirklich toll angefühlt. Ich glaube, das mache ich morgen wieder." Natürlich tut sie das. Was sie getan hatte? Gar nicht viel. Sie hatte nur nach dem Schullunch den gesamten Müll ihres Tisches entsorgt, ohne darüber ein Wort zu verlieren. Das war's. Das Tollste an ihrer Aktion war aber, dass sie es geschafft hatte zuzuschauen, wie ihre Freundinnen losrannten, um noch ein paar Minuten auf dem Schulhof zu spielen, bevor der Unterricht wieder losging, selbst aber erst den Müll wegzubringen, bevor sie ebenfalls hinausging. Und dabei hatte sie dann auch noch ein Mädchen angesprochen, das ganz allein saß. „Ich hätte sie gar nicht bemerkt, wenn ich nicht den Müll der anderen weggebracht hätte", erzählte sie mir.

Und so verging unser Monat des Helfens und der guten Taten. Wir packten „Manna-Pakete" (Butterbrottüten, die die Kinder dekorierten, und in die wir dann eine Flasche Wasser, Käsecracker, Erdnüsse und Pralinen taten), die wir im Auto deponierten, um sie unterwegs Obdachlosen zu schenken, denen wir begegneten. Wir backten Plätzchen für die Nachbarn, übernahmen Gartenarbeit für sie, waren geheime Nikoläuse und vieles mehr. Zu den Dingen in diesem Monat, für die ich am dankbarsten bin, gehört, dass wir im Unterschied zu den anderen Aufgaben bei dieser nicht allein sind. Es gibt inzwischen viele Eltern, denen es wichtig ist, dass ihre Kinder lernen, selbstlos zu handeln und anderen Gutes zu tun.

Das Schöne an Menschen, für die das Helfen ein ganz normaler Bestandteil ihres Alltags ist, ist, dass sie entweder gar nicht darüber sprechen oder sie sogar Gutes tun, ohne es überhaupt zu merken. So unterhielt ich mich beispielsweise mit ein paar Freundinnen darüber, was man ganz praktisch für Obdachlose tun könnte. Eine von ihnen gestand, dass sie auf diesem Gebiet gar nichts täte. Und dann sagte sie: „Ich sage den Kindern, dass egal, was wir über sie denken, wir nicht einfach so an ihnen vorbeifahren können, ohne zu helfen. Deshalb habe ich immer Umschläge im Auto mit der Wegbeschreibung zur Union Gospel Mission, einem McDonald's-Gutschein und einem Fünfdollarschein. Wenn uns jemand irgendwo an einer Straßenecke um Hilfe bittet, bekommt er so einen Umschlag." Das Helfen ist ihr sozusagen zur zweiten Natur geworden. Immer etwas zum Geben zur Hand zu haben ist nur eine der vielen Arten, wie diese unglaublich großzügige und bescheidene Frau Gutes tut.

„Wenn du jemandem hilfst, dann soll deine linke Hand nicht wissen, was die rechte tut; niemand soll davon erfahren. Dein Vater, der auch das Verborgene sieht, wird dich dafür belohnen" (Matthäus 6,3–4).

Auch wenn diese Stelle nicht konkret benennt, worin die versprochene Belohnung besteht – meiner Meinung nach ist es eine größere Nähe und Vertrautheit mit Gott – und das ist eine größere Belohnung als jedes Lob der Welt. Es ist so schön zu wissen, dass er weiß, wie groß für uns die Versuchung ist, uns selbst ganz toll zu finden. So viele unserer Probleme sind auf das Thema des Alles-dreht-sich-um-mich zurückzuführen, und genau dagegen wollten wir durch unser Experiment etwas tun.

Helfen macht demütig

Die heutige gute Tat hat mich ziemlich demütig gemacht und mir auch ein bisschen den Atem verschlagen.

Ich wusste nicht so genau, was ich zu erwarten hatte, als wir die winzige Wohnung betraten, in der eine Luftmatratze das einzige „Möbelstück" war und deshalb für viele Zwecken genutzt wurde. Doch nichts an der herzlichen Begrüßung deutete auf die Tatsache hin, dass Rocky seinen Job verloren hatte und seine Familie jetzt auch die provisorische Übergangsunterkunft – ein Hotelzimmer – verlassen musste.

Wir hatten gewaltigen Respekt vor dieser netten Familie, die von einem Tag zum nächsten lebte und weder wusste, wo sie wohnen noch, wie es weitergehen sollte. Ihre Entschlossenheit, diese schwere Zeit durchzustehen, beflügelte uns. Und wir waren dankbar für unseren Freund Vincent, der nicht nur das stark wachsende Hortprogramm für Schulkinder aus der Gegend leitet (das Programm, in dem Boxster auch im Sommer gearbeitet hat), sondern auch eine Gemeinde gegründet hat, um mit Familien zu arbeiten, deren Leben durch eine Krise aus den Fugen geraten war.

Auch die Geschichte von Vincents eigener Rettung ist unglaublich. Nachdem er vor einigen Jahren von einer Gruppe von Drogendealern dazu ausersehen worden war, ihr Topverkäufer zu werden, stand er irgendwann vor einem Richter, der ihm allein durch Gottes Gnade noch eine letzte Chance gab. Weil Vincent genau wusste, wer hinter dieser Chance steckte, widmete er sein Leben der

Aufgabe, alles über Jesus zu lernen, in seinem Namen anderen zu dienen, anderen von ihm zu erzählen und sie in christlicher Lehre zu unterweisen.

Er zog zu seiner Tante, machte seinen Schulabschluss und studierte dann am Dallas Theological Seminary. Jetzt kümmert er sich um Menschen, die in Not geraten sind und dringend Hilfe brauchen, so wie Rocky und seine Familie.

Rocky brauchte 60 Dollar, um die überfällige Rechnung für das Hotel zu bezahlen, in dem seine Familie so lange gewohnt hatte, bis sie dort ausziehen musste, weil kein Geld mehr da war, um die Unterkunft zu bezahlen. Außerdem brauchte die Familie finanzielle Unterstützung, um die Kaution für eine Wohnung in der Gegend bezahlen zu können. Rocky ging in die Kirche, die neben dem Hotel lag, und bat um Hilfe. Vergebens. Dann suchte er die Kirche auf der anderen Seite auf und bat um Hilfe. Wieder vergebens. Schließlich landete er in Vincents Kinder- und Jugendzentrum, ohne zu wissen, dass die Hortarbeit dort auch Teil der Arbeit einer Kirchengemeinde war.

Vincent, der gerade nicht da war, als Rocky kam, fragte seine Assistentin Jessica am Telefon, wie viel Geld Rocky denn bräuchte, um die Hotelrechnung noch für den Rest der Woche bezahlen zu können.

„Hundertdreißig Dollar", antwortete sie.

„Bezahl alles", entgegnete Vincent. „Und bitte ihn, einen Wunschzettel zu schreiben. Wir wollen doch, dass sich die Familie zu Weihnachten geliebt fühlt."

Und an dieser Stelle kam dann unsere Familie ins Spiel. Wir hatten schon öfter Familien geholfen, die Vincent unter seine Fittiche genommen hatte. Obwohl wir in diesem Monat schon viel geholfen und Gutes getan hatten, hatte ich bei Vince per E-Mail nachgefragt, ob er noch bei irgendetwas Hilfe gebrauchen könnte.

„Weißt du noch jemanden, den wir dieses Jahr beschenken können, Vince?"

Er antwortete: „Wir machen es nicht mehr so wie früher. Zu viel

Fokus auf den Sachen und zu wenig auf Gott. Aber ich hätte da vielleicht ein paar Menschen, die ein bisschen liebevolle Fürsorge brauchen könnten. Ich melde mich wieder."

Innerhalb eines Tages mailte Vince mir die Informationen über Rockys Familie. Die Familie gehörte weder zu Vinces Gemeinde noch besuchten die Kinder das Hortprogramm. Sie brauchten einfach nur Hilfe. Und Vince, der immer mit offenen Augen durch die Welt geht, ging auf sie zu.

Ich rief die Leute aus meinem Hauskreis an, die auch in der Nähe wohnen, und sie erklärten sich bereit, ebenfalls mitzumachen. Wir teilten Rockys Wunschzettel unter uns auf, und manche der Helfer trafen sich bei uns zu Hause, sodass die größeren Kinder die Geschenke verpacken konnten. Und dann zogen wir los, um die Sachen abzugeben. Die Begeisterung meiner Kinder, die vielleicht ein bisschen abgestumpft hätten sein können in Bezug aufs Helfen, wurde ganz neu entfacht durch die anderen beteiligten Familien. Für ein paar von den Jugendlichen war das eine ganz neue Erfahrung, so ganz anders, als Spenden einfach in der Gemeinde abzugeben oder bei einer anderen Wohltätigkeitsorganisation. Das hier war persönlich, und sie hatten persönlich und unmittelbar mit den Menschen zu tun, die die Hilfe brauchten. Es war etwas ganz anderes, zu einer Familie nach Hause zu gehen, eine völlig leere Wohnung zu betreten und den Empfängern der Weihnachtsgeschenke (von denen zwei ebenfalls Kinder waren) die Hand zu geben und mit eigenen Augen zu sehen, was Arbeitslosigkeit anrichten kann.

Die Mitglieder dieser Familie konnten nicht als Faulpelze einfach abgeschrieben werden. Nein, sie hatten wirklich alles Menschenmögliche getan, waren aber trotzdem im sozialen Abseits gelandet. Ich sah, wie unsere Kinder, von denen die meisten Möbel in einer Wohnung als Selbstverständlichkeit betrachteten, den Anblick der Luftmatratze aufnahmen, die der ganzen Familie sowohl als Sofa als auch als Bett diente. Ich beobachtete auch, wie eine der Familien aus meinem Hauskreis, die selbst gerade eine schwere

Zeit durchmacht, das eigene Leid einmal beiseitestellte, um einer anderen Familie in einer noch sehr viel dramatischeren Lage liebevoll zu begegnen und zu helfen.

Die Kraft des Mitgefühls und des Helfens reicht viel weiter als zu den Empfängern von beidem; sie berührt genauso nämlich auch die Helfer.

An jenem Tag erfuhren Rocky und seine Familie Liebe. Wir beteten mit ihnen und luden sie zum Weihnachtsgottesdienst in Vincents Gemeinde ein. Sie wussten, in wessen Namen wir gekommen waren. Vielleicht würden sie ja dann im Gottesdienst die ganze Geschichte erfahren.

Wie bei all den Aufgaben des Helfens und der guten Taten in diesem Monat empfanden Jon und ich tiefe Demut, als wir die Wohnung wieder verließen. Während die Kinder hinten im Wagen plauderten, waren wir überwältigt von der Güte Gottes, uns diese Möglichkeit zum Helfen zu schenken und ein Teil der erstaunlichen Wege zu werden, auf denen er für Menschen sorgt. Wir hielten an und beteten für Rockys Familie. Auch die Kinder beteiligten sich. Eines von ihnen dankte Gott sogar dafür, dass er uns die Fähigkeit zu helfen geschenkt hat. Auch sie waren demütig geworden. Es ist etwas Wunderbares, ein Rädchen in Gottes großem Plan zu sein, Menschen seine Liebe zu zeigen.

Der Teil der Geschichte, der uns den Atem verschlug, setzte ein, als wir von der Ungeheuerlichkeit des Ganzen weggepustet wurden. Eine Familie mit absolut nichts, die in einem Wohnkomplex mit Familien in einer ganz ähnlichen Situation zusammenwohnt. All unsere scheinbar kleinen guten Taten und Hilfsaktionen zusammen waren noch nicht einmal annähernd ein Tropfen auf dem heißen Stein, um das ungeheure Ausmaß der Not dieser Menschen zu lindern. Wie soll man da helfen? Wie kann man sich um all diese Nöte kümmern und für all das sorgen, was nötig ist?

Wir können es nicht.

Aber es gibt den Einen, der das kann und auch tut. Aus welchem Grund auch immer setzte er uns in seiner unendlichen Liebe ein.

Aber was ist dabei dann *unsere* Aufgabe? Ich glaube, sie erfordert einige Dinge von uns. Die Kinder und wir lernen etwas darüber, wie wichtig es ist, sich zur Verfügung zu stellen. Wenn wir immer nur mit prallvollen Terminkalendern herumrennen, dann ist es natürlich schwierig, die Liebe Gottes an andere weiterzugeben. Wichtig ist außerdem, mit offenen Augen und offenem Herzen durchs Leben zu gehen. Es ist schwierig, Chancen zum Dienen zu erkennen, wenn wir durch unsere eigenen Nöte blind sind. Mir gefällt es zu erleben, wie die Kinder merken, dass das, was sie für lebensnotwendig und unverzichtbar halten, eigentlich Luxus ist. Ja, ihre Augen sehen mehr als meine. Wir lernen alle viel über die dritte Voraussetzung, von Gott gebraucht zu werden, nämlich gehorsam zu sein und zu handeln, wenn wir den Impuls dazu verspüren. Als ich an einem Tag wieder einmal mit den Kindern im Auto unterwegs war, sahen die Kinder jemanden, der offenbar Hilfe brauchte. Als sie es mir endlich sagten, waren wir schon längst vorbeigefahren. Ich wendete und fuhr zurück, aber da war der Mann schon weg. Das war eine gute Lehre, sofort zu handeln, statt zu warten.

Unsere Aufgabe besteht also darin, offen zu werden, hinzuhören, zu handeln und es zu Ende bringen. Die Kinder lernen, dass es sich gut anfühlt, wenn man sich so verhält. Viel besser, als wenn sich im Leben alles nur um sie selbst dreht.

:::: WAS SIE IN DIESEM MONAT GELERNT HABEN

- Zu helfen und Gutes zu tun zwingt uns dazu, von uns selbst auf andere zu schauen. Wenn wir uns auf das konzentrieren, was außen ist, dann nützt das unserer inneren Gesundheit.
- Vergessen Sie die angesagten Energydrinks. Wenn Sie auf der Suche nach einem bleibenden Kick sind, dann lassen Sie sich durch Helfen und gute Taten eine große Portion Kraft geben.
- Zu Helfen und Gutes zu tun geht völlig gegen unsere natürliche Intuition. Es ist das Gegenteil von dem, was die

Gesellschaft verkündet (Erfolg durch Wettbewerb, gewinnen, streben), bewirkt aber das, wonach sich die Welt sehnt (Frieden, Gelassenheit, Glück).

∷∷ WAS ICH IN DIESEM MONAT GELERNT HABE

- Zu helfen und Gutes zu tun hat den Wunsch der Kinder nach materiellen Dingen zwar nicht ausgelöscht, aber sie wünschten sich alle weniger zu Weihnachten, und zwar ohne dass ich sie in diese Richtung manipuliert hatte.
- Freiwilliges, gehorsames und stilles Helfen und Dienen – die Art, für die nichts verlangt und erwartet wird – bewirken eine große Nähe und Vertrautheit mit Gott.

AUFGABE 12

Ladies und Gentlemen

Gutes Benehmen hat was

> *Gutes Benehmen ist Sensibilität für die Gefühle*
> *anderer. Wenn man diese Sensibilität hat,*
> *dann hat man gute Manieren, egal, welche Gabel*
> *man benutzt.*
> Emily Post

In seinem Theaterstück *Pygmalion* aus dem Jahr 1912 bietet George Bernard Shaw dem Zuschauer bzw. Leser eine wunderbare Definition von gutem Benehmen an: „Das große Geheimnis, Eliza, ist nicht, ob man gute oder schlechte oder sonst eine Art von Manieren hat, sondern dass alle Menschen dieselben Manieren haben, kurz, sich alle so benehmen, als wäre man im Himmel, wo es keine Dritte-Klasse-Bahnfahrt gibt und eine Seele genauso gut ist wie die andere."[18]

Unser Ziel für diesen Monat ist es, gute Manieren einzuführen, na ja, vielleicht besser gesagt noch einmal einzuführen und hoffentlich an ein paar Punkten zu erkennen, wie man in Gemeinschaft mit anderen lebt und sich ihnen gegenüber anständig benimmt. Ich möchte, dass meine Kinder Dinge lernen, wie anderen die Tür aufzuhalten, einen Tisch schön zu decken oder auch ein

---

18 George Bernard Shaw, Pygmalion, 1957 (Act V, Line 197), http://classiclit.about.com/library/bl-etexts/gbshaw/bl-gbshaw-pyg-5.htm?p=1.

Gespräch zu beginnen, mit ungekannten Menschen, denen wir begegnen – das alles sind wichtige Aspekte des Lebens.

Unsere Arbeit auf diesem Gebiet wird zu Hause bei den Tischmanieren beginnen (wie man Speisen weiterreicht, den Tisch deckt und sich beim Essen benimmt), dann Höflichkeit im Umgang miteinander (Etikette im Internet, am Telefon und auch im persönlichen Umgang mit Erwachsenen und Gleichaltrigen) sowie andere Grundformen der Höflichkeit wie beispielsweise sich zu bedanken, Leute anzuschauen, wenn man miteinander zu tun hat, und sich einer angemessenen Sprache zu bedienen. Vieles davon praktizieren wir ohnehin schon, aber wir werden noch einmal unser Augenmerk besonders auf Dinge richten, die wir übersehen haben oder bei denen wir mit der Zeit nachlässig geworden sind.

Letitia Baldrige, Privatsekretärin während der Regierungszeit von Kennedy, hat eine fantastische Übersicht über das Warum und Wie grundlegender Etikette geschrieben in ihrem Buch *More Than Manners! Raising Todays Kids to Have Kind Manners and Good Hearts* (Mehr als Manieren! Kinder zu guten Manieren und Herzensbildung erziehen). Als Erstes weist sie darauf hin, dass das Erlernen von gutem Benehmen zu Hause beginnt. Es geht dabei weniger um das, was man konkret tut, als vielmehr um die innere Haltung dahinter. Sie beginnt ihr Buch mit dem Hinweis auf genau das Anliegen, das uns dazu veranlasst hat, das Experiment durchzuführen:

> Weil in unserer Gesellschaft menschliche Werte immer mehr unterhöhlt werden, ist es Zeit aufzuhören, darüber nur die Arme zu verschränken, sondern wir sollten anfangen, bei unseren Kindern aktiv zu werden. Wenn wir eine innere Haltung einnehmen, in der wir darauf achten, was Kinder sehen, tun und sagen und das dann zusammenbringen mit unserer Vorstellung, wie sie als Erwachsene einmal sein sollen, und wenn wir mit ihnen darüber auch reden und ihnen zeigen, dass moralische Maßstäbe nicht nur Pointenlieferanten für Comedians sind, sondern etwas, an

dem sich echte Menschen in ihrem Leben orientieren, dann kann es vielleicht gelingen.

Unsere Gesellschaft ist noch nie zuvor so nach innen gerichtet gewesen, und noch nie hat sie so dringend echte Veränderung in den zwischenmenschlichen Beziehungen nötig gehabt. Aber wir können etwas dafür tun, das zu ändern.

Wie schön zu wissen, dass wir nicht allein sind mit unserem Frust über den derzeitigen Zustand. Letitia Baldrige schreibt außerdem:

> Es gibt viele Benimmregeln, die nur mit Form und Präsentation zu tun haben, wie zum Beispiel, dass die Gabel links und das Messer und der Löffel rechts vom Teller gedeckt werden (das ist sinnvoll, praktisch und sieht gut aus). Dann gibt es Manieren und eine wohlwollende Einstellung anderen Menschen gegenüber, die wenig mit Form und Darstellung zu tun haben, aber ganz viel mit der Herzenshaltung. Mir gefällt die Definition eines Schülers der Junior High School, eines jungen Mannes, der Mannschaftsführer der Ringermannschaft der Schule ist. „Ein freundliches Herz und freundliches Benehmen bedeuten, dass man nicht Gefühle anderer verletzt und dafür sorgt, dass es anderen gut geht."[19]

Da stimme ich absolut zu. Wir können gute Manieren vielleicht mühelos abspulen, aber mir geht es vielmehr um eine freundliche innere Haltung. Wer hätte gedacht, dass diese Aufgabe eine so gute Ergänzung unseres Monats des Helfens und der guten Taten sein würde?

---

19   Letitia Baldrige, *More Than Manners! Raising Today's Kids to Have Kind Manners and Good Hearts.* (New York: Scribner, 1997).

Was steckt hinter all dem?

Der Widerstand gegen bestimmte Verhaltensweisen, die als gutes Benehmen erwartet werden, ist bei meinen Kindern ziemlich heftig.

„Mach deiner Schwester bitte die Tür auf", wies ich Fury an, als wir ins Auto stiegen, um Snoopy vom Volleyballtraining abzuholen.

Er schaute mich ungläubig an, während er überlegte, wie er die Autotür betätigen sollte und gleichzeitig als Erster einsteigen, um seinen heiß begehrten Sitz neben seinem kleinen Bruder Jack zu bekommen und dabei dann noch Salzstangen zu essen. Er ist talentiert. Ich wusste, dass er es schaffen würde.

„Warum denn das?", fragte er. Meine Anweisung störte offenbar seine Pläne.

Wegen der Regel „Ladies first".

„Und warum ist das eine Regel?"

„Weil ... es sich so gehört."

„Wer sagt das?"

„Weiß nicht ... Knigge vielleicht? Es hat damit zu tun, wie Männer Frauen behandeln sollten, nämlich mit Wertschätzung und fürsorglich."

„Das ist voll ekelig."

„Aber genau so werden wir es machen. Und mach bitte den Mund zu beim Kauen. Kauen mit offenem Mund – das ist voll ekelig."

„Und wann bin ich mal als Erster dran?", fragte er, meine Aufforderung, seine Essgeräusche zu mäßigen, völlig ignorierend.

Ist nicht genau das der Kern all unserer Probleme mit der Anspruchshaltung? Dieser Drang, unbedingt Erster sein zu müssen? Nach Bedeutsamkeit zu streben durch Leistung und Selbstdarstellung, um am Ende ganz vorn und ganz oben zu sein?

Obwohl wir gerade ein unumstrittenes Hoch hinter uns haben (selbst die ewigen Pessimisten können nicht leugnen, dass vom Helfen und von guten Taten eine Kraft ausgeht), scheint meine Crew nicht bereit zu sein zu akzeptieren, dass der Kern guten

Benehmens in demselben Prinzip liegt, das sie so bereichernd fanden, nämlich die Interessen der anderen über die eigenen zu stellen. Wenn ich es mir genau überlege, könnte dieser Punkt – die Interessen der anderen über die eigenen zu stellen – sogar das eigentliche Thema hinter all unseren Aufgaben sein. Und sogar hinter dem Mithelfen und Arbeiten insgesamt.

Überlegen Sie doch nur einmal, wie viel Demut im Spiel ist, wenn man für andere kocht, das Auto von jemandem volltankt, Besorgungen macht, die Wäsche des Bruders oder der Schwester zusammenlegt oder ein vergessenes Handtuch vom Badezimmerfußboden aufsammelt.

Während unser Experiment weitergeht und die Kinder es sich gefallen lassen, dass das Helfen und Arbeiten ein echter Bestandteil ihres Lebens wird, stelle ich insgesamt eine Veränderung fest, die sich langsam, aber stetig vollzieht. Das Jammern und Klagen steht nicht mehr so sehr im Vordergrund. Es ist zwar immer noch vorhanden, findet aber eher im Hintergrund statt und ist längst nicht mehr so laut. Na ja, vielleicht noch genau so laut, aber definitiv von kürzerer Dauer.

Am Anfang des Experimentes hätte ich niemals mit all den positiven Nebeneffekten gerechnet, die ich bisher erlebt habe und immer noch erlebe. Was aus Frust über meine unabsichtlich überversorgten Kinder begann, hat sich zu einem interessanten Fallbeispiel für die unzähligen positiven Auswirkungen entwickelt, die es hat, unsere Kinder fürs Leben auszurüsten und fit zu machen. Und die größte positive Auswirkung ist die Fähigkeit der Kinder, über die eigenen unmittelbaren Wünsche und Bedürfnisse hinauszublicken und die Bedürfnisse der anderen in den Blick zu bekommen.

Auch das bringt uns wieder zurück zum zweitwichtigsten Gebot: „Liebe deinen Nächsten wie dich selbst."

Das ist das Geheimnis hinter allem. Hinter wirklich *allem*. So einfach ist das, aber es ist eine so gewaltige Herausforderung.

Obwohl wir unserem Ziel – für das Leben gut gerüstete Erwachsene mit Selbstdisziplin und persönlichem Verantwortungsgefühl zu erziehen – schon viel näher gekommen sind, haben die Kinder keine Lust mehr, als wir den letzten Monat des Experiments mit einer Aufgabe beginnen. Ihre Einstellung bei dieser letzten Aufgabe, nämlich auf gutes Benehmen zu achten, lässt sich vielleicht eher mit Kapitulation beschreiben als mit echtem Interesse oder gar Engagement. Auch für mich ist es eine echte Herausforderung, bei all den anderen vielfältigen Aktivitäten in unserem Alltag an gutes Benehmen zu denken, und zwar in erster Linie, weil ich so leicht meine Rolle als Verstärkerin vergesse.

Bis ich dann wieder gnadenlos in die Realität gezerrt werde.

„Ich bin am Verhungern", verkündete Snoopy, nachdem sie nach der Schule grantig ins Auto gestiegen war.

Anscheinend geht es hier nur ums Essen.

„Was hast du denn in der Lunchpause in der Schule gegessen?", fragte ich.

„Nichts."

„War es ekelig?", fragte ich weiter und bezog mich dabei auf ihre Bemühungen am Morgen, ihr Lunchpaket ein bisschen aufzupeppen."

„Nein, ich …"

„Hey Mama!" Das kam von hinten. „Mama! Hey MAMA!"

„Was war denn los? Hast du dein Lunchpaket zu Hause liegen lassen?"

„Mama! Hallo Mama! Ich muss morgen unbedingt schon um Viertel nach sieben in der Schule sein!"

„Ja, ich hab's vergessen", antwortete Snoopy auf meine Frage.

„Das tut mir leid, mein Schatz. Wie wäre es, wenn wir …"

„Hey Mama! Mama!!"

„Okay. Wer ist das da hinter mir – ich meine, wer unterbricht mich andauernd?"

„Das war ich", gestand Clara.

„Dann hör sofort auf damit. Hast du nicht gehört, dass ich gerade mit Snoopy rede? Ich bin auch nur ein Mensch, weißt du? Wenn ich mit jemandem rede, dann beende ich gern einen Satz, bevor ich was Neues anfange. Ich antworte dir, wenn ich fertig bin."

„Okay."

Zu der immer länger werdenden Liste von Manieren, die wir beherrschen sollten, kommt jetzt noch hinzu, andere nicht zu unterbrechen, wenn sie reden.

Ich glaube, ich vergesse oft einfach, solche Benimmregeln wie diese auch wirklich durchzusetzen, weil es so oft passiert, tagaus tagein. Ich weiß noch, dass ich die Kinder darauf hingewiesen und ermahnt habe, als sie noch klein waren, aber im Laufe der Zeit sind sie wieder in diese schlechte Gewohnheit zurückgefallen, und ich habe nicht daran gedacht, sie neu daran zu erinnern. Ich weiß, dass sie es nicht bewusst und absichtlich tun, sondern sie sind so sehr mit sich selbst und ihren eigenen Gedanken beschäftigt, dass sie die anderen Menschen, die auch noch da sind und vielleicht gerade ganz andere Gedanken haben, völlig vergessen.

Aber auch hier sprang mir wieder unmittelbar das Prinzip ins Auge, das hinter den meisten guten Manieren steckt: zunächst an die anderen und erst dann an sich selbst zu denken. Ich beschloss, diesen Punkt hier und jetzt zu klären. „Wenn man jemanden beim Reden unterbricht, dann sagt man damit im Grunde, dass das, was man selbst zu sagen hat, wichtiger ist als das, was der andere sagen will."

„Das wollte ich nicht."

„Das glaube ich dir. Aber lasst uns versuchen, den anderen erst ausreden zu lassen, bevor wir etwas sagen."

Schweigen.

Anscheinend hatte ich jetzt erreicht, dass sie dicht machte. Ja, sie eilt mit großen Schritten auf die Pubertät zu, das Alter, in dem schon ein paar konstruktiv gemeinte Worte ein großes Schweigen auslösen können. Jede mögliche Chance, etwas zu lernen, ist dann ausgelöscht durch verletzte Gefühle. Um meine eigenen Gefühle zu schützen, benehme ich mich dann am besten wie eine Erwachsene und mache einfach weiter mit dem Weitermachen.

Als wir später in einem Familienrestaurant zusammensaßen, demonstrierte uns ausgerechnet Boxster etwas zu dem Thema. Er und Clara hatten abgesprochen, sich ein Getränk zu teilen (eine Dose und zwei Gläser mit Eis). Statt sich selbst als Erster großzügig zu bedienen, nahm er erst ihr Glas und füllte es randvoll (wer ist dieser Kerl?) und ließ dann sogar noch Jack ein paar Schlucke von seinem restlichen Anteil trinken.

Als seiner Schwester das Gericht, das sie bestellt hatte, nicht schmeckte, gab er ihr sogar etwas von seinem ab, und dann überließ er ihr auf der Rückfahrt auch noch den Platz auf dem Beifahrersitz. Ich konnte es kaum glauben.

Wer weiß, welche guten Manieren als Nächstes noch zutage treten.

Tanzstunde – Benimmkurs inbegriffen

Wenn ich nicht schon wüsste, dass ich ein Problem damit habe, meinen Kindern Beihilfe zur Unselbstständigkeit zu leisten, dann hat der gestrige Abend meinen Status im Klub der „Lass-mich-alles-für-dich-machen"-Mütter entscheidend verbessert – und das alles dank des Tanzkurses, der anteilig auch ein Benimmkurs ist.

Die Tanzstunde ist für viele junge Leute, die sich murrend Benimmtrainern ausliefern, auf die Knigge stolz wäre, eine Art Initiationsritus. Vom Tanzen über angemessenen Umgang mit dem Handy bis hin zum korrekten Decken eines Tisches werden in Jon. D. Williams sechswöchigem Kurs alle grundlegenden gesellschaftlichen Umgangsformen durchgenommen. Und zu diesem Kurs wurde Boxster gezwungen.

Ob sie es glauben oder nicht, der Kurs war großartig und jeden einzelnen Cent des Preises wert. Normalerweise ist es ja so, dass Kinder und Jugendliche im Grunde Anleitung zu schätzen wissen, wenn sie von jemand anderem als den Eltern kommt. Wenn man dann zu diesem Aspekt noch einen Raum voller Jugendlicher hinzufügt, die die gleichen Benimmregeln zu hören bekommen und einüben müssen, dann ist der Weg für lebenslanges Lernen auf diesem Gebiet bereitet.

Aber jeden Mittwochabend geraten wir zu Hause in hochgradigen Stress, wenn die Türklingel die Ankunft der Fahrgemeinschaft zum Tanz- und Benimmkurs verkündet. Als es gestern Abend wieder so weit war, starrten mein Sohn und ich uns nur panisch an, weil wir beide nicht den Hauch einer Ahnung hatten, wie man die Krawatte bindet, die zur angemessenen Kleidung für eine Tanzstunde gehört. In Anbetracht des Umstandes, dass der Kurs jetzt schon seit fünf Wochen läuft, hätte man ja eigentlich meinen können, dass wenigstens einer von uns beiden gewusst hätte, wie man diesen speziellen Knoten macht.

Zum Glück gab es in der Fahrgemeinschaft einen Jungen, der Krawatten binden konnte und auch Boxsters immer band, aber an diesem Abend hatten wir Pech. Der Junge, der Krawattenknoten konnte, fuhr nämlich an diesem Abend bei einer anderen Fahrgemeinschaft mit.

„Wo ist Papa?" (Typische Frage. Teenager glauben einfach, dass immer jemand für sie auf Abruf bereit steht.)

„Der ist nicht da."

„Aber meine Krawatte, Mama!"

„Wir schauten beide auf die Krawatte, die er sich schon um den Hals geschlungen hatte."

„Ich weiß *nicht*, wie man eine Krawatte bindet", erinnerte ich ihn.

„Und was soll ich jetzt machen? Ich kann doch nicht ohne Krawatte gehen. Dann lachen mich alle aus."

Er hatte recht. Jugendliche können richtig gemein sein, besonders wenn sie von ihren eigenen Fehlern und Schwächen ablenken wollen.

„Komm, wir schauen bei YouTube nach. Da gibt es bestimmt eine Anleitung. Die Mutter aus der Fahrgemeinschaft, die an diesem Tag mit Fahren an der Reihe war, konnte unser Problem nachfühlen. Sie war selbst erleichtert, dass ihr Mann rechtzeitig von der Arbeit gekommen war, um seinem Sohn die Krawatte binden zu können – sie wartete deshalb bereitwillig und geduldig.

Und wirklich, da war schon ein Video mit einer Anleitung „Wie man einen Windsor-Knoten bindet". Zusammen schauten wir uns das Video an und folgten dann Schritt für Schritt der Anleitung, machten alles ganz genau so wie der Mann, der es zeigte. Die rechte Seite der Krawatte länger herunterhängen lassen als die linke, die beiden Seiten übereinanderschlagen, dann unterschlagen, eine kleine Drehung.

Hm – hat nicht funktioniert.

Ich verstehe das nicht. Wie kommt es, dass es bei dem Mann auf dem Video so einfach aussieht, und wenn ich dann ganz genau das Gleiche mache, nur ein einziger Klumpen dabei herauskommt? Und wieso bin *ich* eigentlich diejenige, die über- und unterschlägt? Wieso macht das nicht mein Sohn selbst? Wieso hat er seinen Vater nicht selbst gebeten, ihm zu zeigen, wie man eine Krawatte bindet? Wieso hat der Vater nicht von sich aus dem Sohn gezeigt, wie man eine Krawatte bindet?

Ich versuchte, mich zu beruhigen.

Eine Krawatte zu binden, ist vielleicht eine Kunst, die längst passé ist – und in Zeiten eines überwiegend legeren Kleidungsstils nicht gerade angesagt –, aber das war nicht das Problem. Das Problem war, dass mein Kind sich wieder im „Mama-bedien-mich"-Modus eingerichtet hatte. Statt selbst zu lernen, wie man es macht, hat er sich damit begnügt, sich die Krawatte von seinem Freund binden zu lassen. Der Fairness halber will ich aber an dieser Stelle doch erwähnen, dass der besagte Krawattenbinder nicht nur meinem Sohn, sondern auch allen anderen mitfahrenden Jungen die Krawatte band.

An dieser Stelle ein Hoch auf den Vater, der seinen jetzt bei allen Jungen sehr beliebten Krawatten bindenden Sohn in diese Kunst eingeführt hat. Und das Selbstwertgefühl dieses Sohnes hatte enorm zugenommen, weil er sein Wissen und Können in Sachen „stylisches" Anziehen zeigen konnte.

Ich hoffe, dass irgendwann in näherer Zukunft Boxster in der Lage sein wird, auch so kleine Dinge wie das Binden einer Krawatte zu bewältigen. Ich hoffe aber auch, dass seinem Vater und mir klar wird, dass etwas, das wir vielleicht absolut nebensächlich finden in Bezug auf das, was man daraus lernen kann, extrem wichtig sein kann. Wir hatten unserm Ältesten einmal mehr eine falsche Botschaft vermittelt, die da lautete: Wenn du irgendwie durchkommen willst, verlasse dich einfach auf jemand anders, statt die Sache selbst in die Hand zu nehmen.

Diese konkrete Chance, ihn fürs Leben fit zu machen, war also vertan. Die Krawatte des Jungen sah eher aus wie ein Bausch als ein Knoten. Aber er zog damit los und er hat es überlebt. Als später Jon nach Hause kam, erzählte ich ihm, was passiert war. Sein Lösungsvorschlag: eine Krawatte zum Anklipsen mit fertigem Knoten zu besorgen.

Ich glaube, es ist klar, wer hier einen Tanz- und Benimmkurs braucht, oder?

Ein Benimmkurs auf Rädern

Meine Freundin Lynne lässt ihre Kinder diesen Monat drei ganz einfache Dinge einüben, die alle zufällig mit gutem Benehmen zu tun haben:

1. *Sprich Erwachsene mit dem Namen an und sieh sie an, wenn du mit ihnen sprichst.* „Hallo, Frau Wyma!", sagte ein sonst eher schüchterner junger Mann zu mir, als er nach der Schule ins Auto stieg. Das Anschauen habe ich nicht richtig mitbekommen, weil ich mich auf den Verkehr konzentrieren musste.
2. *Wenn du dich bei Leuten bedankst, dann nenne sie dabei beim Namen.* „Danke fürs Fahren, Frau Wyma." Ich fahre die Kinder schon seit Jahren und habe noch nie einen Pieps von ihnen gehört.
3. *Beantworte eine Frage mit einer Gegenfrage.* Erwachsener: „Hallo Bobby, wie geht es dir heute?" Kind: „Hallo, Frau Wyma. Mir geht's gut, und Ihnen?"

Was für eine großartige Idee! Als Mutter gefällt mir dieser Plan. Drei ganz einfache Punkte guten Benehmens, wo sich die Kinder auf etwas anderes konzentrieren müssen als auf sich selbst. Als Empfängerin dieser höflichen Behandlung war ich ebenso angenehm überrascht wie gerührt.

Auch in unserer eigenen Familie erkenne ich, dass sich durch den Monat mit der Aufgabe guten Benehmens etwas verändert.

Als die Familie am Sonntag ins Auto stieg, öffnete Boxster die Autotür und überließ wieder seiner Schwester den Platz auf dem Beifahrersitz – und zwar ohne dass ich ein Wort gesagt hatte. Ich konnte es kaum glauben. Offenbar ist das viele Reden über gute Manieren doch nicht auf taube Ohren gestoßen. Meine Güte, wie ich schwärmte – aber nur insgeheim, weil er es nicht mag, wenn er allzu viel Aufmerksamkeit bekommt. Aber insgeheim zwinkerte ich ihm ein Dankeschön zu, als er zu mir hinschaute.

Als wir dann später im Einkaufszentrum ankamen und im Aufzug fahren mussten, ließ er wieder unaufgefordert anderen den Vortritt. Eine auffällige Veränderung, verglichen mit dem sonst üblichen Losrennen, um als Erster den Knopf zu drücken. Zugegeben, er ist für solche Spielchen ja auch schon ein bisschen zu alt, und es interessiert ihn wirklich nicht mehr so sehr, wer den Knopf drücken darf, aber es war auf jeden Fall schön, dass er zumindest an gutes Benehmen dachte.

Als dann meine Zuhörer im Aufzug waren und nicht wegkonnten, packte ich diese Gelegenheit beim Schopf, um wieder einmal einen kleinen Vortrag zu halten. „Also, es ist immer nett, wenn man die Damen als Erste aus dem Aufzug aussteigen lässt."

Hinter allen Benimmregeln steckt letztlich das Prinzip, den anderen über sich selbst zu stellen. Ob es darum geht, zum Auto zu rennen, um sich auf jeden Fall den Platz auf dem Beifahrersitz zu sichern (auch wenn ich gar nicht so genau weiß, wieso sie unbedingt so nah bei der Fahrerin und ihren ewigen Vorträgen sitzen wollen) oder sich das größte oder beliebteste Brötchen zu schnappen, bevor es sich jemand anders schnappen kann – die meisten

Fehlleistungen in Bezug aufs gute Benehmen entspringen unserem Egoismus.

Fortschritte in Richtung eines Lebens, das sich erst um die anderen und erst dann um uns selbst dreht, stellen sich schubweise ein, was auch an dem Gespräch deutlich wird, das wir auf dem Heimweg vom Einkaufszentrum führten.

„Geh du als Erster."

„Nein, geh *du* erst."

„Nein! Du gehst als Erster."

„Das ist unfair. *Du gehst als Erster.*"

„Mama!!!"

Hm, ob es wohl auch so etwas wie übertriebene Höflichkeit gibt?

Geheimnisse des Lebens

Die Aufgaben der letzten beiden Monate – erst das Helfen und Wohltätigkeit und dann die guten Manieren – haben sich als zwei ganz besonders wichtige Aufgaben erwiesen. Die Kinder haben dadurch nicht nur gelernt, wie wichtig und konstruktiv und positiv es sich auswirkt, andere über sich selbst zu stellen und ihnen den Vortritt zu lassen, sondern auch, dass gutes Benehmen dabei helfen kann, die holprige Straße der Besessenheit von sich selbst ein wenig zu ebnen. In einer Lebensphase, in der die Kinder gar nicht anders können, als pausenlos mit sich selbst beschäftigt zu sein, sind beide Aufgaben mit ihren ganz praktischen Aktionen vielleicht das, was dafür sorgt, bei Verstand zu bleiben.

Das Problems der Anspruchshaltung Jugendlicher liegt in einer Generation von Kindern und jungen Erwachsenen begründet, die davon überzeugt sind – wir wagen es kaum zuzugeben, aber praktisch dazu erzogen worden sind –, dass die Welt sich ausschließlich um sie dreht. Es gibt jedoch ein Gegenmittel gegen diese Haltung, nämlich ihnen beizubringen, andere über sich selbst zu stellen. Am besten fängt man damit schon an, wenn sie noch ganz klein sind, zum Beispiel auf dem Spielplatz. Suchen Sie das Kind heraus, mit dem niemand sprechen will, und schicken Sie ihr eigenes Kind hin, um ein bisschen mit diesem Kind zu spielen. Wieso sich dafür anstrengen, zu den Beliebten und Angesagten zu gehören, wenn das nichts weiter bringt, als ständiges Kreisen um sich selbst. Ein bisschen Zeit mit denen zu verbringen, die nicht so angesagt sind und im Mittelpunkt stehen, kann da Wunder wirken für die Seele.

Ich bin immer noch erstaunt über die Erkenntnis, dass letztlich Rücksichtnahme auf andere die Grundlage fast aller Aufgaben unseres Experimentes war. Bei jeder Aufgabe wurde die Aufmerksamkeit der Kinder von ihnen selbst weg auf die Welt um sie her gelenkt. Ob es darum ging, ihre Betten zu machen („Meine Freunde mögen wirklich lieber in einem aufgeräumten Zimmer spielen"), das Abendessen zu kochen, Wäsche zu waschen und wieder einzuräumen, Badezimmer zu putzen, Staub zu saugen oder die ganz und gar auf andere ausgerichteten Aufgaben der Gastfreundschaft, des Helfens und des guten Benehmens – bei allen Aufgaben haben die Kinder gelernt, einmal kurz von sich selbst wegzuschauen und die Menschen in den Blick zu bekommen, mit denen sie das Leben teilen. Auch wenn sie jammerten und stöhnten und protestierten, wie unfair das alles sei, waren sie am Ende des jeweiligen Projektes ein kleines bisschen weniger auf sich selbst fixiert und ein wenig offener und aufmerksamer für andere.

Und das ist am Ende unseres Projektes ja auf jeden Fall bedenkenswert.

:::: WAS SIE IN DIESEM MONAT GELERNT HABEN

- Der Schwester den Vortritt zu lassen, bringt einen nicht um.
- Zu gutem Benehmen gehört mehr als „bitte" und „danke".
- Gute Manieren bewirken respektvolle Aufmerksamkeit und Bewunderung von Erwachsenen.

:::: WAS ICH IN DIESEM MONAT GELERNT HABE

- YouTube kann extrem hilfreich sein, wenn man in der Klemme steckt – natürlich nur, wenn man auch Zeit genug hat, das Gesehene umzusetzen, während gleichzeitig Geschwister herumschreien und das Auto der Fahrgemeinschaft schon vor dem Haus wartet.
- Nur eine bestimmte Anzahl von „warum" darf mit „darum" beantwortet werden.
- Obwohl die gesellschaftlichen Erwartungen in Bezug auf gute Manieren zunehmend lockerer werden, ist es wichtig, unseren Kindern beizubringen, dass Freundlichkeit und gutes Benehmen nie aus der Mode kommen, sondern immer angesagt sind.

FAZIT

Kehraus

Für Gott die Anspruchshaltung über Bord werfen

> *Ich habe die Straße genommen,*
> *auf der weniger unterwegs waren,*
> *und das ist der entscheidende Unterschied.*
> Robert Frost

Als Jack und ich auf dem Weg zur Schule waren, weil ich an diesem Tag in der Fahrgemeinschaft mit dem Fahren an der Reihe war, fuhr jemand auf unser Auto auf. Eine kleine Schlange von Autos hatte hinter einem Linksabbieger gewartet, als aus heiterem Himmel ein Wagen von hinten auf meinen auffuhr und meinen Wagen wiederum auf den Wagen vor mir schob. Ich war sozusagen der Belag in einem Auto-Sandwich. Weil ich wusste, dass ich es niemals rechtzeitig zur Schule schaffen würde, um die Kinder dort abzuholen, bat ich meine Freundin Lynn, die Kinder an der Schule einzusammeln, während ich auf das Eintreffen der Polizei wartete.

Während der Wartezeit lernte ich ein paar der Unfallbeteiligten kennen, und zwar Sam, den Jungen, der den Auffahrunfall verursacht hatte, und Phil, einen Fachmann für Schädlingsbekämpfung, auf dessen mit Schädlingsbekämpfungsutensilien voll beladenen Wagen mein Auto geschoben worden war.

Sam war ein pfiffiger junger Mann, und er fühlte sich als Unfallverursacher ganz schrecklich. Schon Sekunden nach dem Aufprall stieg er mit der Versicherungskarte in der Hand aus dem Auto, übernahm sofort die Verantwortung für den Unfall und machte auch keinerlei Versuche, sich herauszureden oder die Schuld auf andere abzuwälzen. Er war sehr besorgt, dass Jack und ich uns vielleicht verletzt haben könnten. Es war aber zum Glück nicht mehr passiert, als dass die Schätze unseres Extremsammlers und -horters im Auto durcheinandergewirbelt worden waren (an diesem Tag waren das ein Würfelspiel, ein Stoffpinguin und ein paar Golfbälle). Was Sam als Nächstes tat, gefiel mir besonders: Er rief zu Hause bei seinen Eltern an.

Während wir dort am Straßenrand standen und darauf warteten, dass die Polizei mit der Befragung Sams zum Unfallhergang fertig war, unterhielten der Kammerjäger und ich uns leise.

„Haben Sie auch Kinder?", fragte ich, während ich einen kurzen Blick ins Auto warf, um nach Jack zu sehen.

„Ja, ich habe zwei, gnädige Frau." Ich wusste seine höfliche Art zu schätzen, besonders nach unserem Monat der guten Manieren.

„Und wie alt sind sie?"

„Zwölf und dreizehn."

„Ach ...", sagte ich mitfühlend.

„Ja, das ist anstrengender, als ich jemals gedacht hätte."

Und dann erzählte er mir weiter, dass seine Kinder, besonders der Sohn, eine echte Herausforderung seien. Es sei nicht nur seine Trägheit und dass er sich für nichts anstrengte, sondern auch, dass er ständig neue Sachen haben wolle wie Computerspiele, Schuhe und neue Kleidung. Obwohl sein Sohn offenbar jeden Computerschnickschnack besäße, müsse es immer mehr und immer das Neueste und Beste und Angesagteste sein, egal, was es koste.

„Er glaubt anscheinend, dass ich einfach in den Garten gehen und das Geld von den Bäumen pflücken kann", schimpfte Phil. „Als ich in seinem Alter war, hatte ich einen Job im Supermarkt. Ich habe Backwaren verpackt. Ich habe meine Eltern nicht dauernd um Geld gebeten oder wie wahnsinnig Geld ausgegeben. Es hat mir Spaß gemacht, Geld zu verdienen."

Ich konnte es kaum glauben, aber er äußerte genau das, was ich die ganze Zeit gedacht habe.

Und weiter sagte er: „Ich weiß auch nicht, was mit den Kids von heute los ist. Sie hängen herum und erwarten von uns, dass wir ihnen alles kaufen. Ich weiß ja nicht, wie es in ein paar Jahren aussieht, aber wenn sich nichts ändert, dann wird es schwierig."

Er machte eine kurze Pause und fuhr dann fort: „Ich glaube, ein guter Teil davon ist auch meine Schuld. Ich fordere ihn nicht intensiv genug auf, etwas zu tun, aktiv zu werden. Es ist einfach … na ja, ich bin geschieden und sehe meine Kinder nur am Wochenende, und dann möchte ich am liebsten immer Ja sagen, auch wenn ich eigentlich Nein sagen müsste, aber das ist sehr viel schwerer.

Ich kann gar nicht sagen, wie tröstlich es für mich war, dass der Schädlingsbekämpfer mir seine Geschichte erzählte. Aber ich wurde dadurch auch neu daran erinnert, dass wir Eltern da alle in einem Boot sitzen. Nein zu sagen und von unseren Kindern zu erwarten, dass sie mithelfen und sich beteiligen, fällt vielen Eltern unglaublich schwer. Und es handelt sich dabei nicht um ein sozialökonomisches Problem, das nur bestimmte gesellschaftliche Gruppierungen haben, sondern es ist gesellschafts- und generationenübergreifend.

Ich weiß, dass es in manchen Familien funktioniert, dass dort die Kinder mithelfen und mitarbeiten, vielleicht sogar feste Jobs haben mit einem regelmäßigen Einkommen, aber für uns Eltern, die lange Beihilfe zur Unselbstständigkeit unserer Kinder geleistet haben, ist es schön zu wissen, dass wir nicht allein in unseren Schützengräben hocken.

„Nein" und „Mach das selbst" zahlen sich absolut aus, auch wenn es ein Weilchen dauern kann, bis diese neue Realität zur Psyche unserer apathischen, fordernden Kinder durchgedrungen ist.

Die Wahrheit ist, dass das scheinbar desinteressierte Kind in der Regel sehr interessiert ist, aber die Kunst beherrscht, das gut zu verbergen. Es hat sich sogar selbst so sehr etwas vorgemacht, dass es glaubt, es sei ihm egal, aber das stimmt nicht. Ich habe selbst erlebt, wie bei meinen Kindern das Desinteresse echtem Engagement und Leistungsbereitschaft gewichen ist. Ihnen gefällt der Lohn wachsender Selbstständigkeit, und wenn sie (und ich) ihre ungeheure Fähigkeit, Verantwortung zu übernehmen, bemerken, dann fördert das ihren Wunsch, noch mehr zu leisten. Wenn wir anfangen können, Nein zu sagen, wenn wir sie dazu ausrüsten, Verantwortung zu übernehmen und dann wirklich beiseitetreten – dann können sie es gar nicht erwarten zu erleben, in welche Höhen sie emporschwingen.

Unsere neue Normalität

Unser auf ein Jahr festgesetztes Experiment, Anspruchshaltung zu überwinden und persönliche Verantwortung zu fördern, ist jetzt zu Ende. Leider brauche ich noch ein paar Monate – wahrscheinlich sogar eher Jahre – um den Job zu Ende zu bringen. Okay, ich weiß, er ist eigentlich nie ganz abgeschlossen, wenigstens ist das bei uns so, denn unser Jüngster ist ja erst vier und wir haben noch viele Jahre vor uns, in denen die Kinder fit gemacht werden müssen fürs Leben. Ich würde die Jahre ja zusammenzählen, aber das wäre mir zu anstrengend und würde zu viele meiner mir noch verbliebenen Hirnzellen strapazieren. Und außerdem kann ich laut meinen Kindern kein Mathe.

Unser Fazit ist daher: Wir bleiben am Ball und erwarten von unseren Kindern, dass sie ihren Fähigkeiten entsprechend weitermachen.

Gestern habe ich den Kindern gesagt, dass wir das Experiment mit ein, zwei Tagen abschließen, an denen sie *alles* Gelernte tun. Ich glaube, ich schreibe einfach Zettel mit den unterschiedlichen Aufgaben, stecke sie alle in einen Topf und lasse die Kinder Aufgaben ziehen. Sie können dann unter Beweis stellen, dass sie für die Aufgaben fit sind. Für ein paar von ihnen könnte das zu einer echten Herausforderung werden, besonders für diejenigen, die lieber jemanden für die Arbeit bezahlen würden, als sie selbst zu übernehmen. Meine Schwester scherzt ja immer, dass alle Probleme im Leben letztlich Personalprobleme sind, und ein paar meiner Kinder würden ihr da auf jeden Fall zustimmen.

Mitten in den Chor der Klagen und des Gejammers hinein sagte ich: „Hey, wir haben es fast ein Jahr lang geschafft. Denkt doch mal an all die Aufgaben, die wir schon geschafft haben – die *ihr* geschafft habt."

„Toll. Endlich ist es vorbei. Jetzt kann endlich alles wieder normal werden", entgegnete Boxster erleichtert.

„Oh nein, mein Schatz", musste ich ihn enttäuschen, „es gibt nämlich jetzt ein neues ‚normal' bei uns."

Die Tirade aus Protest, Gestöhne und Gejammer, aus Augenverdrehen und dem obligatorischen „Mama!!!" ließ mich völlig kalt.

„Ihr könnt jammern und stöhnen, so viel ihr wollt. Ich habe schon mit eurem Vater darüber gesprochen, wie wir all das, was wir geschafft haben, ein bisschen feiern könnten." (Ich hatte Jon gesagt, dass ich dabei eine Reise nach Disney World für angemessen hielte; denn wir waren noch nie mit den Kindern dort gewesen. Seine Reaktion? Er schnappte nach Luft: „Ich hatte mehr etwas in Richtung eines neuen Computerspiels gedacht.")

„Ja", sagte eine aufgeregte Clara, „ich weiß ganz genau, wie unsere Belohnung aussehen kann! Wir könnten doch noch einmal ein paar von diesen Slush-Gutscheinen holen, die wir vor ein paar Jahren schon mal hatten." Sie hatte ja keine Ahnung, dass diese Gutscheine gar nicht von mir gekommen waren, sondern von einer Aktion der öffentlichen Bibliothek, die ein Leseprogramm für die Sommerferien veranstaltet hatte. Offenbar hat die Sparsamkeit ihres Vaters auf sie abgefärbt.

Wenn ich jetzt auf das Jahr zurückblicke, dann frage ich mich: *Haben wir etwas erreicht?*

Ach, ich hoffe doch sehr. Ja ich glaube, wir haben etwas geleistet, aber ich weiß auch, dass wir noch einen langen Weg vor uns haben. Es ist ein noch unfertiges Projekt – genau wie ich.

Jede Mühe wert

Ich habe das Experiment mit dem Ziel ins Leben gerufen, Schluss zu machen mit Anspruchshaltungen, indem ich meinen Kindern dabei geholfen habe, sich vertraut zu machen mit allem, was im Haushalt so anliegt, und sie darin auch fit zu machen. Aber dann ist daraus so viel mehr geworden. Zwei Lektionen springen mich besonders an und ragen aus den anderen heraus, wenn ich an unseren ein Jahr langen Kampf gegen Anspruchshaltung denke:

1. Weniger Ich!
2. Mehr für andere tun!

Das sind die beiden Strategien, die wirklich etwas verändern. Die egoistische Sichtweise der Anspruchshaltung hat bei einer Person, die andere wertschätzt und die Mitmenschen im Blick hat, keinen Raum.

Ich habe außerdem zutiefst begriffen, warum Arbeit für uns Menschen so wichtig ist. Ursprünglich habe ich von den Kindern verlangt, Arbeiten einfach deshalb zu übernehmen, weil sie diese Tätigkeit lernen und ihre Fähigkeiten ausbauen sollten. Na ja, es war wohl das und außerdem die Tatsache, dass ich die ewige Unordnung im Haus so leid war. Ich erkannte dann aber sehr schnell den tieferen Sinn hinter der Arbeit, den Grund, warum Arbeit ein integraler Bestandteil unser aller Leben ist und auch sein muss.

Dorothy Sayers behandelt in ihrem Essay „Why Work" (Warum arbeiten) den heiligen Charakter von Arbeit:

> Ich habe ja schon bei anderer Gelegenheit lang und breit zum Thema Arbeit und Berufung etwas gesagt. Ich habe dabei eindringlich zu einer grundlegenden Revolution in unserer gesamten Einstellung zur Arbeit aufgerufen. Ich habe dazu aufgefordert, Arbeit nicht als notwendige Plackerei zu betrachten, der man sich eben unterziehen muss, um Geld zu verdienen, sondern als Lebensstil, bei dem das Wesen des Menschen seinen angemessene Ausdruck findet und Freude bewirkt und sich so zur

Verherrlichung Gottes selbst erfüllt. Dass sie sogar als kreative Tätigkeit betrachtet werden sollte, die aus Liebe zur Arbeit als solche unternommen wird, und dass der Mensch, der ja nach dem Ebenbild Gottes geschaffen ist, Dinge so tun sollte, wie Gott sie tut, nämlich um der Sache des gut Machens etwas tun, das es wert ist, getan zu werden. [20]

Da stimme ich völlig zu. Statt darüber zu jammern und zu stöhnen, wie fordernd und anspruchsvoll die Kinder und Jugendlichen von heute sind, lassen Sie uns sie doch lieber ausrüsten für die Arbeit und nach kreativen Möglichkeiten suchen, ihnen dabei zu helfen, sich auf den Wert sinnvoller Arbeit einzulassen und vielleicht sogar dankbar dafür zu sein. Und am Ende eines höchstwahrscheinlich sehr langen Weges, der vermutlich auch gegen den derzeitig herrschenden Zeitgeist geht, können wir mit einer Tasse Kaffee auf der Bank vor unserem Haus sitzen und zuschauen, wie sie loslegen. Weil ich selbst gesehen habe, dass es funktioniert, bin ich davon überzeugt, dass, wenn man Kindern zeigt, wie bestimmte Dinge gemacht werden, und sich dann hinsetzt und sie machen lässt, sie Ziele in Angriff nehmen und auch erreichen würden, die sehr viel höher gesteckt sind, als es die Eltern getan hätten.

Wir erwarten so oft, dass die Welt, die Kommunal- und die Gesamtpolitik, die gesellschaftlichen Herausforderungen lösen. Die künftigen Gestalter der Welt sitzen an unseren Esstischen, bereit und in der Lage (wenn auch ziemlich zögerlich), ihre Aufgaben zu übernehmen. Diese Kinder und Jugendlichen – unsere Kinder – werden diejenigen sein, die den technologischen Fortschritt nehmen, ihn mit dem Selbstvertrauen zusammentun, das sie im Laufe der Jahre gewonnen haben, in denen sie immer wieder gegen Grenzen gedrückt haben und die Welt zum Besseren verändern. Einfache Alltagsarbeiten und Aufgaben, die den Mitmenschen und

---

20 Dorothy Sayers, *Creed or Chaos? Why Christians Must Choose Either Dogma or Disaster* (Manchester, NH: Sophia Institute, 1995), 89.

nicht sie selbst in den Mittelpunkt stellen, bereiten den Weg für genau solche Leistungen.

Nicht die Kultur bestimmt, wie die Menschen werden, sondern die Menschen bestimmen die Art der Kultur. Mögen unsere gut ausgerüsteten und befähigten Kinder diejenigen sein, die über den künftigen Kurs bestimmen.

Anmerkung der Verfasserin

Ich saß an unserem Esstisch einer Freundin gegenüber und beklagte mich darüber, wie sehr es mir an Erfahrung, Können und Wissen bei der Erziehung angehender Teenager fehle. Wie die meisten Eltern weiß ich, dass dieser Punkt ganz weit oben auf meiner „Was ist wichtig im Leben"-Liste steht. Nur wenige Ziele haben für mich eine höhere Priorität, als meine Kinder zu lieben und sie gut zu erziehen.

Als ich also über die unzähligen Herausforderungen bei diesem beängstigenden Unterfangen nachdachte – komplizierte Gefühle, häufiger Streit, erste Freundschaften mit dem anderen Geschlecht, angemessene Kleidung, Musik, Filme, Freunde –, sagte ich meiner Freundin, wie dringend ich eine „Mütter von Teenagern"-Gruppe bräuchte. Früher, als ich noch mit einer kleinen Horde von Kleinkindern ans Haus gebunden war, gab es eine ganz wunderbare Gruppe namens „Mütter von noch nicht schulpflichtigen Kindern", die unglaublich Mut machte und Orientierung bot. Ich wünschte mir eine ähnliche Unterstützung auch bei der Erziehung meiner Teenager, wünschte mir Beratung und Weggefährtinnen, mit denen zusammen ich diesen Weg gehen konnte. Ich lechzte nach erfahrenen Stimmen, die in meinen hektischen Alltag hineinsprechen, damit ich Situationen besser einschätzen und dann entsprechend der jeweiligen Wichtigkeit, und nicht entsprechend meiner Ängste und Befürchtungen, Prioritäten setzen konnte. Ich brauchte jemanden, der mir bestätigt, dass häufige Tränenausbrüche bei Mädchen am Anfang der Pubertät ganz normal sind und dass ein hoher Prozentsatz von Jungen Frisurprobleme hat. Dass ständige völlig hirnrissige Diskussionen bei Jugendlichen ganz normal sind, weil sie dadurch herausfinden, wer sie sind und was sie denken. Ich wollte jemanden, der mir sagt, wann die rote Flagge angesagt ist, der mich auf die Gefahrenzonen und Lügen hinweist, die Jugendliche dazu bringen zu glauben, dass die Welt ohne sie besser dran wäre.

Was dabei das Problem ist?

Es gibt keine solche Gruppe. Und wenn es sie gäbe, wer hätte dann schon Zeit, zu den Treffen zu gehen? Als ich meiner Freundin so meinen Frust und meine Einsamkeit bei der ganzen Thematik beschrieb, kam mir plötzlich die Lösung in den Sinn. „Hey, all diese jungen Leute um die dreißig und jünger leben doch praktisch durch ihre Blogs und in ihren Blogs. Warum machen wir das nicht auch so? Ich würde gerne Gastblogger dazu einladen, über einschlägige Fragen zur Erziehung von Teenagern zu schreiben, wenn wir irgendwie bekannt machen könnten, dass es so etwas gibt." Sie fand auch, dass das eine gute Idee war, und damit war der TheMOATblog.com geboren.

Ich fand, dass wir noch ein bisschen Pep brauchten, um Leser anzusprechen und zu gewinnen, und weil wir auch über unser laufendes Projekt geredet hatten, nämlich unsere Kinder dazu zu bringen, ihren eigenen Kram hinter sich aufzuräumen, dachte ich, es könnte doch auch ganz lustig sein, sich eine Strategie zu überlegen, wie man Kindern und Jugendlichen die grundlegenden Fertigkeiten fürs Leben beibringen kann und das dann während des Projektes zu dokumentieren. Aus dieser ersten Idee entwickelte sich dann das Experiment – und schließlich auch dieses Buch.

Ich erfuhr schon sehr bald, dass ich mit meinen Erziehungsdilemmas nicht allein war, denn Tausende von Menschen besuchten den Blog. Manche auch, weil sie lesen wollten, was meine hervorragenden Gastblogger zu sagen hatten, die meine aus dem Ärmel geschüttelten Ideen mit schwer erarbeiteter Weisheit und Erfahrung darüber untermauerten, wie man den Herausforderungen in der Erziehung von Teenagern mit Würde und Humor begegnet.

Unsere Familie ist ein laufendes Projekt, so viel steht fest. Und ich hoffe, Sie mal bei TheMOATblog.com zu treffen, da können wir uns dann in schweren Zeiten gegenseitig ermutigen und uns auch gemeinsam freuen, wenn es durchschlagende Erfolge gibt.

Bis dahin vielen Dank, dass Sie mit mir unterwegs sind.

Kay

Danksagungen

Als wir vor etwa zwei Jahren an unserem Esstisch zusammensaßen, ermutigte mich meine Leidensgenossin in Sachen Mütter-von-Teenagern, einen Blog ins Leben zu rufen. Meine Freundin Chrys Mundy, die so um die dreißig ist, half mir bei den praktischen Grundlagen, sodass es wirklich losgehen konnte. Wer hätte gedacht, dass daraus ein Buch werden würde? Ich bin so dankbar für alle, die daran geglaubt und mich ermutigt haben, es zu versuchen.

Ich danke meiner Schwester Katy, die mich ihren Freunden, den Wohlgemuths, vorgestellt hat. Menschen, die bereit waren, das Risiko einzugehen, eine leicht exzentrische Mutter und Zufallsautorin zu vertreten. Ich danke Erik Wolgemuth für die unzähligen Stunden, die er darin investiert hat, der sich meine aus- und abschweifenden Ausführungen angehört und mich immer wieder ermutigt hat.

Ich danke der lieben Laura Barker dafür, dass sie meine Worte genommen und dafür gesorgt hat, dass sie viel besser klingen, denn außer einer genesenden Beihilfe zur Unselbstständigkeit Leistenden, Aufschieberin, Manipuliererin, Kontrollfreak und Vergesserin (ich entschuldige mich schon jetzt bei denen, die ich in meiner Danksagung vergesse!) und vieles mehr bin ich auch eine Grammatik-Hackerin.

Vielen Dank auch Freunden wie Jane Jarrell, Chuck und Ann Bentley, Annand Bob Silva, Nancy Brown, Alex Wagner, Marcy Sosnowski, Chris Wills, Elizabeth Steward, Tanya McCullogh, Lynn Campbell, Jennifer Royall, Leslie Merrick, Melissa McDonald, Lynne Schott, Julie Fairchild, Christine Sitton, Bronson Stocker und Nancy Lovell – die ich alle mehr bemüht habe, als ich gern zugeben möchte.

Danke allen meinen MOAT-Freunden, die mit mir zusammen unterwegs sind (allein wäre ich ganz sicher einsam!), und auch den fantastischen Gastbloggern und Ratgebern, die ihr Wissen und ihre Erfahrung weitergeben.

Ich danke auch meiner Familie. Meiner Mutter und meinem Vater Sue und Don Wills, die die Ansprüche hoch gesteckt haben, die mir geholfen haben, hohe Hindernisse zu schaffen, und die mich aufgefangen haben, wenn ich hingefallen bin. Meinen Brüdern Charles und David und ihren Frauen Paula und Chris (du wirst zwei Mal erwähnt, Mädel!), die für mich da sind, wenn ich sie rufe. Danke auch Dick Wyma, einer stetigen Quelle der Inspiration und Motivation.

Und ein ganz besonderes Wort des Dankes geht an meinen Mann Jon, den zuverlässigsten Menschen, den ich kenne, und an meine erstaunlichen Kinder. Ich kann nicht in Worte fassen, wie sehr ich diese Menschen liebe und bewundere. Es ist mir eine Ehre, sie zu kennen und erst recht, mit ihnen zusammenzuleben.

Wenn es in diesem Buch Wahrheit oder Weisheit gibt, dann stammt die nicht von mir. Alle Weisheit kommt vom Urheber der Wahrheit und er schenkt sie gern und großzügig, wenn wir ihn darum bitten (Jakobus 1). Lesen Sie das irgendwann einmal nach.

Verlagsgruppe Random House FSC®N001967
Das für dieses Buch verwendete FSC®-zertifizierte Papier *Enso Classic 95*
liefert Stora Enso, Finnland.

Originally published in English under the title: »Cleaning House«
by Kay Wills Wyma Copyright © 2012 by Kay Wills Wyma Published by WaterBrook
Press an imprint of The Crown Publishing Group, a division of Random House, Inc.,
12265 Oracle Boulevard, Suite 200, Colorado Springs, Colorado 80921 USA.
International rights contracted through: Gospel Literature International,
P. O. Box 4060, Ontario, California 91761–1003, USA.
This translation published by arrangement with WaterBrook Press,
an imprint of The Crown Publishing Group, a division of Random House, Inc. © 2014
der deutschen Ausgabe by Gerth Medien GmbH, Asslar, in der Verlagsgruppe
Random House GmbH, München.

1. Auflage 2014
Bestell-Nr. 816932
ISBN 978-3-86591-932-8

Umschlaggestaltung: Hanni Plato
Umschlagfoto: Joel Strayer
Satz: Greiner & Reichel GmbH, Köln
Druck und Verarbeitung: GGP Media GmbH, Pößneck
Printed in Germany